智慧转型
重新思考商业模式

[美] 大卫·罗杰斯◎著
（David L.Rogers）

胡望斌 韩炜 李华晶 王晓文 刘依冉 译
张玉利 审

THE DIGITAL
TRANSFORMATION
PLAYBOOK
Rethink Your Business
for the Digital Age

中国人民大学出版社
·北 京·

序

当前随着信息技术和移动互联网的飞速发展，尤其是社交媒体、移动应用和大数据管理等新型数字技术的突破，我们已经进入一个新的时代：数字时代。在这个时代，数字技术不断迭代，形成一个生态系统，每种技术又建立在之前技术基础上，并催化出下一场技术变革。数字化渗透到万事万物之中，也带来了无处不在、前所未有的改变：新的技术、新的解决方案和手段、前所未有的数据量、前所未有的数据价值、传统系统与新系统交织、企业内外新的协作方式、新的同盟、新的初创企业……

中国的网民规模优势（超过7亿人）及经济转型背景，使得我国的商业数字化蕴藏着巨大的机遇，在物联网、云计算、创新医疗与教育、城镇化发展、智能互联城市等多个领域，都蕴藏着巨大的潜在商机。数字转型，不仅使得我国多个领域出现自我超越、赶超世界领先企业的历史机遇，更是推进变革的创新动力。在国家层面，我国政府也相继推出了"互联网＋""智能制造2025"等战略。全球移动互联网大会每年都汇聚来自全球移动互联网顶尖公司的创新领袖、全球新兴行业精英，探讨行业热点，分享全球移动互联网领域的重大机遇与变革，并彼此碰撞观点、共同推动移动产业向前发展，不断加大向数字化和消费驱动型经济模式的转型步伐。

在企业层面，越来越多的企业将数字转型上升到企业战略高度。例如，华为在2016年首次提出企业运营数字转型的五大发展方向，即抓住大视频、大IT、大运营、大架构、大管道五大发展方向，并主张开放平台能力，构建开放的产业生态。但是数字转型也给企业带来巨大的挑战：改变了企业与顾客联系和创造价值的方式、改变了企业思考竞争的方式、改变了企业对数据的看待和使用方式、改变了企业创新的方式。在数字转型的浪潮中，各国企业都在积极探索、行动，一些企业通过产品、流程、商业模式的变革获得了新的发展，而更多的企业则遭受了痛苦的失败。

本书作者大卫·罗杰斯教授敏锐地识别到企业转型实践结果的巨大差异，并将一个核心问题贯穿于全书，即企业究竟应如何改变才能适应数字时代的发展？本书的基本观点是：数字转型并非关于技术，而是关于战略和新的思维方式。数字时代的转型不满足于IT架构的升级换代，更要求企业转变其战略思维、进行商业模式重构。

本书从顾客、数据、创新、价值、商业模式五方面系统介绍数字时代发生的具体变化以及对企业新的要求，有利于读者对数字时代有一个整体、全面、深入的认识。

本书提供了一系列战略思维工具，都是基于作者在全球数百家企业的实地分析而开发出来的。这些工具非常有用，能直接应用于企业的数字转型实践中。

互联网和信息技术等技术变革驱动经济社会转型，企业创造和获取价值的逻辑发生了根本性改变。早在 2006 年，IBM 公司发布的《全球 CEO 调查报告》表明，运营利润超过对手的公司在商业模式创新上的投入是绩差者的 2 倍，产品/服务创新和流程创新不足以改善公司运营利润，而商业模式创新使公司利润率超出竞争对手 5％以上，这一趋势不断强化。本书的翻译出版，相信能够为我国企业的转型升级、商业模式创新提供有益的指导，可以说是恰逢其时。

近些年来，南开大学创业研究中心以"引领创业研究，服务创新型国家建设"为使命，针对我国理论和实践的需要，编写和翻译引进了大量有影响的教材和著作。编写出版的《创业管理》教材先后被列入我国"十一五""十二五"国家级规划教材，被教育部评为普通高等教育精品教材。翻译的《如何教创业：基于实践的百森教学法》《步步为营：白手起家之道》等创业管理经典系列（共 10本），得到社会的普遍好评。本书由南开大学创业研究中心以及从该中心毕业现分别在兄弟院校从事创业研究和教育的胡望斌、韩炜、李华晶、王晓文、刘依冉五位年轻学者共同翻译完成，他们几位长期关注创业管理、商业模式、企业转型升级等领域。本书原著写得很实，翻译也用了功。书中系统梳理的基于数字转型的大量实用性工具极具操作性，为我国企业应对数字化冲击、实现健康成长提供了非常好的工具和战略指导。本书凝结了作者的心血、出版社的眼光和译者的努力，非常难得！

南开大学商学院院长、长江学者特聘教授、博士生导师

张玉利

前 言

当今社会，商业规则已改变。新数字技术的普及和新破坏性威胁的出现改变了每个行业的商业模式及流程。数字革命完全颠覆了旧的商业模式。

在工作中，我为来自世界各地的企业领导者提供培训及咨询服务，我不断地听到同样的亟待解决的问题：我们的企业如何改变以适应数字时代的发展呢？

目前，在互联网崛起前创建的企业面临着巨大挑战。坏消息是，许多数字时代前可行的公司治理及业务增长规则和假设都不再可行；好消息是，对这些规则和假设进行改变也是可行的。数字时代前创建的企业并非注定灭亡的恐龙，破坏性毁灭也并非不可避免。为了在数字时代更好地生存发展，企业需要自我改变。

在本书中，我探讨了数字转型现象：在数字时代，一些企业努力改变并获得发展，而另一些企业却失败，它们之间有什么区别呢？

　　通过咨询服务和行业主题演讲，以及哥伦比亚大学商学院的数字化营销和数字化企业战略的管理培训项目，我有幸聆听并汲取了一大批企业高管及创业者就上述问题的真知灼见以及他们的疑虑。我曾就大数据与营销评价指标关系、移动购物行为、物联网及数据分享的前景进行深入研究。作为品牌、创新和技术（Brand，Innovation，Technology，BRITE）会议的创始人，我连续九年召集来自全球知名品牌、科技企业、媒体公司及快速成长的创业公司的最高管理者，共同讨论发展中的数字化商业前景。

　　本书的中心观点是：数字转型并非关于技术，而是关于战略和新的思维方式。数字时代的转型不满足于 IT 架构的升级换代，而是要求企业转变其战略性思维。这一事实在企业中技术领导的职能转变上表现得尤为明显。首席信息官的传统职能是利用技术优化流程，降低风险，以及更好地运营现有业务；新兴的首席数字官则更多聚焦于企业战略，注重利用技术重构、重塑企业核心业务。

　　数字转型要求对企业战略有一个整体观。在我的上一本著作《网络就是你的顾客》（*The Network Is Your Customer*）中，我着重关注数字技术对顾客行为、互动以及顾客与企业和各类组织之间关系的影响。在本书中，我采取更宽泛的视角，研究了企业战略的五大领域：顾客、竞争、数据、创新、价值。如我之前的诸多著作一样，本书着重阐述了实用工具及框架，读者可以利用这些工具和框架为企业制定战略、做决策，无论企业大小及所属何种行业。在本书中，我采用大量的案例来解释相关概念和阐述战略内容，希望读者能够将本书内容应用到企业实践中去，找到企业下一阶段的价值创造方向，进而实现快速成长。

The Digital
Transformation
Playbook

目　录

THE DIGITAL TRANSFORMATION PLAYBOOK

第 1 章

数字转型的五大领域

顾客、竞争、数据、创新、价值

你可能还记得《不列颠百科全书》（*Encyclopædia Britanni-ca*）。在互联网崛起之前，于 1768 年首次印刷的《不列颠百科全书》是英国数百年来最权威的参考资料。我们当中那些上了年纪的人可能还记得自己曾为了准备论文在家中或图书馆里翻阅这本 32 卷的皮革封皮的书。反观维基百科（Wikipedia），在其经历最初的质疑和后续惊人崛起的过程中，作为数字时代大众化的、在线的、基于社区创造的、可免费获取的百科全书，维基百科总是被拿来与《不列颠百科全书》进行比较，而《不列颠百科全书》正是受到挑战的传统在位者。

自第一次印刷 244 年后，当不列颠百科全书公司宣布最后一次印刷时，传递出的信息似乎很明确：又一家在互联网时代之前建立的公司被颠覆了——它被数字革命无可辩驳的逻辑三振出局。不过，这不完全是真的。

在此前超过 20 年的时间里，不列颠百科全书公司历经了痛苦的

转型。事实上，维基百科并不是它的第一个数字化挑战者。在个人
电脑刚兴起的时候，不列颠百科全书公司就着手将它的产品由纸质
印刷转变为光盘版本。不过，它随即就突然遭遇了来自微软公司的
竞争，而这种竞争来自一个完全不同行业的公司。微软公司的电子
版百科全书——Encarta 属于赔本赚吆喝，它将个人电脑定位为中产
阶级用于教育投资的主要产品。在用户购买微软 Windows 软件时，
可以获取免费的 Encarta 百科全书，微软通过这种方式来推行 Encar-
ta 战略。到了光盘让位于互联网的时代，《不列颠百科全书》又面临
来自网络上的巨大信息资源的挑战，包括"新百科"（Nupedia）及
之后呈指数增长的后续竞争者——维基百科。

不列颠百科全书公司已经认识到，随着新技术的应用，顾客的
行为方式正在发生巨大的转变。不列颠百科全书公司的管理层不再
继续捍卫旧的商业模式，而是开始试着理解其核心顾客的需求，如
家庭用户和不断增加的中小学教育机构。不列颠百科全书公司为它
的产品尝试各种不同的传递媒介、价格点和销售渠道。最重要的
是，它始终关注自己的核心使命：高水平的编辑质量和教育服务。
随着这种关注的提升，它不仅打造了一个满足在线网络订阅的百科
全书，也开发出了新的相关产品，以满足课堂课程学习不断发展的
需求。

"当我们决定停止出版印刷业务，其实仅仅停掉了占销售额 1%

左右的业务，"不列颠百科全书公司总裁乔格·考兹在宣布这一决定的周年纪念日上说，"而我们现在就像从前一样，已经开始盈利了。"[1]

不列颠百科全书公司的故事之所以让人感到惊讶，恰恰是因为人们对下述局面如此熟悉：新兴的、强大的数字技术驱使顾客行为产生了巨大的变化。产品、互动方式及媒介的数字化一旦开启，就变得势不可当，旧的商业模式也会变得失去效力。那些适应力差、行为方式僵化、如同巨型恐龙般的企业将被取代，未来将属于那些新的数字化开拓者和创立者。

但这样的事情并没有发生在不列颠百科全书公司身上，同样也可以不发生你的公司身上。

尚无充分的理由可以说明，新兴的数字化企业将会取代现有的企业。同样，也没有理由能够说明，新企业一定会是创新的引擎。传统公司，如不列颠百科全书公司，同样可以在市场竞争中领跑。问题是，在许多情况下，管理者们找不到应对变化的指南，从而难以应对数字化的竞争挑战。而这本书，正是一本数字转型战略指导手册，旨在帮助你了解和制定相应的战略，并在数字时代中更好地参与竞争。

跨越数字盲点

在这里，我需要用一个类比，来帮助你充分理解这部分的内容。让我们回到第一次工业革命的浪潮中，那时的工业都非常依赖固定的动力源。首先，来自水轮机的水动力，只能依赖河流获取，很快，燃煤动力蒸汽机产生了。尽管这些动力源推动了大规模生产的发展壮大，但它们也有一些基本的限制条件。从一开始，动力源就已经决定了工厂的位置以及生产的效率。此外，无论工厂使用的是水轮机还是蒸汽机，都要求工厂中的所有设备都必须连接到一个中央驱动机（一个单独的、驱动所有机器的、能长时间运行的发动机）上，所以，这些动力源又决定了工厂的结构设计以及工厂内的工作方式。

19世纪末，随着电气化在工厂中的广泛应用，一切都改变了。在工厂基础条件方面，电力突破了工厂中存在的所有局限，人们可以按照最佳的工作效率来安排机器。产品生产线可以相互连接，就像是一条河的支流，而不再像之前所有机器都连在一条轴上。工厂的规模不再受传动轴和皮带长度的限制，全新工厂的设计构想是突破性的。然而，当时的工厂管理者并没有看到这些机会，他们已经习惯了几百年来工厂设计所依赖的前提和局限，根本无法看到眼前新发展的可能性。

电力的使用使人类进入电气化时代，新型公司像传播福音一样传播着生产中的创新技术。它们将电动机免费借给厂商使用，只是为了让厂商尝试新技术。它们派出的工程师和培训师同样提供免费的服务，为工厂的管理者和工人进行培训，让他们了解电动机如何改变企业。最初，进展很缓慢，但事实证明，新的技术可以帮助旧式企业学会新方法。直到20世纪20年代，一种以电力为核心，包括工厂、工人、工程师、产品和企业在内的新的生态系统才得以形成。[2]

今天，在数字时代诞生的企业（如谷歌、亚马逊），就像早期电气化时代的新型电气企业一样。而我们在前文所说的较早进行数字转型的企业（如不列颠百科全书公司），就像学会重组并跟上电气时代趋势的工厂一样。这两类企业都认识到了数字技术创造的可能性。可以看出，前数字时代的束缚已经消失，新的商业模式、新的收入来源和新的竞争优势来源不仅具有更多的可能性，而且成本更低廉，行动更快速，比以往任何时候都更加重视以顾客为中心。

让我们仔细看看这个世界。

数字化正在改变的五个战略领域

如果说电气化具有变革性的原因在于它解除了生产过程中的基本约束，那么，数字技术的影响则会更大，因为它实际上解除了经营战略中各个方面的约束。

数字技术改变了我们与顾客联系的方式、创造价值的方式。在全球范围内，企业在信息传播和为顾客交付产品方面，已经获得了巨大进步。今天企业与顾客的关系，展示出更多的双向特征：顾客之间的相互交流和评论要比广告和名人效应更具影响力，顾客成为更强势的影响者。顾客的动态参与已经成为企业成功的关键因素。

数字技术正在改变我们思考竞争的方式。越来越多的情况下，我们不仅会与同行业的公司竞争，也会与其他行业的公司竞争。其他行业的公司也许正在用它们新的数字产品抢夺我们的顾客。我们可能会发现，自己与一个长期竞争对手在某一领域内激烈竞争的同时，也通过在另一个领域与该竞争对手的合作来利用该公司的能力。越来越多的情况下，企业的竞争力资产可能不再留存于组织内；相反，它们可能以宽松的商业关系的形式存在于合作伙伴网络中。

数字技术已经改变了我们的世界，也许最重要的改变是我们看待数据的方式。在传统的企业中，获取数据的代价是昂贵的，而且数据难以存储，依靠的是组织的力量，管理这些数据需要购买和维护庞大的信息系统。今天，数据正在以前所未有的速度生成，不仅由企业创造，而且由每个人创造。此外，基于云计算的系统使得存储数据越来越便宜，而且数据容易获得、便于使用。当今的最大挑战是，如何将大量的数据转化为有价值的信息。

数字技术也正在改变企业创新的方式。从传统意义来看，创新是昂贵的、高风险的、孤立的，所以，测试新想法就变得困难和成本较高，这样一来，企业在向市场正式推出产品之前，判断应该给产品加入哪些属性时主要依靠管理者的猜测和推断。今天，数字技术让连续性的测试、实验和流程成为可能，这在过去是不敢想象的。用很少的钱就可以建一个初步模型，在用户社区中可以快速地进行想法测试。对于需要不断学习和快速迭代的产品，不论是否推向市场，这种测试都可以成为常态。

最后，数字技术迫使我们对如何理解顾客和如何为顾客创造价值进行更深入的思考。顾客的关注点会快速改变，竞争对手也在不断地发现新的、顾客关注的方向和潜藏的机会。这样的情况经常发生，当一个企业在市场上获得成功时，很容易产生自满情绪。正如安迪·格鲁夫在几年前警示的那样，在数字时代，"只有偏执狂才能生存"。企业要不断挑战极限，找到下一个顾客价值的来源，这才是当务之急。

综上所述，我们可以看到数字力量正在重塑的五个关键战略领域：顾客、竞争、数据、创新和价值（见图1-1）。这五个领域描绘了当今时代数字业务的蓝图（为了简化记忆，你可以把这五个领域记为 CC-DIV，由这五个词的英文首字母组成）。

图 1-1　数字转型的五个战略领域

在这五个战略领域中，数字技术重新定义了许多战略的基本原则，改变了企业为实现成功必须遵守的规则。许多旧的约束已经被解除了，出现了新的发展可能性。在互联网时代之前创立的公司需要认识到，公司经营的许多基本假设必须更新。表 1-1 列出了企业向数字时代转型过程中战略假设的变化。

让我们更深入地研究数字技术是如何改变上述五个领域的战略假设的吧！

表 1-1　　　　　　　　　**数字时代战略假设的变化**

	模拟时代	数字时代
顾客 （第 2 章）	将顾客视为规模化市场	将顾客视为动态网络
	沟通方式主要是向顾客传播信息	沟通是双向的
	公司是关键影响者	顾客是关键影响者
	营销是为了说服顾客购买	营销是为了激励顾客购买，是为了赢得忠诚和拥护
	单向价值流	互惠价值流
	（企业）规模经济	（顾客）价值经济

续前表

	模拟时代	数字时代
竞争 （第 3 章）	竞争发生在已界定的行业之间	竞争发生在边界不清晰的行业之间
	合作伙伴与竞争对手之间有清晰的界定	合作伙伴与竞争对手之间界定模糊
	竞争是一场零和博弈	在某些关键领域竞争者之间也会合作
	关键资产存在于企业内部	关键资产存在于外部网络中
	产品具有特定的属性和效益	合作伙伴之间通过平台交换价值
	在各个领域存在少数主导的竞争者	网络效应使得赢家通吃
数据 （第 4 章）	数据的生成在公司内，成本高	数据在任何地方持续生成
	挑战在于数据存储和管理	挑战在于如何把数据转化为有价值的信息
	企业只使用结构化的数据	非结构化数据越来越有用和有价值
	数据间是相互孤立的	数据的价值在于能够相互关联
	数据是优化流程的工具	数据是价值创造的一项重要的无形资产
创新 （第 5 章）	基于直觉和资历做决策	基于测试和验证做出决策
	想法的测试成本高、缓慢、困难重重	想法的测试成本低、快速、便捷
	由专家主导实验，次数很少	每个人都可以展开实验，次数多
	创新的挑战是找到正确的解决方案	创新的挑战是解决要害问题
	不惜一切代价规避失败	及早地、低成本地从失败中获取经验
	关注最终的产品	关注最小可用原型及产品投放市场之后快速迭代

续前表

	模拟时代	数字时代
价值 （第6章）	由行业定义价值主张	通过变化的顾客需求来定义价值主张
	落实当前的价值主张	发掘创造顾客价值的下一个机会
	使商业模式尽可能长久	领先于变革曲线
	根据其对目前业务的影响来评价变化	根据其是否能开创新业务来评价变化
	市场的成功让企业自我满足	"只有偏执狂才能生存"

顾客

　　数字转型的第一个领域是顾客。在传统理论中，顾客被认为是从众的聚集者，企业需要通过营销手段来说服他们购买产品。大规模市场的主导模式是通过大规模生产来实现规模效益（使一种产品覆盖尽可能多的顾客）和大众传播（使用一致的信息和媒介传播，同时尽可能多地说服顾客）。

　　在数字时代，我们对当前世界最好的理解不是从大众市场中获得的，而是从顾客网络中产生的。在这个范式中，顾客动态连接和相互作用的方式，改变了他们与企业之间以及他们彼此之间的关系。今天的顾客在不断地与他人联系，并且相互影响，从而塑造企业的声誉和品牌。消费者使用的数字工具，正在改变他们发现、评估、购买和使用产品的方式，改变他们分享、互动以及与品牌保持联系的方式。

这迫使企业重新思考它们的传统营销渠道，审视顾客的购买路径，他们可能不再利用社交网络、搜索引擎、手机软件或笔记本电脑来查找商家信息，而是直接走进店里，或者直接通过在线聊天获取服务。企业需要认识到，一个动态的、网络化的顾客可能就是最好的焦点群体、品牌拥护者，或者是它们从未找到的创新合作伙伴。

竞争

数字转型的第二个领域是竞争，即企业如何与其他企业竞争和合作。在过去，企业之间的竞争和合作被视为相互对立的关系：它们与和自己非常相似的企业竞争，与供应链上的合作伙伴（包括产品分销商和原材料供应商）合作。

今天，我们正在进入一个行业边界日益模糊的世界，我们最大的挑战之一，可能来自不对称的竞争对手——它们来自行业外部，和我们的企业没有相似性，但是，它们可以为我们的顾客带来有竞争力的价值。数字的"去媒介化"（第 3 章的主要内容）正在颠覆伙伴关系和供应链，我们的长期业务合作伙伴很可能会通过为我们的顾客直接提供服务而成为最大的竞争对手。

同时，由于行业内许多相互依存的商业模式，或者来自行业外部的相互挑战，企业可能需要与某个直接竞争对手合作。最重要的是，数字技术增强了平台商业模式的力量，平台模式是指通过提供一个供企业、顾客相互联系的平台，创造并产生巨大的价值。

这些变化带来的最终结果是竞争中心发生了重大转移。竞争不再是相似企业之间的零和博弈，而是拥有完全不同的商业模式的公司之间为了争夺影响力而展开的竞争，它们都努力服务于最终的消费者，期待获得更多的杠杆利益。

数据

数字转型的第三个领域是数据，即企业如何生产、管理和利用信息。在过去，数据来源于各种有计划的测量（如顾客调查、库存调查），企业在自己的业务流程（包括生产、经营、销售和营销）中展开测量，由此产生的数据主要用于评估、预测和决策。

相比之下，如今我们面对的是海量数据。企业得到的大部分数据都不是通过像市场调查这样的结构化方式经过规划得到的，而是在企业与顾客的每次对话、每次互动中，在企业经营过程中，甚至从企业之外产生的，并且数据量惊人。随着社交媒体、移动设备的普及以及传感器在公司供应链每个部分的应用，现在每个公司都进入一条未规划的、非结构化的，而且可以越来越多地利用新的分析工具的数据之河。

这些"大数据"工具，帮助企业做出新的预测，在业务活动中发现意想不到的模式，并挖掘新的价值来源。数据不再只依赖专业的商务智能机构提供，而是日益成为每个部门的生命线，并成为企业需要不断开发并长期部署的战略资产。数据是每个企业运营的重要组成部分，帮助企业在市场上实现差异化，产生新的价值。

创新

数字转型的第四个领域是创新。创新是指新想法提出、测试并经由企业推向市场的整个过程。从传统观点来看，创新管理只专注于最终的产品。但是，由于市场测试是困难且昂贵的，大多数企业关于创新的决策都基于管理者的分析和直觉。失败的代价很高，因此避免失败是最重要的。

今天的创业公司已经向我们展示，数字技术可以帮助企业通过一种完全不同的方法来实现创新——通过快速试验进行的基于持续学习的创新。随着数字技术的发展，测试一个新想法比以往任何时候都更容易、更快速，我们可以从创新过程开始，直到推向市场，再到之后的每个阶段，时时获得反馈。

这种创新的新方法，专注于细致的实验和可用原型，这样就在最大限度地降低成本的同时，最大化所得到的经验。提出的假设可以被反复测试，决策建立在真实顾客的验证基础上。通过这种方法，产品可以在创新过程中被反复改进和完善，这样既节省了时间、降低了出故障的成本，又推动了组织内部的学习。

价值

数字转型的第五个领域是企业向它的顾客所提供的价值——其价值主张是什么。传统意义上，一个企业的价值主张是稳定的。产品可以升级，营销活动可以更新，经营水平也可以提升，但是一个企业提供给顾客的基本价值通常被假定是一成不变的，这也是由其行业属性决定的，比如，汽车公司可以为不同水平的顾客提供交通、安全性、舒适性和身份感这些价值。过去，一个成功的企业是这样的：有清晰的价值主张，能找到市场差异点（如价格和品牌），长期致力于把相同的价值主张以最好的形式提供给消费者。

在数字时代，依赖不变的价值主张的做法正面临挑战，最终会被新的竞争者颠覆。尽管各行各业在新技术背景下采取变革的确切时间和属性特征会有所不同，但是它们唯一能够确定的答案是：转型的商业环境需要企业不断变革，把每项技术看作对价值主张进行扩展和提升的工具。与其等到变革成为关乎存亡的大事时再去被动适应，不如聚焦于抓住新机遇，挖掘不断减少的优势来源，提前主动适应，以使自己处于变革中的领先地位。

数字转型指南

面对这五个领域的数字转型，各个行业毋庸置疑需要新的架构来制定自己的战略，这样才能在数字时代成功地做出调整和实现发展。

　　每个领域都有一个核心战略主题，可以为你提供数字化战略的出发点。就像工程师培训传统工厂的经理，这五个主题可以给出指导，揭示传统战略的约束正在发生怎样的变化，以及你的面前出现了哪些新的机遇，从而可以用新的方式发展企业。我把这一系列战略主题称为数字转型指南。

　　表1-2描绘了本书的核心内容，包括我们更加细致地探究本书的每个主题时涉及的核心概念，从而让你更好地理解数字转型。

表 1-2　　　　　　　　　　　数字转型指南

领域	战略主题	核心概念
顾客	利用顾客网络	再造营销漏斗 购买路径 顾客网络的核心行为
竞争	打造平台而不只是产品	平台商业模式 直接和间接网络效应 媒介化和去媒介化 竞争性价值列车
数据	将数据转化为资产	数据价值模板 大数据的驱动因素 基于数据的决策
创新	用快速实验法创新	收敛型实验 离散型实验 最小可用原型（MVP） 规模化创新的路径
价值	调整价值主张	市场价值的概念 退出衰退市场的路径 价值主张的演化步骤

利用顾客网络

由于如今顾客的行为不再是独立的个体行为，而更像是紧密相连的网络，所以，每个企业都必须学会利用顾客网络的力量和潜力。这意味着企业要学习如何与顾客接触，赋予其权利，并与顾客共同创造价值。这同时也意味着，通过上述方式，心满意足的顾客可以影响他人并推动新的商业机会。

利用顾客网络，可能意味着直接与顾客合作，就像多力多滋薯片的粉丝创作的广告获得了大奖，使用 Waze 软件的司机提供的信息输入使得该软件的导航系统更加强大。利用顾客网络，可能还意味着企业应该向媒体公司学习，像它们一样思考，比如，化妆品行业巨头欧莱雅或工业玻璃制造商康宁，它们制作的宣传内容被网络化的顾客广泛传播。其他组织，如生命教会（Life Church）和沃尔玛，它们为顾客提供价值，通过寻找所提供的价值与顾客生活中最契合的时机点，与顾客建立联系。从可口可乐到马士基航运公司，从软饮料到集装箱运输，这些历史悠久的公司都引导了在社交媒体上与顾客的对话。

今天，企业要想创建有效的客户策略，需要了解几个关键的概念，如将顾客视为战略资产、再造营销漏斗、数字化购买路径、顾客网络的五个核心行为（接入、参与、定制、联结、合作）。

打造平台而不只是产品

为了掌控数字时代的竞争，企业必须学会应对不对称的挑战者，这些挑战者在竞争者和合作者的角色中不断转换。企业还必须理解，打造平台而不只是产品，将是越来越重要的战略。

创建有效的平台商业模式，可能意味着企业要成为一个将相互竞争的企业汇集在一起的值得信赖的媒介，如 Wink 将飞利浦、霍尼韦尔、路创和西勒奇公司联系在了一起。创建有效的平台商业模式，可能需要企业开发一个专利产品，这样其他公司的业务能够建立在这个产品的基础上，就像耐克公司的可穿戴健身设备和苹果公司的iPhone 一样。或者，诸如优步（Uber）和爱彼迎（Airbnb）等公司建立的业务，其价值创造很大程度上取决于它们的合作伙伴，同时，其打造的平台成为关键的连接网络。有时，创建有效的平台商业模式可能还意味着企业需要融合传统商业模式和平台商业模式的最佳元素，如百思买公司和亚马逊公司均已分别完成的平台打造。公司可能必须建立新的伙伴关系，以充分利用平台进行分销，就像《纽约时报》公司与脸书（Facebook）所做的那样。对其他公司而言，可能必须学会与其长期依赖的渠道合作伙伴重新谈判，就像美国电视网络公司（HBO）和好事达保险公司所做的那样。还有一些公司，可能不得不学会在合适的时间和地点与它们的强劲竞争对手合作，就像三星与苹果一样。

开发数字时代的竞争战略，需要了解以下这些原则：平台商业模式、直接和间接网络效应、企业之间的竞争与合作、媒介和去媒介化的动态、竞争性价值列车。

将数据转化为资产

在一个数据足够丰富并且通常免费的时代，企业的当务之急就是要学会把数据变成一项真正的战略资产。这要求企业既能编汇正确的数据，也能把数据有效地应用于能够产生长期商业价值的活动中。

为此，企业可以从与数据伙伴进行有效合作开始，就像卡特彼勒公司与它的分销商、气象公司（Weather Company）与它最狂热的用户所做的那样。数据资产的价值在于它能帮助企业得到新的市场洞察：汽车用户之间的非结构性对话能够揭示凯迪拉克品牌的发展轨迹；盖洛德（Gaylord）酒店利用社交媒体获知哪些因素激励客人帮助推荐酒店。数据能帮助企业确定应重点关注哪些顾客，例如洲际酒店为优先级客人提供服务，卡姆登联盟医疗服务组织为具有高需求的患者提供相应服务。在其他情况下，数据可以用来帮助企业为客户提供定制化的服务，无论是金佰利公司为不同的家庭介绍不同的产品，还是英国航空公司能够在乘客与家人乘坐经济舱时识别出他们是最具价值的商务舱乘客。有时，数据的价值体现在企业可以通过数据识别出一定的场景模式，例如，Opower 公司①通过了解公共事业客户的电力使用情况发现了数据价值，Naviance（美国的一个信息平台）帮助高中生在申请大学时了解自己被录取的机会。

要创建良好的数据战略，必须首先了解以下内容：数据价值创造的四个模板、大数据的新来源和分析能力、因果分析在基于数据的决策中的角色、数据安全和隐私风险。

用快速实验法创新

由于数字技术的出现，创新变得快速且容易，测试新想法的成本也日益降低，企业需要掌握快速实验这门艺术。这就需要运用一种完全不同的方法来进行创新——通过快速和迭代学习来验证新想法的创新方式。

快速实验包括连续的 A/B 测试和多变量测试，比如 Capital One②用于完善其市场的测试，亚马逊和谷歌用于改进其在线服务的测试。还有一些实验使用最小可用原型来开发新的产品，比如 Intuit 公司使用大量草稿纸和一部简单的功能手机来从概念层面测试一个

---

① Opower 是美国一家能源领域的软件服务公司，帮助电力公司建立更稳定的客户关系。——译者注

② Capital One 是美国一家知名银行。——译者注

移动金融 App。实验应该包括对创新假设的严格测试，例如，以
"共享衣橱"为理念的 Rent The Runway 公司，该企业的在线时尚服
务在推向市场之前就进行了测试；还有 JCPenney，由于在推向市场
前未进行创新假设测试，导致其店铺设计的灾难性结果。一旦一个
想法通过实验被验证，就需要认真仔细地试点和部署，就像星巴克
已经实现的新店功能，还有 Settlement Music House 在社区音乐项目
中的做法。而且，任何采用快速实验创新法的企业必须学会在其组
织内鼓励有益的失败，就像塔塔公司在"勇于尝试"（Dare to Try）
的口号下所做的那样。

数字时代的创新需要企业对收敛型实验（有效样本、实验组和
对照组）和离散型实验（开放问题调查）有清晰准确的理解。为了
能把创新结果推向市场，企业既要理解最小可用产品、最小可用原
型的概念，还要掌握使创新成果规模化的四条途径。

调整价值主张

为了掌握数字时代的价值创造之道，企业要学会不断地调整自
己的价值主张。由于新技术重塑了机会和顾客需要，因此企业的目
光要超越当前的商业模式，还要瞄准如何更好地为顾客传递价值。

企业的持续重构可能意味着要不断发现新的客户以及发现当前产
品新的应用。例如，莫霍克精品纸业为它的产品找到了新的数字化应

用方式；*Deseret News* 的发行商突破企业传统的发行区域市场，为在线读者发布内容。调整价值主张意味着，当企业的旧商业模式受到严重的威胁时，企业要提供新的产品。例如，不列颠百科全书公司创新性地将自己转型为一种教育资源提供商，《纽约时报》在重新考虑自己作为一个新闻源头究竟意味着什么。调整价值主张也意味着在客户快速变化的预期中，积极开发一系列新的产品，就像脸书建设的移动平台试点那样。或许，调整价值主张还意味当客户还忠于企业时，企业应该主动探索新的方式，就像大都会艺术博物馆已经做的那样，该博物馆创建了一组数字化触摸点，来提升游客的文化体验。

要主动调整价值主张，需要了解以下这些要素：市场价值的一些关键概念，摆脱衰退的市场地位的三种可能路径，对现有价值主张进行有效分析的必要步骤，识别正在出现的威胁和机遇，在价值演进过程中综合形成下一步发展的有效措施。

开始数字转型

对一家成立于数字时代之前的公司来说，进行数字转型的第一步应该是什么呢？

许多数字创新和战略方面的书更侧重于关注创业公司，但是，建立一个瞄准空白领域、以数字为第一业务的新企业所面临的挑战，与那些成立于数字时代之前，拥有成熟的基础架构、销售渠道、员工和组织文化的企业是完全不同的。

在我看来，那些在拥有百年历史的跨国企业中工作的高管，与那些为今天的数码行业巨头和全新的创业公司服务的管理者，他们面临着非常不同的挑战。围绕顾客、竞争、数据、创新和价值的这些战略原则，都非常适用于他们，但执行的方式根据每个企业最初建立的情况而有所不同。这就是为什么本书的重点主要是成立于互联网出现之前的企业，并且重点关注它们在数字时代经营中如何成功转型。

本书中有来自几十家公司的案例，用以说明和讨论如何在各种行业和背景中应用每个战略。我们将从数字时代的巨头企业（如亚马逊、苹果、谷歌）或数字时代的创业公司（像爱彼迎、优步和瓦比帕克①）中挑选几个相关的例子。但大部分情况下，我们侧重于讲述在互联网出现之前已经成立的企业，了解它们是如何进行调整和变革的。这些公司的规模不同，来自各个行业：汽车和服装、美容和出版、教育和娱乐、金融和时尚、医疗保健和服务业、电影和制造业、房地产、零售、宗教等。

除了提供框架、展开分析和剖析众多案例，本书还包含了九个战略规划工具。

● 顾客网络战略生成器（第 2 章）。

---

① 瓦比帕克（Warby Parker）是美国一家眼镜电商。——译者注

- 平台商业模式图（第3章）。

- 竞争性价值列车（第3章）。

- 数据价值生成器（第4章）。

- 收敛型实验（第5章）。

- 离散型实验（第5章）。

- 价值主张图（第6章）。

- 颠覆性商业模式图（第7章）。

- 颠覆性应对计划（第7章）。

这些工具可以按照以下方式分类。

- **战略思维工具：**通过探索战略现象的不同侧面来得出应对某个挑战的新解决方案的工具，包括顾客网络战略生成器、数据价值生成器。

- **战略图：**一种可视化工具，可用于分析现有的商业模式或战略，或者评估并探索新的商业模式或战略。包括平台商业模式图、竞争性价值列车、颠覆性商业模式图。

- **战略决策工具：**对某个关键战略问题，从一组同类方案中进行评估并根据一定标准做出最终决策的工具。包括颠覆性应对计划。

- **战略规划工具：**一个一步步的规划过程或方法，用来开发针对特定企业环境和挑战的战略，包括收敛型实验、离散型实验、价值主张图。

这些工具的开发和创立，是在我与世界各地数百家企业进行的战略研讨会基础上完成的，它们是非常实用的工具，旨在帮助大家把本书中的概念直接应用于行业和企业的工作中。

每种工具都在书中进行了简明扼要的阐述，并附带分析一些适用于特定时间和场合的可能有用的案例。有关这些工具更详细的阐述，可以在以下网站找到：http：//www.davidrogers.biz，网上的信息将指导你一步步将它们应用于企业实践中。

当然，企业要做的不仅仅是采取正确的战略思想、规划框架和行动工具，一家在数字化时代之前成立的企业，在追求数字转型的时候，还必须面对组织变革带来的重要问题。

本书中的每章都讨论了相关的组织问题和障碍，因为数字转型不仅要拥有正确的战略，更需要把这些战略应用于实战。本书的讨论包括以下问题：领导力，企业文化，对内部结构、流程和技能的改变，对外部关系的改变。本书还借鉴了那些已经解决了这些问题的商业领袖的观点。正确的方法取决于组织的历史和性质，我的目的是揭示一些可能会阻碍变革的更为棘手的障碍。经验表明，即使公司做出了正确的战略，数字化变革也不是一个简单的推进过程。

本书阅读指南

在接下来的五章中，将重点介绍在团队中数字技术是如何改变每个战略领域的传统规则的。其中几章还展示了团队在面对这些变化时应该做些什么，如何学习和应用每个核心战略主题，并给出了一些关于在数字时代利用这些主题重新思考企业方向的案例。从不列颠百科全书公司和其他很多企业的例子中我们会发现，未来并不是新企业淘汰历史悠久的老企业，而是新的发展战略和商业模式取代旧的战略和模式，所以在数字时代之前创立的企业必须学习新的经营之道。

然而，即使企业接受了所有这些战略和工具，也未必一定占据长期的商业优势。我们仍然可以在商业模式背后发现可能突然降临的威胁，这就带来了一个不可预见的、意想不到的新挑战：颠覆！

本书的最后一章讨论了颠覆性商业模式，介绍了这种被过度谈论但并不能很好被理解的现象，以及其在数字时代是如何体现的。最后一章提供了一个工具，来衡量一个新兴的挑战者是否真的会颠覆性地威胁到你的企业。这一章还提供了一个工具来评估你的选择，即如果你面临一个真正的颠覆性挑战，最好的回应是反击还是以某种方式摆脱。掌握颠覆这一概念需要对克莱顿·克里斯坦森的经典理论进行反思和更新。因此，该章将研究一个修正的理论，该理论反映了数字时代关于颠覆的一些关键变化。通过这一章，你还会了解颠覆是如何根植于本书介绍的数字转型的五个领域的。

本书的总结部分回顾了组织在真正采取数字时代的新战略思维时面临的其他障碍。遗憾的是，不是每个企业都可以像不列颠百科全书公司那样，如柯达和百事达公司，它们没有意识到游戏规则已经改变了，也没有想办法改变企业战略以适应数字时代的实际情况。在本书中，我们将研究一些组织为什么以及如何被淘汰。

最后，本书提供了一个自我评估工具，其中的问题能帮助管理者判断自己的企业进行数字转型的准备情况。

*　　*　　*　　*　　*

我们生活的时代通常被称为数字时代。在这个时代，数字技术不断迭代，形成一个生态系统，每种技术都建立在之前技术的基础上，并催化下一场技术变革。这个生态系统不仅仅改变了个人生活及人们之间的互动，还改变了各个行业各种规模企业的组织动态。

数字技术正在改变的，不只是企业管理的一方面，而是几乎每个方面，它们正在改写顾客、竞争、数据、创新和价值的规则。应对这些改变需要的不仅仅是渐进的办法，更需要一体化的努力：一个企业内部基于全面流程的数字转型。好消息是，这个过程显然是可以实现的。到处都是可以学习的成功企业的例子，这些企业在适应其自身特殊的挑战的过程中总结了很多经验，这些经验揭示的普遍原则适用于一般性的企业。在了解这些经验和教训的基础上，通过学习和应用这本数字转型指南，任何企业都可以在数字时代进行转型，实现发展。

THE DIGITAL TRANSFORMATION PLAYBOOK

———————

第 2 章

利用顾客网络

当波比·格鲁尼沃尔德成为位于俄克拉荷马州生命教会的牧师时，他才刚走出大学校门短短两年时间，但他已经创办过两个基于互联网的公司并成功把它们卖掉，其中包括为摔跤迷打造的在线社区。在生命教会，他将精力投入一个不同的社区。他被任命为创新领导，帮助成立刚满三年的生命教会寻找新的方法，发展年轻一代的受众，引领他们加入基督教。

如今，很多教会运用播客或流媒体来报道每周的布道，教友们可以在家里、上班或回家途中，以及其他可以接收的地方收听。生命教会则更进一步，它的数字使命包含以下几项具体措施：在其所创建的LifeChurch.tv网站上按需提供流媒体直播的视频服务；搭建可供其他教会使用的技术工具平台。在"第二次生命"（Second Life）这一在线社区的全盛发展时期，格鲁尼沃尔德建立了一个虚拟教堂，以三维影像形式给教友进行展示。他通过购买谷歌服务找到搜索色情内容的人，鼓励他们去体验教会生活。正如他在推特上所说的：

"我们会为减轻那些不了解基督教的人的罪孽而努力做出贡献。对于那些没人关心的人，我们要做别人没做的事情。"[1]

格鲁尼沃尔德所做的最有影响的事，可能就是创建了世界上最流行的在手机上读圣经的 App——YouVersion。这款 App 以 1.68 亿次的下载量，比许多下载量巨大的手机游戏和社交软件还要火爆。YouVersion 为用户提供了从北极东部的因纽特语到夏威夷克里奥尔英语多达 700 种语言版本的阅读体验，这是世界上唯一一包含了像玻利维亚的瓜拉尼语这样晦涩语言的移动 App。即使在一种语言中也会有很多翻译版本，例如，其囊括了 30 种英语版本——从英王钦定版到新国际版，再到超现代的"信息"版。读者可以选择一种版本，搜寻任意一条信息或一段文字，突出显示或做标记，还可以和其他人分享自己阅读的东西。在这个 App 上，读者每天可以直接通过这个 App 分享超过十万句的圣经内容。该 App 的一个用户——珍·希尔斯，一个在俄克拉荷马市工作的人力资源经理，说当她想祈祷的时候，她就会从手机上搜寻内容。她说："自从安装了 YouVersion，我家梳妆台上的《圣经》再也没被碰过。"[2]

每到星期天，将近 2 000 座教堂使用 YouVersion 布道，教区居民手中的手机屏幕都亮着。在牧师布道时，LifeChurch. tv 的服务器每分钟会追踪到 60 万个问题，并记录下《圣经》中的哪句话在不同的教会最受欢迎，这帮助生命教会选出每日的"圣经警句"，发送给

App 的全部 1.68 亿名用户。其他的布道者,诸如大教会的创始人华理克牧师及受人尊敬的比利·格雷厄姆牧师,都用 YouVersion 来为世界各地的信徒提供定制的阅读计划。在 YouVersion 上发布翻译版本的作者之一,杰夫·丹尼斯指出:"他们明确了利用移动设备向大家传递上帝福音的重要意义。"[3]

重新看待顾客

按需、定制、联系、共享——LifeChurch.tv 提供给进入数字时代的教友们这些特质,同样这些也是当今顾客向每个企业索求的价值。

当我开始撰写这本书时,我需要重新思考的首要战略要素就是顾客。顾客作为产品和服务的购买者,对每个企业来说都是至关重要的。为了获得成长,企业往往要选定目标顾客并采用大量的营销工具,接触、告知、刺激并劝说顾客购买。但是在数字时代,顾客和企业之间的关系正在发生巨大的变化(见表 2-1)。

表 2-1　　顾客:从模拟时代到数字时代战略假设的变化

模拟时代	数字时代
将顾客视为规模化市场	将顾客视为动态网络
沟通方式主要是向顾客传播信息	沟通是双向的
公司是关键影响者	顾客是关键影响者

续前表

模拟时代	数字时代
营销是为了说服顾客购买	营销是为了激励顾客购买，是为了赢得忠诚和拥护
单向价值流	互惠价值流
（企业）规模经济	（顾客）价值经济

顾客与企业之间关系发生显著变化的另一个产业是音乐产业。在不久以前，顾客的唯一任务是购买最新产品（CD）的拷贝版。为了将产品销售出去，唱片公司需要依托一些大众渠道宣传（电台播放、MTV）与销售（连锁唱片店、沃尔玛）。如今，顾客期望能够从各种不同的设备上获得各种服务，从而可以随时听到任何一首歌曲。他们通过搜索引擎、社交媒体及社交网络中朋友的推荐、算法的推荐来发现好音乐。因此，音乐家可以跳过唱片公司直接与听众接触。在唱片录制前，音乐家向听众寻求对其唱片的资助；请听众在自己的播放列表中分享他们的音乐；听众可以在他们的社交网络中与最喜欢的乐队联系。

在数字时代，顾客不是消极被动的，而是动态网络中的节点，他们彼此互动以塑造品牌和市场。企业需要正视这种新现象，并正确对待顾客。企业需要了解顾客网络是如何重新定义营销漏斗的，如何重新塑造顾客的购买路径，如何开启顾客与企业价值共创的新方式。企业必须了解五种核心行为——接入、参与、定制、联结、合作，这些成为顾客数字化体验和互动的驱动力。企业还需要利用这些行为来开发能够在企业—顾客关系中增加双边价值的新沟通方式、新产品、新体验。

本章探索了各个行业中企业与顾客关系为什么会发生变化以及是如何变化的，分析了企业在大众媒体时代所面临的挑战。本章呈现了一个用于理解顾客网络行为和动机的分析框架，并提出一个概念性工具——顾客网络战略生成器，用于开发突破性战略，以吸引网络化顾客并实现特定的商业目标。

让我们先仔细观察顾客和企业之间的关系是如何以及为什么发生如此根本性变化的。

顾客网络范式

如今，顾客在生活中发现、获取、使用、分享乃至影响产品、服务及品牌的行为，与现代商业实践兴起时的顾客行为有根本的不同。

在 20 世纪，所有商业类型都基于大规模市场模型（见图 2 - 1）而建立。在这种范式下，顾客是被动的，并且被视为一个整体。顾客仅有的重要事情就是决定买或不买，而公司则努力提供能够满足尽可能多的潜在顾客需求的产品和服务。大众媒体和大规模生产的理念是为尽可能多的顾客交付公司所能提供的产品或服务。大规模市场模型的成功取决于规模效应，而且数十年来它都是有效的。整个 20 世纪，这一方法造就了世界上最大和最成功的公司。

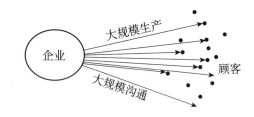

图 2-1 大规模市场模型

然而，如今我们正处于向新范式转型的关键时期，这一新范式
被称为顾客网络模型（见图 2-2）。[4] 在这个模型中，企业仍然是生产
产品和提供服务并促进其销售的核心主体，但是顾客的各种新角色
之间产生了一种更加复杂的关系。顾客不再被归入买或不买的双元
角色。在顾客网络模型中，现有的和潜在的顾客能够接入多种类型

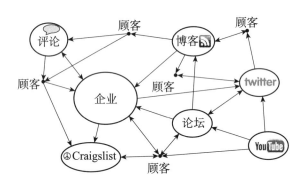

图 2-2 顾客网络模型

注：Craigslist 是一个在线的大型免费分类广告网站。

的数字平台，能够在平台上互动、发布文章、传播信息、创新，这些行为塑造了企业的品牌、声誉和市场。就像顾客被企业传播的信息所直接影响一样，顾客之间也能够相互联系并产生交互影响。从丰富的网络科学理论来看（这些理论可以追溯到 18 世纪的数学研究，它们还被应用于解释语言、疾病的传播以及分析铁路和神经系统的结构），我们可以将顾客视为网络中的节点，他们经由多种工具和平台建立数字化联结并形成动态互动。

在一个由顾客网络定义的市场中，企业的角色也发生了巨大的改变。企业仍然是产品和服务创新最大的引擎，并且仍是企业品牌和声誉的管理者。但是企业在向顾客传递价值并向顾客传播信息的同时，还需要与顾客网络建立紧密联系。企业需要倾听、观察顾客的网络互动，理解他们的观点、反应和未被满足的需求。企业需要识别和培养那些能够成为品牌拥护者、传播者、市场合作伙伴和企业价值共创者的顾客。

顾客网络模型的一个关键点在于，"顾客"可以是组织为之服务并依赖的任意关键成员。顾客可以是购买产品的终端消费者，也可以是购买专业服务的公司。对非营利组织来说，顾客可能是捐赠者或基层志愿者。在很多情形下，审视组织的顾客网络中相互关联的个体是很重要的，他们包括：终端消费者、业务合作伙伴、投资者、出版媒体、政府，甚至员工。所有这些类型的顾客对企业来讲都是关键的，他们展示出与企业有关或他们相互之间有关的动态网络行为。

> ### 关于品牌的新视角
>
> 　　企业和网络化顾客之间力量关系的变化重新定义了品牌关系。品牌不再由企业独自创造、界定并对外发布，顾客也在参与品牌塑造，企业也确实需要顾客的帮助来创造品牌。很多顾客不仅仅想要购买产品或购买某一品牌的产品，他们还想参与品牌共创。
>
> 　　作为众多以品牌为核心的传统企业之一，百事可乐公司也在重新思考顾客对其品牌的影响。以往，品牌传播是由企业独立实施的，而现在最好的传播是由顾客实现的。百事可乐公司的多力多滋品牌没有聘请专业的广告代理公司，而是邀请顾客制作30秒最好笑的广告。由此，该品牌的广告成为美国超级碗比赛期间最多人喜欢、最多人谈论和最有效的广告。百事可乐公司的薯片品牌乐事，甚至请顾客协助重新开发这个产品。在乐事品牌设计的"乐味一番"社交竞赛中，数百万名顾客提出方案或者投票选择自己最喜欢的新薯片。
>
> 　　通过这种方式塑造品牌是对顾客期望发生广泛转变的一种回应。2014年，爱德曼公司发起的一项对15 000名顾客的全球性调

查研究发现，大多数顾客希望超越单纯的交易性关系，他们期望品牌商能够表明立场并邀请顾客参与。[5] 当一个品牌出自顾客之手时，顾客更愿意支持那个品牌，保护它不被批判，这样顾客与品牌商就共享了个人信息并实现了购买。

营销漏斗和购买路径

营销漏斗（有时称为"购买漏斗"）是一种理解顾客网络如何影响企业—顾客关系的理论框架。这一经典的战略模型是基于20世纪20年代关于"影响层级"的心理学研究而产生的。[6] 它勾画了一个潜在顾客从觉察（对产品或公司所抱有的知识），到考虑（识别潜在价值），再到偏好（形成购买意向或公司选择意向），进而行动（购买产品、预订服务等）的过程。在每个阶段，潜在顾客的数量不可避免地在减少（如能够觉察的潜在顾客比愿意考虑的顾客要多），因此形成自上而下逐渐变细的漏斗形状。近几年来，该模型加入了一个新阶段——忠诚。通常，维护老客户的投资比获得新客户的投资更有效。

营销漏斗的持久效用来源于它是一种基于心理状态（觉察等）演进的心理学模型。因此，即使顾客行为发生了巨大的变化，如顾客网络的出现，营销漏斗依然有效。

在大规模市场时代，企业开发了一系列"传播式"的营销工具来接触并影响处于漏斗不同阶段的顾客（见图 2-3）。例如，电视广告在驱动"觉察"方面非常有效，而对后续阶段的影响有限。直邮和促销能够驱动顾客从品牌选择（偏好）到购买（行动）；实行一些奖励计划，刺激顾客的某些行为，从收集产品包装盒盖到在当地餐馆写下纪念卡片，从而推动顾客实现从初次购买（行动）到重复交易（忠诚）的转化。

如今，所有这些传播工具都还在使用，并且，在特定情形下，每种工具都很有效。如果企业需要面对大规模市场，快速激发人们对新产品的觉察，电视广告仍然是最有力的工具（尽管价格高昂）。户外广告、直邮、报纸广告——所有这些工具在接触顾客方面仍然具有巨大的潜力。但是，企业可能会发现这些传播工具的有效性随时间的推移而降低（特别是考虑到年轻顾客社交媒体使用习惯的变化），因此其投资效率也在降低——具体取决于企业试图接触的顾客类别。

与此同时，在营销漏斗的每个阶段，顾客都受到顾客网络的影响。搜索引擎显示的结果是顾客对新品牌或新企业形成觉察的最强大动力。例如，在亚马逊或 TripAdvisor 等网站上发布的用户评论，对顾客选择不同品牌时的"考虑"决策具有重要影响。这些第三方评论甚至对用户在线下实体店购物都有很大的影响力。不同于以往可能是"冲动性"购买商品——由商品陈列和包装驱动的购物行

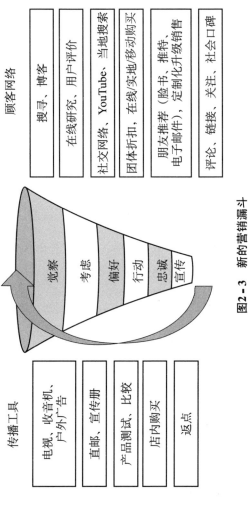

顾客网络

搜寻、博客

在线研究、用户评价

社交网络、YouTube、当地搜索

团体折扣、在线/实地/移动购买

朋友推荐（脸书、推特、电子邮件），定制化升级销售

评论、链接、关注、社会口碑

觉察

考虑

偏好

行动

忠诚

宣传

传播工具

电视、收音机、户外广告

直邮、宣传册

产品测试、比较

店内购买

返点

图2-3　新的营销漏斗

注：升级销售是指根据既有顾客过去的消费偏好，提供更高价值的产品或服务，刺激顾客实现更多的消费。

为——现在的顾客可以打开手机连接网络进行在线调研。当顾客进入"品牌偏好"阶段时，他们通常会利用脸书、微信等社交网络，询问朋友是否游览过某个目的地或是否购买过某品牌的冰箱。到了"行动"阶段，用户可能会从零售商的网站上或实体店面购买，也可能会使用移动设备完成购买，甚至可能人站在实体店里用移动设备完成购买。完成购买行为后，企业可以采用许多方式——从电子邮件营销到社会媒体营销——与顾客保持良好的关系以使其变得忠诚。

如今的顾客网络还从另一层面对营销漏斗产生重要影响，我称之为"宣传"。在这个心理阶段，顾客不仅仅是忠诚的，他们还在宣传品牌，并在其社交网络中传播该品牌。这些顾客在 Instagram 上发布产品照片，在 TripAdvisor 上撰写评论，并且在推特上回答朋友有关产品的问题。在搜索引擎的算法下，顾客的这些表述会对搜索结果产生重要的影响。因此，顾客的宣传反作用于漏斗顶端，提高了觉察、考虑及其他环节的重要性（这一拓展的、循环的营销漏斗有时也被命名为"顾客历程"，其每个阶段都有新的名字且结束于"宣传"，但模型原理是一样的）。

如今，所有企业都需要超越仅仅驱动潜在顾客完成购买（行动）和重复购买（忠诚）的层级，积极地融聚、培养和激励重复购买的顾客，使他们进入宣传阶段，即利用顾客网络为企业的成长做出贡献。

与此同时，营销漏斗还会受到顾客网络行为的影响，顾客与企业可能的接触点范围会发生显著增长。如今的顾客更可能向搜索引擎、公司网站、手机 App、本地地图搜寻、实体零售店面、线上零售商、社交媒体好友、企业的社交媒体公众号、即时通信工具及顾客评论网页进行咨询，而不是从广告、商店货架和企业呼叫中心获取信息。顾客已经越来越多地主动利用这些资源。当顾客站在实体店内观看陈列的商品时，他们可能会用移动设备来查询价格、产品信息及顾客评论。如果他们不想自己将产品带回家，还可以查看货物运送方式。他们在最终决定购买的颜色或型号之前，会不断地向朋友或家人发送照片进行意见咨询。在哥伦比亚大学商学院的一项有关"在实体店体验后使用移动设备实现购买的顾客行为"研究中，我们能够发现上述所有行为，甚至更多。[7]

这些接触点为顾客购买行为开启了多条路径。为了能够有效地对顾客展开营销，企业必须思考会导致顾客采取某一种购买路径而不是其他路径的特定考虑是什么：他们需要在多长时间内收到货？他们对价格有多敏感？他们是否已经有一个偏爱的品牌？他们离实体零售店有多近？等等。企业可以为顾客描述每条购买路径的具体方法，并优化每种购买路径的购买体验，从而强化对顾客的影响。企业会致力于为顾客引入"全渠道"销售来开启这一过程，"全渠道"是指一个顾客可能同时使用手机 App、台式电脑和实体店来进行购买。孤立地设计每个接触点体验，就好像针对的是另一个顾客，会淡化和打乱顾客的品牌体验。当消费者的购买路径从一个接触点转向另一个接触点时，"全渠道"体验意味着要将这些购买渠道进行整合设计。

营销漏斗是一种用于对顾客心理状态进行广泛思考的宏观工具，而购买路径则是更具体地审视顾客行为的分析透镜。这两种视角都表明了理解顾客动机的必要性，并指出这需要较之以往更为深入地探索。它们同时指出两件对所有企业都非常重要的事情：一是在购买路径的每个阶段都创造令人兴奋的体验，二是驱动顾客在营销漏斗的最后阶段进行宣传，从而与参与度最高的顾客进行价值共创。这两件事又引发了其他重要问题：如何在顾客网络中吸引顾客参与？驱动顾客在网络中参与的因素是什么？他们在寻找什么？

什么是顾客价值

如今，每个企业都必须面对的一个最重要问题是：我们的顾客价值有多少？

随着顾客与企业间的互动拓展至更多的数字化接触点，对营销投资回报率的测量需要新的财务工具。最主要的一个工具是顾客终身价值模型——从长远来看，基于企业利润基线的每个顾客的盈利性。对任何企业而言，总有一些顾客比其他顾客更具盈利性，而有的顾客甚至正在消耗企业的投资。顾客终身价值可能源于不同因素：购买频率、购买量、价格、对折扣的依赖、忠诚或流失率。为了构建这一模型，企业往往需要历史数据和财务团队的参与［参阅苏尼尔·古普塔和唐·莱曼撰写的《像投资一样管理顾客》(*Managing Customers as Investments*) 一书[8]］。一旦建立了顾客终身价值模型，将非常有益于企业进行顾客细分，确立新的顾客战略目标，以及衡量诸如顾客参与、顾客宣传这类关键事件的影响。

在网络化的世界里，顾客不仅可通过交易来为企业增值，还有许多其他方式为企业创造价值。越来越多的新商业模式得以建立，在这些商业模式中，顾客参与、顾客数据、收集的顾客知识都成为企业的资产和关键竞争优势。

顾客网络的这种无形价值甚至可以说是企业进行财务评估的重要因素。顾客参与是像脸书、领英这样的社交网络公司股票价格上涨的关键驱动因素。当雅虎以 10 亿美元收购大众博客平台推特时，其目的不在于获取后者微薄的收益，而是获取推特以年轻、积极和富有创造力的用户为主要构成的顾客网络。当然，收购一家公司从而获得其顾客网络的挑战在于，持续的顾客忠诚并不能得到保证。谷歌以 11 亿美元收购 Waze 后，保证其收购价值最关键的举措是保持 Waze 顾客网络的参与度。谷歌收购完成后立刻宣布，Waze 不会被并入谷歌地图，而是作为一个独立的产品，由其创始者以色列团队运营。顾客网络是非常有价值的，但它们是无形资产，不像房产或厂房设备那样易于交换和利用。

五种顾客网络行为

在我为写作《网络就是你的顾客》一书做研究时，我想要回答这样一个问题：什么样的数字化产品或服务能够更加深入地推动顾客参与到数字生活中去？我分析了在万维网和移动互联网出现之后的 20 年间上百个横跨消费产业和 B2B 产业的案例，从产品、服务、沟通和体验几个角度展开分析，据此发现并总结了五种驱动顾客采纳新的数字化体验的行为模式，我称之为网络化顾客的五种核心行为：

● **接入。**顾客探索尽可能快速、简单和灵活地接入数字数据、内容和交互的方法。任何能够使这种接入更便捷的产品都引人注目。想想早期手机的短信功能，这种功能彻底革新了人们的沟通方式——在任何时间、任何地点都能接收和发送信息。从电子商务的便利性到如今最新的即时通信应用程序，顾客会被任何能够提供简单、瞬时接入路径的事物所吸引。

● **参与**。顾客试图参与到可感知的、交互的、与其需求相关的数字内容中。从最早的门户网站的流行到在线视频的传播，再到下一代的虚拟现实，顾客对数字生活的愿望表现为一种对内容的渴望。在旧媒体时代，"内容为王"的观点至少是部分正确的。尽管内容提供商仍然试图在数字时代盈利，但毫无疑问参与到内容制作中去的渴望已成为顾客行为的关键驱动力。

● **定制**。顾客试图通过选择和修改宽泛的信息、产品和服务，来获得定制化体验。在当今时代，顾客的选择已经从有限的电视频道扩展到包含超过万亿网页的数字世界。人们习惯了数字网络，并期待更多的个人选择方案，这正是他们所喜欢的。从 Pandora 定制化的音频节目到谷歌的搜索词条，用户仅仅键入几个字母，谷歌就能知道用户要搜索的条目，可见人们越来越深地陷入日益强化的定制化体验中。

● **联结**。顾客试图通过文字、图像、社会联系来分享他们的经验、思想和观点，从而在彼此之间建立联系。这种行为驱动了社交媒体的爆发——从博客到像脸书和领英这样的社交网络，再到因共同的激情、职业或观点而聚集形成的线上细分社群。所有非常流行的平台无一不是被个体的分享行为所驱使的，每个个体借助图像和文字向他人传递一种信号："我就在这里，这是我所想的、我所见的。"

● **合作**。作为一种社会性动物，顾客会本能地愿意在一起合作。因此，他们寻求在开放的平台上为某个目标或某个项目进行合作。

合作是五种行为中最复杂、最困难的,但顾客并没有放弃这种尝试和努力。无论是共同开发开源软件,还是为了共同的信念而筹资,又或者是组织选举和比赛,人们都在寻求合作。

正如图 2 - 4 所示,五种顾客网络战略对应着五种顾客网络行为。图 2 - 4 所示的模型可用于任意产业、商业模式或顾客目标的战略规划。我把"顾客行为理论"用在数百家公司的战略培训中,这些公司都面临着广泛而多样的顾客问题。创立了基于顾客行为的战略后,企业可以避开"技术优先"思维的陷阱(想一想推特视频的战略是什么),将焦点放在能够给顾客和企业带来的价值上。

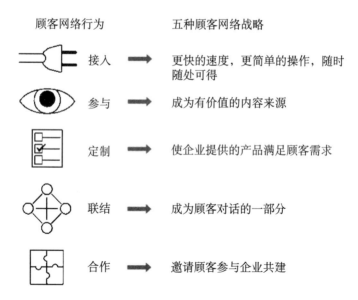

顾客网络行为		五种顾客网络战略
接入	➡	更快的速度,更简单的操作,随时随处可得
参与	➡	成为有价值的内容来源
定制	➡	使企业提供的产品满足顾客需求
联结	➡	成为顾客对话的一部分
合作	➡	邀请顾客参与企业共建

图 2 - 4 顾客网络行为与相应的顾客网络战略

让我们用实例来深入理解这五种战略。接下来，我会为你提供一个工具，利用这个工具，你可以在特定的企业情境下选择最佳的顾客网络战略。

接入战略

接入战略意味着顾客可以以更快的速度、更简单的操作来获取企业的服务，并且随时随处可得。我们知道，速度、简便性和普遍性这些标准可能会随着时间的推移而改变：过去，接入战略可能意味着提供电子商务服务，而如今它可能意味着提供一个移动优化的网站，更快速地交付或实现订单追踪。我和马特·昆特、里克·弗格森在对"移动展厅"（先逛店后网购）现象的研究中发现，同一个顾客可能在不同的时间选择网购或实体店购买（甚至做出更昂贵的选择），这取决于什么方式能给他们带来更大的便利。所谓的便利性取决于以下情境：我买的东西是我现在急需的吗？这东西是很重因而需要别人帮我送到家里吗？我能够等一到两天再收货吗？[9] 云计算、移动设备和定位技术带来了新一轮创新，使消费者及企业客户的接入更加方便。

接入战略可以采取很多方式实现，包括移动商务、全渠道体验、云端运行及按需服务。

- **移动商务。**旅行者已经习惯通过用手机扫描二维码来代替机票或车票登机和上火车。像喜达屋这样的连锁酒店正在开发顾客用手机刷一下就可以开房门的技术。乐购在韩国的商业模式是，在地铁站台上张贴流行商品的条码，顾客用手机扫描他们想购买物品（牛奶、饼干、饮料）的条码，即可完成送货上门的订单。借助移动支付系统和门店定位，顾客可以通过手机获得折扣、优惠券，完成购买并做出评价。

● **全渠道体验。**企业越来越多地意识到，顾客正在通过各种数字和实体接触点来寻求更加整合性的体验。例如，沃尔玛开发了移动购物 App，该 App 为顾客在沃尔玛门店和在家中使用 App 购物呈现不同的功能（这款应用能够让顾客在家里也感觉像在沃尔玛门店购物一样）。当顾客在沃尔玛北美 4 000 家门店中的任何一家打开这款 App 时，它能自动检测最适合的版本。在推行这一升级版的移动 App 之后，沃尔玛发现其 12% 的线上销售额来自站在门店货架边上却在其网络上完成购买的顾客。

● **云端运行。**随着人们的听歌习惯从在 iTunes 上下载 MP3 音乐转变至由 Spotify 这样的平台提供流媒体音乐服务，顾客正在快速地适应为云端产品付费。同样，企业也越来越多地将工作流程移至云端，这是通过像谷歌 App、Salesforce、Dropbox、印象笔记这样的"软件即服务"（SaaS）提供商实现的。这些转变给企业带来的结果是 IT 成本更低了，灵活性增强了，员工可以使用移动设备更方便地协同工作。

● **按需服务。** 以往顾客只能在特定时间、特定地点享受的服务，现在在任何时间、任何地点都能享受了。曾经以自动取款机数量来吸引顾客的银行，如今则通过手机银行 App 来吸引顾客，因为利用手机银行，顾客就可以获得银行的几乎全部服务。像 Khan Academy、Coursera 和 EdX 这样的新创公司正在努力突破按需教育的限制。医疗保健行业则着手发展远程医疗，顾客可以通过给医生发送短信和邮件以及在线视频的方式接受非紧急的护理和远程咨询。

接入战略的重点是简单、方便、随处可及和灵活性。更近、更容易、更快地提供产品或服务，可以帮助企业持续地为顾客创造附加价值，并且赢得他们的忠诚。

参与战略

参与战略逐渐成为为顾客创造有价值内容的一个重要来源。如今，企业与顾客之间的信息沟通方式面临着越来越大的挑战。丰富的媒体渠道和形式（从 YouTube 视频到手机 App 上的新闻），将传统媒体的受众细分化了，传统媒体是企业之前投放广告的地方。在这种情境下，企业必须拓展能够超越这些干扰广告的信息沟通方式——这些广告信息只有在顾客觉得有借鉴价值或者与他们感兴趣的内容有关时才会看。企业必须采用不同的思路学着让用户自己去创建内容，这样的内容与用户是极度相关的，他们愿意去消费这样的信息，甚至愿意在其网络中分享。同时，由用户创建的内容能够加强顾客与企业的关系，进而为企业增值。

参与战略可以通过很多种方式来实现，包括产品展示、讲故事、效用提供及品牌发布。

● **产品展示**。用引人注目的、有吸引力的方式呈现企业价值主张或产品的内容，是非常有效的内容。当欧莱雅为其能够覆盖纹身的遮瑕膏品牌 Dermablend 设计品牌形象时，公司制作了一段很长的音乐视频，该视频以瑞克·格内斯特（又称"僵尸男孩"）这个全身被纹身覆盖的加拿大艺术家兼模特为主要形象。视频开始时格内斯特身上完全没有纹身，但是当抹在他身上的 Dermablend 被逐渐擦掉时，观众见证了奇迹般的转变。这个视频被放在 YouTube 上且没有投入任何媒体预算来进行宣传促销，但它轰动全球，吸引了 2 500 万人次的点击量。就像那个著名的视频"它能够被搅动吗？"（Will it blend）使得优秀的搅拌机品牌 Blendtec 变得非常流行一样，"僵尸男孩"视频非常有效是因为整个视频都在演示产品的效果。

● **讲故事**。在有些情况下，品牌可以通过创造一个打动人心的故事，而不是针对具体产品，来获得更多的顾客。工业玻璃制造商康宁公司用一段名为"玻璃做成的一天"的六分钟视频来描述公司的未来愿景：互动玻璃界面、触屏、展示技术。这个视频被观看了

2 000万次，康宁公司后续发布了一系列与其技术相关的视频和内容。

● **效用提供。**内容并不总是关于故事与情感，它也可能和效用有关。企业可以通过在正确的时间提供有用的内容来有效地吸引顾客。哥伦比亚运动衣开发了一款涵盖打绳结指导手册（包含航海家、捕鱼者、登山者的实例）、便携式活动日志（通过运用视频、地点标签、笔记、照片以及对旅行距离、时间、海拔的记录，帮助用户快速记录他们最难忘的户外经历）等诸多内容的移动 App，从而与那些对充满活力的户外运动感兴趣的顾客建立了联系。

● **品牌发布。**在有些情况下，内容超越了个人层面，企业通过使顾客成为内容发布者来促进顾客参与。奢侈品商店——巴尼斯纽约精品店拥有电子商务网站，它同时还是《窗口》（*The Window*）杂志的发行者。这是一本讲述设计师、时尚模特、工匠及产品本身故事的在线杂志，它所呈现的是你在时尚杂志上所期望看到的采访和时尚指南，而不是产品目录。企业通过比较愿意投入时间阅读《窗口》杂志的顾客和一般顾客的购买模式，来评估对该杂志的投资回报率。

参与战略的重点是像媒体公司一样的思维方式，将每天的焦点放在如何吸引观众的注意力上。首先，要了解顾客，创造与其相关的、引人注意的或有价值的内容。其次，要为如何运用这种吸引力来增强顾客关系而制定战略。最后，还要评估顾客参与对企业的影响。

定制战略

企业定制战略的含义在于，提供能够适应并满足顾客需求的产品。随着电子商务的普及、存储和运输方式的自动化、媒体产品的数字化、2D 和 3D 打印技术的发展，以及与顾客偏好、地理位置和顾客行为有关的大数据可获得性的提高，定制越来越成为可能。由于顾客希望寻求更多的选择和更个性化的体验，企业需要想方设法满足他们的需求，并且不应用过多的选择压垮顾客或因需要过多的个人信息而使其焦虑。

定制战略可以采取很多方式来实现，包括推荐引擎、个性化界面、个性化产品和服务、个性化信息和内容。

● **推荐引擎。**为了帮助观众从大量电视和电影名称目录中找到他们想看的内容，奈飞（Netflix）将行为数据（周三晚 10：00 之前用户喜欢看什么节目等）和一个微标签系统（用于标识内容）结合起来，这样做的结果是，用户每次登录时系统都会列示个性化的播放列表，且实时更新。这些微标签（预计超过 76 000 个）涵盖的范围从"20 世纪 70 年代的亲子电影"到"雷蒙德·伯尔主演的推理悬疑剧"，种类繁多。[10] 这样的推荐所带来的影响可以通过顾客使用搜索词条来寻找节目的频率进行测量。这种方式取得了显著成功：75％的顾客是通过奈飞公司的个性化推荐来决定观看内容的。[11]

● **个性化界面。**兰蔻在其脸书页面设置了"魔镜",让用户选择一张自己在脸书上的照片,然后在照片上尝试使用各种不同的美容产品,将效果呈现在照片中,以展示在顾客自身特征、肤色和发型的状态下该美容产品是否适合。于是,用户开始期待更多的个性化界面,不管是在线上、零售店面,还是二者之间。

● **个性化产品和服务。**由于可乐产品在澳大利亚年轻人中的销售量不断下降,可口可乐公司在澳大利亚引入了定制化可乐罐——"共享可乐"(Share a Coke)。公司选取了在澳大利亚年轻人中非常流行的 150 个名字,将其以同种可辨认的字体替换掉可乐品牌标识,印刷在可乐罐上。那些名字较少见的顾客可以在大型购物中心的售货亭印制个性化的可乐罐,或者在脸书上分享个性化的虚拟可乐罐。这种定制可乐罐非常流行,以至于其在澳大利亚市场上年轻人中的消费量增加了 7%。而且,可口可乐还将这一活动扩展到世界上 80 个国家。随着 3D 技术在假肢、汽车底盘和跑鞋上的广泛应用,定制产品的商机正在快速增加。[12]

● **个性化信息和内容。**为顾客提供定制产品的最简单易行的方式之一,就是通过媒体及发布的信息。随着出版商从印刷技术转型至数字技术,它们能够为每位顾客提供最合适的内容。它们可以邀请读者阐明他们的兴趣(喜欢的和不喜欢的),发现哪些是顾客愿意花时间阅读的内容,从而在未来提供与此最相关的文章。定制化信息也提升了营销的效果。微软公司基于邮件接收者的地理位置、年龄、性别和线上活动轨迹，为其提供不同的服务，从而使电子邮件营销活动的转化率提升了70％。[13]

定制战略的重点是识别顾客需求和行为的差异，找到能够为顾客提供差异化或促使顾客自我实现个性化的适宜工具。

联结战略

联结战略已经成为企业与顾客信息沟通的必要要求。随着拥有超过15亿名活跃用户的脸书以及像新浪微博、推特和领英这样的超大平台的出现，社交媒体已经成为顾客之间进行交流的全球标准。而且，它们也越来越成为顾客期望与各类企业交流的主要途径。无论是回答顾客的提问、解决他们的困难，还是提供产品信息，企业在社交媒体沟通中应保持实时在线与快速响应。

联结战略可以采取很多方法来实现，包括社会倾听、社会顾客服务、融入对话、想法与内容征询、创建社群。

● **社会倾听。**顾客的对话可以成为企业获取市场洞察的巨大来源，企业可以借助很多工具来倾听和了解顾客对话内容。这种洞察涵盖从对产品问题的发现，到对引发顾客正面评论的驱动因素的识别。很多品牌已经开始运用获取的社会洞察来组织新的品牌和广告活动。美国康卡斯特电信公司就运用社会倾听工具，赶在其工程团队之前发现了区域性信号中断情况。

● **社会顾客服务。**很多企业发现社交媒体是包含了呼叫中心、即时通信及其他工具在内的顾客服务组合的一种有效渠道。如果企业能够成功回答顾客的问题，就不仅能打动这一个顾客，还能给顾客网络中的其他成员留下深刻的印象（一个提出问题并得到完美解决的顾客，最可能代表公司传播正面形象）。当然，不是所有的问题都可以在社交媒体的交流中得到解决，但是有效的培训会对此产生很大的影响。在建立了社交媒体领导团队之后，花旗银行能够解决其推特上 36％的顾客问题，而在同样的社交媒体渠道，富国银行只能解决 11％，美洲银行则只能解决 3％。[14]

● **融入对话。**拥有 25 000 名员工的集装箱运输公司马士基决定检验社交媒体是否有助于公司的品牌传播。作为一个实验项目，公司着手融入与顾客的对话，利用脸书、Instagram、领英、YouTube、新浪微博等不同的平台，与顾客分享其遍布世界各地的船舶照片和视频。这一年，公司在社交媒体上与顾客的对话项目帮助公司化解了独角鲸死亡事件带来的危机，向公众开放了公司档案中的历史视频，形成了一个由顾客、供应商、运输专家和员工组成的庞大粉丝群体，在马士基所获得的众多有形收益中，最实质的收益在于新招聘网络的建立、销售业绩的改善及顾客和员工满意度的提升。[15]

● **想法与内容征询。**很多时候，企业会通过社交媒体与顾客建立联系，向他们征询照片或视频形式的想法、建议及其他内容。运动型照相机品牌 GoPro 通过邀请顾客分享其用公司产品拍摄的精彩视频，包括冲浪、滑雪及骑行视频等，从而建立了声誉。其他公司，如戴尔、星巴克，都在运用像 IdeaStorm 这样的平台来征求顾客建议，并且运用这些建议来进行产品研发和服务改进。这种回应是使顾客对企业的成功产生参与感和成就感的有力方式。

- **创建社群。** 在某些情况下，基于共同的兴趣创建在线社群，对企业来说可能是很有意义的。技术提供商 SAP 公司创建了 SAP 网络社群，让顾客、合作伙伴、员工及其他人可以分享观点并讨论他们共同关心的技术问题。该网络每个月都有超过 100 万名不同的访问者。当宝洁公司在女性卫生用品的市场营销中遭遇困难时，建立了 BeingGirl.com 论坛，让年轻女孩在论坛中分享她们在成长中的经历与困惑。通过让顾客来引领对话，宝洁发现，与丹碧斯（Tampax）和 Always 这两个女性卫生品牌投放的电视广告相比，这个论坛能带来更高的投资回报率。[16]

联结战略的关键是聚焦于顾客所使用的社交媒体，融入与顾客的对话以解决问题，了解你所处的市场并逐步接近你的顾客。对话本身不是目的，为企业创造价值才是终极目标。

合作战略

合作战略是指邀请顾客协助企业发展。合作战略与联结战略的不同之处在于，合作战略要求，企业邀请顾客不仅仅是共享信息，而且要为了共同的目标在开放的平台上以更聚焦的方式进行合作。维基百科是大多数人都熟悉的数字化时代的合作典范，来自世界各地的志愿者的共同贡献产生了一个无与伦比的公共资源库。但是，维基百科经历了细致、反复的编辑过程才保证其可靠性和有效性。如果在营造适宜的环境方面没有认真投入，又缺乏对参与者参与行动和公平感知的正确激励，那么大规模的合作就不会产生。

我们发现一些已经被广泛验证的适用于合作战略的方法，包括被动贡献、主动贡献、众筹、公开竞争、合作平台。

● **被动贡献。** 有时候，合作可能仅仅是指顾客同意将其已经实施的行动用于推动合作项目的开展。Waze 公司推出的导航 App 就是这样的通过合作得以运行的工具，只需要在开车时打开该 App，司机就为公司提供了有关交通状况和到达目的地的最佳路线等实时数据。多邻国（Duolingo）开发的免费语言学习 App 里面包含了给学生留的翻译作业，借助这些作业，又使该 App 的另一项功能——网络翻译工具——得以实现。

● **主动贡献。** 在其他情形中，顾客被邀请直接参与企业的项目，如参与到大项目中的一个小部分中。美国有线电视新闻网的 iReport 项目允许任何人在其众包的新闻网站上提供照片、视频和亲眼见证的报道。当某张图片或某个故事非常具有新闻价值时，公司会将其选出并放在电视的新闻报道中播放，同时注明提供者（可能正在通过电视观看新闻报道）的名字。

● **众筹**。作为被广泛采用的一种主动贡献的形式，众筹是为了新项目上马、新产品发布或发起倡议而筹集资金、寻求合作的过程。最初，众筹被艺术家用于筹集资金，但是很快就成为创业公司（如 Oculus Rift 和 Pebble Watch）及其他各种风险投资项目筹集种子资金的一种方式。在有些市场中，法律允许直接给出资者分配众筹项目的股权。在房地产市场上，Prodigy Network 就采用了这种方法，为哥伦比亚最高大楼的建设项目进行融资，以开工建设。

● **公开竞争**。某些问题的解决任务无法简单地在贡献者中进行分工。在这些情况下，可以采用竞争的方式，组建一支包含各种人才的团队，这样更利于得出最佳的答案和解决方式。思科发起了很多创新竞赛，从 I-Prize 商业模式竞争，到面向外部程序员的黑客马拉松，再到物联网。创新中心（InnoCentive）创建了一个拥有 30 多万名问题解决者的网络，这些问题解决者由来自世界各地的科学家、工程师、技术专家组成，任何一家公司都可以请他们以竞争的方式参与并解决棘手的研发问题。

● **合作平台**。在这种方法中，企业创建了合作的环境，让合作者自己定义要解决什么挑战。在 iPhone 手机投放市场的第二年，苹果公司将其操作系统开放为合作的平台，这进一步触发了外部创新的大爆发——苹果商店产生。一个好的合作平台不是试图去定义下一批项目应该做什么，而是聚焦于提供一个大家能参与共建的结构（我们会在第 3 章更多地讨论平台商业模式）。

合作战略的关键是了解贡献者的动机，给每位贡献者以适当的利益（这样参与者就不会感觉被利用了），让他们在其专业范围内贡献知识，为他们提供充分的自由以获取其真实的想法，同时提供明确的指引以保证有效的最终结果。

我们现在对五种顾客网络战略有了清楚的了解，但是，如何在五种战略中做出选择，以及在特定企业环境下如何应用某种战略？这是本章"工具"部分要实现的目标，也是接下来的主要内容。

工具：顾客网络战略生成器

顾客网络战略生成器旨在帮助企业开发新的战略理念，即联结网络化顾客并与其共同创造价值。这一目标的实现有赖于企业将其商业目标与本章所提到的顾客网络核心行为联系起来。顾客网络战略有助于激发新型营销传播、提升顾客体验，以及促进产品和服务创新。

这种用于生成新战略的工具遵循了由五个步骤组成的流程（见图 2-5）。下面将详细介绍每个步骤。

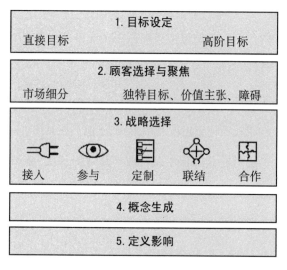

图 2-5　顾客网络战略生成器

步骤 1：目标设定

该流程的第一步是设定企业的新顾客战略所希望实现的目标。从直接目标和高阶目标这两个层面来定义目标是很有价值的。

● **直接目标。**直接目标是指在项目中你直接负责的部分。例如，如果你负责管理顾客服务，你开发新战略的目标可能是利用顾客的数字化行为来提高对顾客问询的响应速度，减少让客户不满的摩擦行为，或者将顾客服务转变为形成顾客洞察的源泉；如果你负责的是首次通过电子商务来发展直销模式，你的目标可能是提高产品认知度和曝光率，减少顾客在做出购买决策时的矛盾，并邀请主导顾客成为新销售渠道的传播者。

● **高阶目标。** 识别你希望通过新战略实现的首要、高阶目标同样很重要。尽管这些目标并不完全由你负责，但你的项目应该对这些目标形成支持。在上述电子商务的例子中，你或许会发现，开发所有渠道的、更为丰富的顾客数据集是企业层面的目标，也是你的计划应当支持的目标。这会影响你制定项目计划的方式，从而使计划支持数据的收集和整合。

步骤 2：顾客选择与聚焦

第二步是勾画出你正在搜寻的顾客特征，首先要选择与你的既定目标最相关的细分顾客。例如，如果你的关键目标是减少顾客流失，你可能要选择流失率最高的细分顾客，以及流失带来的损失最大的高价值顾客；如果你的项目旨在获取时常受到意见领袖影响的顾客群体，那么你需要将易受影响的顾客和意见领袖这两类细分顾客都囊括在你的计划之中。

然后，你需要把重点放在细分顾客群，并在你的项目具体目标的要求下了解这些顾客。这涉及回答三个关键的问题。

● 对于每个细分顾客群来说，我的独特目标是什么？如果你正针对不同的细分顾客群推出新的电子商务服务，你如何针对不同的群体制定不同的目标（即使差异很小）？也许，对某个细分顾客群而言，目标仅在于推动顾客的先期采纳；对一个高度活跃的细分顾客群来说，你不仅想得到他们的采纳，而且需要在推进平台循环发展的过程中得到顾客的反馈与帮助；而对另一细分顾客群，你需要说服顾客围绕新服务签订长期合同。

● 对每个细分顾客群来说，我的独特价值主张是什么？了解价值主张（顾客为什么要将他们的时间、精力和金钱交付于你）因细分顾客群不同而不同是非常重要的。对于一个细分顾客群来说，你所提供的电子商务服务的价值主张可能是简单的订货；对另一个顾客群体来说，价值主张可能是更好的产品；而对其他顾客群体来说，价值主张则可能是更好地追踪订单。

● 对每个细分顾客群来说，成功的关键障碍是什么？障碍可能表现为不同形式，如顾客对新的产品或服务未能觉察，缺少差异化，对价格敏感，存在技术障碍或厌恶风险，等等。针对每个细分顾客群，你都要努力弄清楚最大的障碍是什么，以及不同细分群体间的障碍有何差异。

步骤3：战略选择

现在你已经对你的顾客战略目标、你希望吸引的顾客有了深刻的理解，可以开始进入战略构思过程。

首先应该回顾五种核心的顾客网络行为，以及驱动这些行为的战略。

- 接入：更快的速度，更简单的操作，随时随处可得。
- 参与：成为有价值的内容来源。
- 定制：使企业提供的产品满足顾客需求。
- 联结：成为顾客对话的一部分。
- 合作：邀请顾客参与企业共建。

尽管这五种战略在理论上都对企业具有商业价值，但我们现在寻求的是生成特定项目的战略构思。思考一下你所设定的目标以及你想把握住的顾客（包括他们的需求、障碍等）。根据这些目标和选定的目标顾客，从五种战略中选择最适合该任务的一种或多种战略。

例如，你正在打造一个电子商务平台，而你的细分顾客群的接入动机之一是简单、无摩擦成本的界面，那么你应该考虑采纳接入这一战略构思。如果你试图通过与顾客的互动获取想法，那么应该关注联结战略中的顾客对话。如果你想雇用一批顾客传播者参与新产品的上市前测试，并且协助企业将产品引入市场，那么合作战略则比较适合。

你可能会发现，在这五种战略中会有不止一种对你的目标产生重要影响，如接入和定制战略，或者参与和联结战略。但我并不建议五种战略都选择，因为这一步骤的目标只是在概念生成之前设置一个聚焦的方向。

步骤 4：概念生成

现在，你可以开始基于你所选择的广泛战略、目标和细分顾客群，生成具体的战略概念了。概念是关于你为顾客设计的产品、服务、传播、体验或互动的具体构想。例如，如果你在为接受旅行预订服务的顾客引入新的贵宾服务，你采取的是参与战略（成为有价值的内容来源），你应该考虑创建多种类型的内容："解释性"视频，用以展示从移动设备 App 上获取这项新服务是多么简单易行；关于旅行建议的简短报告，顾客可以根据自己的旅行兴趣来订阅；新闻提醒服务，用于向顾客警示其旅行目的地的安全情况，等等。即使你仅仅选择了一种战略，也应该努力生成几种不同的战略概念。

当你开始这一步骤时，可能想回顾一下本章中讲述每个战略时所提供的不同案例和方法。例如，如果你正在考察定制战略，你可能需要考虑推荐引擎、个性化界面、个性化的产品和服务及个性化的信息和内容。

这一步骤本质上是一个创造性的、概念生成的阶段。在这一步骤中，你会组建一个多样化的团队，让他们自己去创造新的思维。组建具有不同背景、来自组织不同领域的小团队（五人左右）是比较理想的。你需要确保每个人都按照你的要求去做，沉浸在项目目标和细分顾客里。要从行业外部寻找标杆和有创意的想法。无论你只是想追上竞争对手还是想开发一个引人注目的、差异化的新产品，一定要做到坦诚。

最后，将焦点集中在新想法如何为顾客创造价值上是非常关键的，否则就不可能获得成功。以下是一些能够让你专注于顾客价值的问题。

关于接入战略

● 如何使顾客获得更快、更简单的体验？

● 如何更好地整合不同的互动？

● 如何使服务更易于获得，更能随需而变，更能实现自我服务？

关于参与战略

● 如何吸引观众的注意力？

● 你可以在适当的时间利用恰当的内容或信息来为顾客解决什么问题？

● 不在你的公司工作的人会向朋友推荐这个内容吗？

关于定制战略

● 顾客之间的需求和兴趣最大的差异在哪里？

● 为什么顾客想拥有更加个性化的体验？为了获得更高的效用，为了独特的兴趣，还是为了自我表现？

● 如何让顾客轻松而无压力地自己做出正确的选择？

关于联结战略

● 你与顾客已经进行了哪些与你的目标相关的对话?

● 如何实现、促进或增强这些对话而不是干扰它们?

● 从与顾客的对话中你可以学到什么?

● 你能为顾客所看重的这些对话做出哪些贡献?

关于合作战略

● 你的顾客会带来哪些技能?他们为企业成功做出贡献的能力限制是什么?

● 最能激励顾客的东西是什么?是因你的品牌、事业或项目成功而形成的兴奋感?是社会的认可?是金钱的奖励?或是这些因素兼而有之?

● 如何确保顾客感觉其付出是有效的和有回报的?

步骤5:定义影响

此时,你应该将你的每个想法带到你在第一步中为自己设定的业务目标上。针对每个战略概念,你需要回答这些问题:如果你实施某个战略,你如何知道是否能够完成你所设定的目标?例如,如果你的目标是减少顾客流失,你开发的战略是针对这个问题的吗?如果是这样,你将如何衡量其影响?如果你的目标是提高产品的知名度和曝光率,并已制定了一系列内容计划作为参与战略的一部分,你将如何得知它们是否有助于目标的实现？这里的要点在于，要阐明一个可衡量的企业收益结果，并说明为何你认定你所开发的战略概念有助于结果的达成。

在完成所有的五个步骤以后，你现在应该有一组可供团队实施的、可信而有力的新顾客战略。这些战略应该根植于对特定顾客的深刻理解，基于其网络化行为，旨在为这些顾客提供真正的附加值，并能够推动企业最重要业务的目标实现。

该工具被用于战略构思过程。接下来应该有一个完整的计划，以测试、验证战略概念，并分配资源，改善测量指标，以及（如果合适的话）尝试公开发布。我们将在第 5 章讨论如何测试和学习新的战略构思。

不过，在结束对顾客战略的讨论之前，让我们先来思考一下身处传统的、数字化时代之前的企业在反思其关于顾客的假设时可能面临的挑战。

顾客网络的组织挑战

约瑟夫·特里波迪对顾客网络有所了解。在过去的职业生涯中，他曾担任好事达保险公司、纽约银行、万事达、施格兰和可口可乐的首席营销官。当我与他谈到组织与顾客间关系不断变化的观点时，他告诉我："对任何大型组织来说，这就像一次旅行。现在我们醒悟了，意识到我们一直试图用更多传统的方式与消费者接触是多么消极。如何建立能够持续、实时让消费者参与的基础构架对跨国运营的巨型公司是一个挑战。"[17]

一段时间以来，特里波迪从三个不同的层面来思考顾客网络：一是终端消费者；二是企业客户，包括零售商、分析机构及能够影响产业和规则的智囊；三是企业自己的员工。

激发内部顾客

企业的内部顾客，即自己的员工，是企业数字转型的关键。这种转型始于企业运用相同的顾客战略，帮助其内部团队实现目标。随着劳动力更具流动性，企业需要帮助员工更加简捷、灵活地对接他们的工作（接入）。员工需要掌握正确的内容、信息和资源以保持对工作的了解（参与）。员工的工作流程总是围绕弹性的公务旅行、角色和时间表，因此他们需要可使其工作流程更加定制化的工具（定制）。他们需要与其他员工建立联系，利用各种沟通方式（电子邮件、即时消息、视频会议）彼此分享知识，互问互答，从而答疑解惑（联结）。他们需要进行合作的工具，使他们能够在远程工作和非同步工作时共享项目情况和文件（合作）。

所有这一切都是巨大的挑战，而更大的挑战往往在文化方面。正如特里波迪告诉我的那样："组织必须发展为一个更具渗透性的层级结构，使得信息可在各个层级被收集、汇聚、分析和共享。"

减少层级控制非常不容易。很多时候，对员工的不信任和对风险的畏惧可能会使组织关闭数字连接，并限制员工有效地使用在线工具。一家大型跨国公司的部门人力资源主管，她所在的部门负责着公司价值十亿美元的业务，这位人力资源主管说，即便她也不能在工作中使用 YouTube。IT 部门禁止员工使用平板电脑，并且利用严密的防火墙对员工进行封锁。如果她想为下属搜索一些教育性内容，就不得不在周末用私人电脑来查找。我们多么需要在员工培训、员工联系方面多采用新的技术手段！因为害怕员工自由地利用数字技术自由建立联系而隔离他们，是非常失败的战略。

随着企业规模的扩大、企业内部地域差异化的提高（使随时的面对面互动更加困难），以及员工和高管工作内容的快速变化，培育有效的员工网络更加重要。

添加新技能和替代旧习惯

为了充分利用企业外部的顾客，企业必须掌握大量的新技能，特别是面向顾客的部门，包括营销、公关、销售和服务部门。

这些新技能包括社交媒体和社群管理、媒体内容创作、新媒体的引入和评估、电子商务等。企业面临的挑战是避免将这些任务外包给专业机构，外包虽然可以简单快速地弥补技能差距，但它是一个目光短浅的方法。外包延迟了将新技术整合到组织中的过程，而整合对发展超越竞争对手的战略思想和新理念来说是必不可少的。

在许多公司中都有这些新的网络化技能，但分布不均匀。我曾与一些全球公司合作，其中，处在同一级别的管理人员在数字化技能和观点上存在很大差距。这些公司的员工拥有强大的数字化技能，但他们分散在各个部门，并由于资历深浅之别而互相之间缺乏交流（不只是在年轻的千禧一代之间）。这类公司的主要挑战是共享组织内部的最佳实践与做法，并迅速使员工处于共享知识的基准水平。

许多企业简单地认为"旧习难改"。那些最成功并且靠陈旧的营销传播手段（购买电视广告和寄送纸质信件）来赚取荣誉的员工或许是这样一群人——他们极力抵制采取新式且更加网络化的方式来接近顾客。"让企业将精力用于团队文化的再培训是很困难的，"特里波迪这样说，"这是一个新的世界秩序，但挑战是人们希望依赖之前所习惯的东西。"对大多数企业来说，把钱花在熟悉的地方（即使没有衡量投资回报率的明确措施）要比开发新策略来吸引顾客消费简单得多。

连接企业内部的"孤岛"

组织还面临一个挑战，那就是，顾客对组织的每个部门都有影响。这可能会导致通过数字化接触引导顾客互动的部门感到十分紧张。这个挑战与"谁负责运营公司的脸书账号"这个问题的意思是一样的：市场营销部门、公关部门、客户服务部门，还是 IT 部门？应当由集团总部管理，还是下放给事业部，让每个事业部都拥有自己的脸书账号？即使一个部门代表整个公司在特定的社交媒体平台上发出"声音"，其战略也必须能够支撑整个企业的多样化需求。我见过一家全球化电信公司在这方面左右为难的处境，主要是因为当外部危机导致一个部门要求公司的社交媒体支持其自身的目标时，掌控社交媒体的部门却不能灵活应对。

随着技术对所有顾客的互动变得越来越重要，市场营销和 IT 部门之间可能会出现竞争关系（关于首席营销官和首席信息官的关系变化已经有大量的研究）。尽管在文化、预算和优先权方面有所差别，但这两个部门学着如何有效合作才是至关重要的。例如，在金佰利公司，解决的办法是双方都设立相互联系的岗位：IT 部门的副总裁将注意力完全放在与全球营销团队的合作上，营销部门的副总裁关注与 IT 部门的合作。[18] 另一些公司，如摩托罗拉，甚至已经将首席营销官和首席信息官合并为一个关键的职位了。

连接公司各个传统孤岛是必要的，因为将顾客全面体验与公司品牌相整合的方针要求企业这样做。当弗兰克·亚森加入花旗银行担任社交媒体高级副总裁时，他直面这个挑战："在你的业务中，你或许将自己的部门视为独立的部分，比如我们负责抵押贷款，商业贷款是其他人的事，个人支票也是别人的事。但是从顾客的角度来看，我们同属于一个品牌——花旗。当顾客在社交媒体上与公司互动时，他们希望能通过社交媒体询问关于公司服务的任何方面。"[19]

* * * * *

为了适应数字时代，并得以大力发展，企业必须学会用不同的方式看待顾客，理解他们动态的、网络化的互动方式（企业与顾客的互动及顾客之间的互动）。通过转变思维方式，把顾客视为网络化群体，并以不同的方式来思考购买路径和营销漏斗，任何企业都能够实现顾客战略转型。顾客战略通过帮助顾客接入、参与、联结，甚至与企业合作，能为企业与顾客双方都带来价值。

但是，企业与个体顾客的关系并不是数字时代唯一的变化，企业间的相互关系也在发生类似的变化。曾经被认为相当简单甚至是二元的双边关系（要么是伙伴关系，要么是竞争关系）也变得更加复杂且相互关联。当企业成为一个平台时，所发生的转变要求企业具备新的思维方式，重新思考企业与企业之间的关系，还要求企业具备新的价值创造模式。这是第3章讨论的重点。

第 3 章

打造平台而不只是产品

2007 年，两个刚刚从美国罗德岛设计学院毕业的学生，布赖恩·切斯基和乔·吉比亚，整日为其位于旧金山的公寓房租而奔波。当听说整个城市的旅馆都因为即将到来的设计大会而爆满时，他们萌生了一个创业构想：为什么不把自己的公寓出租一部分呢？他们买了三个充气垫（一种可以充气的床垫），并把出租消息发布在网上。不到六天，他们就找到三名租客，每名租客每晚支付 80 美元。切斯基说："当我们和这三位租客挥手告别时，我和乔相视而笑，我们觉得这真是一个非常有潜力的构想。"[1] 在其后的几年中，他们和其他朋友组建了团队，包括毕业于计算机科学专业的内森·布林克兹克，并创办了名为"爱彼迎"的公司。

到 2015 年，尽管爱彼迎已经在 190 多个国家为 2 500 万名旅行者提供了住宿服务，但它并不像一个典型的从事宾馆与酒店服务的全球化公司。该公司并不专注于建造宾馆、雇用员工来为顾客服务；三位创始人着力打造的是能够吸引两类独特人群的平台：一类是想出租房屋的房主（出租一个房间或整栋房子），另一类是旅途中寻找落脚地的旅行者。公司仅拥有最小规模的资产。事实上，出租的房子没有一间是公司的。然而，公司却能为旅行者提供超过 100 万种选择，小到一个沙发或一间很小的客房，大到一个城堡（可容纳 600 人住宿）。公司会从每笔租赁交易的租金中抽成。

爱彼迎公司所打造的平台尽可能简化房主和旅行者的操作步骤，让他们实现自助服务，从而使公司仅以几百名员工的人力每年就能够处理 4 000 万份住宿租约。公司员工主要关注网站和移动客户端的建设和维护，使得提供住宿的房主与寻找住处的旅行者之间无缝连接。

爱彼迎的成功主要归结为在两类群体间所建立的信任。（谁希望在假期出行期间自己的房子被外地游客糟蹋？谁想睡在像垃圾场一样的房间，完全与网上图片不符？）信任的建立源于房主与租客的相互评级与认真的评论，但远不止这些，当租客入住并确认他们对房屋满意时，公司才会将租金付给房主。同样，公司也会收取租客的保证金，直到租客离开并且房主确认房屋完好无损后再返还给他们。为了进一步保证房主利益，公司为房主提供了价值 100 万美元的保额作为房屋损害赔偿保险。公司还要对双方身份进行核查，包括详细的用户资料、身份证明，以及与脸书等社交网络的链接。想在旅行城市寻找住处的旅行者，可以按照附近地区搜索，查阅爱彼迎推荐的住所列表，还可以使用脸书通过"朋友的朋友"查找谁要出租。

公司创始人甚至将建立信任与营销活动结合起来：通过免费为房主拍摄房屋照片，公司为旅行者提供了关于房屋的更好的视觉效果，向旅行者保证公司已经对他们想租的房屋进行了核查。这一创新举措迅速提高了房屋预订率。

爱彼迎以惊人的速度成长，它的租约超过了希尔顿酒店、洲际酒店和万豪酒店。[2]2014 年，公司的房屋出租总金额近 40 亿美元。[3]2014 年世界杯比赛期间，从世界各地赴巴西观看世界杯的 60 万名观众中，有 25％选择通过爱彼迎租住房屋。如今，该公司已经实现在190 多个国家的运营。

在 2014 年的一次电视采访中，切斯基兴奋地向主持人史蒂芬·科尔伯特介绍说："除了朝鲜、伊朗、叙利亚和古巴，我们已经进入所有的国家。"[4] 如今，这个名单已经被更新了。随着 2015 年美国与古巴重新建交，爱彼迎成为首批宣布进入古巴的美国公司之一。[5]

重新思考竞争

爱彼迎是一个平台商业模式的典型案例。这种商业模式让我们重新思考企业应当持有哪些竞争性资产，如租赁的资产、训练有素的员工等，而哪些可以由新型的外部关系获得。

这种平台类业务是广义视角下企业间竞争与合作关系转型的重要组成部分。过去，竞争往往产生于相似的竞争性业务之间或界定清晰且有稳定边界的行业内部，而企业会在组织内部，借助与供应商、销售渠道的合作关系创造价值。但是进入数字化时代后，行业的边界愈加模糊，很难再区分谁是合作伙伴、谁是竞争对手。如今，企业间的关系在竞争与合作之间不断转化而趋于混合。

让我们回想一下电视节目业务。在传统观点中，像美国 HBO 有线电视媒体公司，它的合作伙伴是为其传输信号的有线公司，而它的竞争对手是和它有相同的商业模式、为用户提供类似服务的美国经典电影（AMC）之类的公司。然而，随着数字技术给媒体行业带来的变革，HBO 公司发现在线影片提供商奈飞公司成为它的竞争对手，奈飞可不是传统的竞争对手，HBO 与奈飞目标用户群是一样的，却拥有完全不同的定价模式和传播渠道。随着"电视节目"行业的边界被重新界定，HBO 公司必须与原来的合作伙伴，如有线公司康卡斯特、时代华纳，竞争可利用的资源（时代华纳之前也归 HBO 的母公司所有）。HBO 公司自己的明星也成为其竞争者，因为这些明星现在可以选择与奈飞、亚马逊这样的公司合作，将他们的原创节目在这些平台直播给观众。同时，美国三大广播电视公司——美国广播公司（ABC）、美国全国广播公司（NBC）和福克斯(Fox)，已经放下竞争，转而合作创立了一个叫 Hulu 的数字频道，将三家公司的节目内容整合在一起放在 Hulu 平台上在线播放，同时获取广告收入和用户订阅收入。显然，在电视行业，企业间的竞争和合作关系已经变得非常复杂。

　　数字革命从多个层面重新定义了企业之间的竞争与关系。数字革命是促进像爱彼迎这样的平台企业快速成长的主要动因。对于像 HBO 这样的公司，数字化去除了传播渠道这些中间环节，重新定义了渠道和合作伙伴关系。从广义上看，数字化改变了竞争的本质：竞争越来越少地发生在行业内部或试图取代对方的相似企业之间，而更多地发生在不同行业之间，甚至发生在彼此相互依赖的合作伙伴之间。最后，数字化强化了结合的重要性，企业发现，在某些领域直接竞争的对手，在其他领域很可能是有价值的合作伙伴（见表 3-1）。

表 3-1　　　　竞争：从模拟时代到数字时代战略假设的变化

模拟时代	数字时代
竞争发生在行业内部	竞争发生在不同行业之间
合作伙伴与竞争对手有明显的区分	合作伙伴和竞争对手的区分变得模糊
竞争是零和博弈	在关键领域竞争者之间也会合作
关键资产存在于企业内部	关键资产存在于外部网络
企业提供的是具有特定功能和效益的产品	企业提供的是平台，合作伙伴在平台上价值互换
在各个领域存在少数主导的竞争者	网络效应使得赢者通吃

　　本章探索竞争与企业间关系的动态变化，以及这种动态变化对平台企业的影响。本章还提供了两个战略规划工具：第一个工具是平台商业模式图，通过理解不同类型合作伙伴间如何交换价值，来分析或设计新的平台业务；第二个工具是竞争性价值列车，为我们分析企业与供应链伙伴、传统竞争对手及非传统的竞争对手之间既

竞争又合作的关系提供了一个透视镜，从而可以为获得竞争优势进行战略规划。

让我们从对平台企业的深入解析入手，看看关于竞争与合作的转化。

平台模式的崛起

爱彼迎只是由数字技术驱动的众多平台企业之一。它们将两方或多方实体联系起来，在其平台上创造价值并交换价值，而不是由自己做所有的事情。

像易趣、阿里巴巴的淘宝网等交易市场，它们整合买卖各种商品的买家和卖家，实现双方的直接交易或拍卖。像优步、滴滴这类平台企业，它们没有自己去购买车辆、雇用司机来提供出行服务，而是搭建了一个连接有车司机与附近需要乘车服务的用户之间的平台。从 YouTube 到福布斯网站，这些媒体公司将独立的内容创作者、内容消费者、广告商（这三者都在努力地寻找彼此）联系在一起实现公司运营。而像苹果公司的 iOS、谷歌的安卓、小米的米优这些移动运营系统则在吸引最优秀的软件开发者开发 App 方面展开竞争，从而吸引消费者购买其智能手机。

平台企业非常多，在各个行业都有。举例如下。

● 零售：淘宝、易趣、亚马逊。

- 媒体：YouTube，福布斯。

- 广告：谷歌、百度、Craigslist。

- 金融：PayPal、Kickstarter、阿里支付。

- 游戏：Xbox、PlayStation。

- 移动计算：iOS、安卓、小米。

- 商业软件：SAP、Salesforce。

- 家用：飞利浦、Nest。

- 酒店：爱彼迎、TripAdvisor。

- 交通：优步、滴滴。

- 教育：Coursera、Udemy。

- 招聘与求职：领英、Glassdoor。

- 自由职业：Upwork、亚马逊 Mechanical Turk。

- 慈善：Kiva、DonorsChoose。

平台展现了企业与其他主体联系方式的根本变化——从线性到网络化的商业模式。平台企业通常是轻资产高收益的。与传统企业努力提供差异化产品并努力说服顾客使用自己的产品不同，平台企业为用户提供一个可以实现交互的平台，从而形成生态系统。用户不再仅仅为所获得的服务付费，而是同时是价值创造者和获取者。最终，随着平台上聚集的人越来越多，平台的价值也爆发式地增长。

什么是平台商业模式

我们现在所说的"平台"一词含义比较模糊，这个词最常见的解释是"可以建造的基础"。在技术情境下，平台是指可以在其上开发更多程序的基础软件。在媒体行业中，平台可能意味着传播渠道。在营销领域，平台可能指可用于开发延伸产品的品牌或产品线。而现在，在本书中，我们将要讨论的平台是指一种商业模式。

平台理论的起源

平台的概念作为商业模式出现，源于让·夏尔·罗歇、诺贝尔经济学奖得主让·梯若尔[6]、托马斯·艾森曼、杰弗里·帕克、马歇尔·范·埃尔斯泰恩[7]几位学者提出的双边市场理论。他们的研究论证了在同一种业务为相互依存的两类顾客提供服务的情境下，市场价格和竞争是什么样的。他们发现，市场两边时常表现出不同的价格敏感性，并且，在有效的市场中，一边时常形成对另一边的补偿。例如，广告商要向媒体支付广告费而形成对消费者的补贴，零售商要向银行支付手续费而形成对信用卡持有者的补贴。

当市场上存在两种以上的顾客时，同样会产生双边市场效应。例如，Visa信用卡和万事达信用卡不仅将使用信用卡的消费者和接受信用卡支付的商家联系在一起，而且将提供信用卡服务的银行整合进来。这一现象指向更具普遍性的概念——多边市场。同时，双边市场理论逐渐由关注市场动态（比如说，双边市场中谁支付了什么样的价格）转向关注能够促进双边市场建立的业务类型（比如说，Visa 信用卡、万事达信用卡的商业模式有什么不同及其成功因素是什么）。

经济学中用"多边平台"的概念描述居于多边市场中心的商业模式，或者称为"平台"。更进一步说，可以用平台这个概念来代指多边平台商业模式。

从经济学理论中，我们可以逐渐领悟像爱彼迎、优步、小米这些企业的商业模式蕴涵的力量和独特价值。

平台的定义

对于平台的组成要素，最准确和清晰的描述来自安德烈·哈格尤和朱利安·赖特的研究。[8] 我提炼了他们的中心观点，将平台的定义描述如下：

> 平台是通过帮助两种或多种不同类型的顾客实现直接交易以创造价值的商业形态。

在上述定义中，有三个关键点值得深入探讨。

● 不同类型的顾客。平台商业模式必须服务于两种或多种不同类型的顾客（可以是买家与卖家，软件开发者与使用者，商家、持卡者和银行等）。对市场具有两边或多边特性的要求解释了为什么单纯的沟通（如网络电话 Skype、传真、电话）不能成为平台：尽管它们在用户之间建立了联系，但是这些用户是同质的。平台联结了不同类型的主体，这些主体扮演着不同的角色，创造并获取不同的价值，使平台具有独特的动态。

● 直接交易。平台必须能够促使两方或多方直接进行交易，即形成一定程度的相互依赖。在爱彼迎或易趣这样的平台中，交易的双方主体能够自己描述各自的样子，自己设定价格并讨价还价，自己决定如何交付它们的产品或服务。这是区别平台与零售商、销售渠道的关键特征。由于交易的独立性这一特征，在平台的定义中我们没有将联结商家与购物者的超市、联结客户与公司顾问的垂直整合咨询公司纳入其中。

● 交易的推进。尽管双方交易并不受平台的控制，但双方必须经由平台进行交易且得到平台的帮助。这也是为什么平台的定义中不包含麦当劳这样的特许经营企业，这类企业为开麦当劳店铺的商家提供品牌授权、业务培训和支持服务。尽管从某种程度来说，授权企业在被授权商家（如餐厅经营者）与终端消费者（如餐厅顾客）之间建立了商业联系，但餐厅的运营并不经由授权企业来实现，仅有一个参与方（餐厅经营者）与授权企业保持紧密联系，而餐厅顾客与授权企业无关。

在表 3-2 中，我们可以看到一些不同的平台如何将不同类型的用户联系在一起，并通过帮助他们直接交易创造价值。

表 3 - 2	平台及其联结的用户
平台	由平台推动实现直接交易 的不同类型用户
爱彼迎	房主 租客
优步	自由职业司机 乘客
DonorsChoose	寻求资助的教师 捐赠者
PayPal	账户持有人 商家 银行
YouTube	视频观看者 视频制作者 广告商
谷歌搜索	搜索引擎使用者 网站创建者 广告商
Forbes.com	独立作家（非公司雇员） 读者 广告商
安卓系统	手机和平板电脑用户 硬件制造商 App 开发者 App 植入广告商
Salesforce.com	软件使用者 创建附加整合服务的 App 开发者

平台的四种类型

平台商业模式并不是新生事物，只是数字技术加速了它的发展，提升了其主导地位。早在移动计算出现之前，或者说互联网甚至信息技术兴起之前，平台商业模式就以许多不同的形式存在着。

戴维·伊万斯和理查德·斯默兰总结出四种广义的平台商业类型（见表 3－3）。[9]

表 3－3　　　　　　　　　　四种平台商业类型

平台类型	数字时代之前的范例	数字时代的范例
交换	房地产经纪人 购物中心 夜总会	产品交易市场（易趣、Etsy） 服务交易市场（爱彼迎、优步） 约会网站
交易系统	信用卡 借记卡	数字支付系统（PayPal） 数字货币（比特币）
广告支持的媒体	报纸 广播电视	有广告的网站 有广告的社交网络
硬件/软件标准	彩色电视 盒式录像带 汽车用燃料（柴油、酒精）	视频游戏控制端口（Xbox、PlayStation） 移动操作系统（iOS、安卓系统）

● **交换。**这种类型的平台（有时被称为交易市场）联结两个不同类型的用户群进行直接的价值交换。一边用户的数量和质量会吸引另一边的用户。一个人们熟知的例子是房地产经纪人，他们将卖家和买家联系在一起。另一个例子是，购物中心通过向商家出租场地，成为消费者的购物目的地。数字时代的交换可以将买家与卖家的产品（如易趣）和服务（如爱彼迎）对接。

● **交易系统。**这类平台在不同参与主体之间以媒介的角色促进支付与交易的实现，万事达卡和 Visa 卡正是提供了这种服务，将持卡人、商家和银行联系在一起。无论是 PayPal 还是苹果支付系统，这些新型数字化支付系统都基于同一种商业模式。交易系统得以成功运营要求各方都有达到一定数量的参与者：商家只有在看到足够多的顾客使用交易系统时，才会安装读卡器并愿意向平台支付手续费；顾客则更可能在看到交易系统被商家广泛使用时才会愿意使用这种支付方式。

● **广告支持的媒体。**在这种情况下，平台扮演了创造吸引读者的媒介内容（或提供媒介内容来源）的角色。例如，报纸或在线新闻会雇用新闻记者来创作专业的内容。一旦这些内容的阅读价值吸引了读者，平台就会从希望向这些读者传递信息的广告商那里收取费用。随着平台吸引了越来越多的人，它对广告商的价值就会提升。反过来，广告商的资助降低了读者获取内容的成本，从而也为读者带来价值。

● **硬件/软件标准。**这类平台为系列产品设计提供了一致的标准，确保了系列产品的可互操性，从而使终端消费者受益。当彩色电视机刚刚出现时，美国无线电公司和哥伦比亚广播公司为争夺广播电视公司和电视机生产商所采用的标准的制定权而展开竞争（美国无线电公司获胜）。当录像带刚兴起时，VHS 和 Betamax 两种硬件标准展开竞争（VHS 获胜）。但是，并不是每次标准的竞争都以

一方获胜结束。如今美国的智能手机市场已经被分割为苹果的 iOS
系统和谷歌的安卓系统两方。各方的操作系统都是一个软件平台，
竞相吸引更多的软件开发者开发 App。而且，安卓系统还作为一个
硬件平台为三星这样的硬件制造商提供服务，帮助其与苹果手机
竞争。

这四种类型并没有囊括所有的平台商业模式，一些新的平台商业模
式并不能归入这四种类型中的其中一种，但也获得了很好的发展。不
过，这四种类型为我们分析现有平台商业模式的差异提供了很有价值的
思路。

直接和间接网络效应

平台的一个关键特征是，它的价值会随着用户数量的增加而提
升。这一现象通常被称为网络效应，事实上，有两种不同的网络效
应会对企业的发展产生影响。

当使用某种产品的用户数量增加，带动同类型用户价值或效用
的增加，就会产生直接网络效应（或称同侧网络效应）。在传播理论
中，这通常被称为梅特卡夫定律。第一个用户购买了一台传真机，
效用为零——他没有传真的对象。随着用户数量的增加，每个新增
用户会带来网络中潜在联结数量的指数增长［联结数量＝n（$n-$
1）/2］。平台会产生直接网络效应。例如，脸书就是这样一个平台

(不同于传真机)，它不仅将用户联结在一起，而且将广告商、出版商及 App 开发者也联结在一起。

对平台来说，最普遍的网络效应是间接网络效应(或称跨侧网络效应)。这种效应产生于平台一边用户数量与质量的提升会带来另一边顾客价值增加的情境。人们办理 Visa 卡的原因不在于 Visa 拥有很多的持卡用户(不存在直接网络效应)，而是由于众多的持卡用户吸引商家接受 Visa 卡支付方式(存在较强的间接网络效应)。

间接网络效应是互惠的吗? 不总是。在广告传媒领域，间接网络效应往往是单向的：随着报纸读者的数量增加，报纸对广告商的价值提升，但是在报纸版面中增加广告数量并不能直接带来读者价值的提升。(分类广告是一个特例，因为广告本身就是读者想要阅读的"内容"。)对于传媒企业来说，这种不平衡性对平台两边主体的定价策略非常重要。

但是，对于广告支持的媒体之外的其他平台来说，间接网络效应常发挥双向作用。爱彼迎的租客希望有更多的房子可供选择，而房主也希望有更多潜在的租客可供接洽。当间接网络效应发挥双向作用时，会产生一个良性循环，即任何一边新顾客的增加都会形成对另一边的吸引力。这是促使像爱彼迎或 PayPal 这样的平台在其所在领域获得高速成长，并居于市场领先地位的重要原因。

平台范围

如今，企业都面临这样的战略选择：追求传统商业模式还是平台商业模式？应该开一家店还是建一个市场平台？应该雇用一批专家还是搭建专家网络？然而，这并非一个简单"是或否"的决策。恰当的商业模式可能处于从平台到非平台的连续轴上的某个位置。

从平台定义的第二个特征来看，平台帮助参与主体实现了直接的、独立的交易。在实践中，这种独立性的程度是有差异的。优步和 RelayRides 都为有车族向无车族提供出行服务搭建平台（在前者的商业模式中，汽车附带司机；在后者的商业模式中，需要自己驾驶租来的车）。RelayRides 允许驾驶人自己出价，而优步则制定价格标准。在电子游戏领域，像微软的 Xbox 游戏机、谷歌游戏这样的 App 商店都扮演着平台的角色，它们把设计并出售游戏的开发者与想要买游戏的玩家联系在一起。然而，游戏机制造者对其平台上交易的控制更强：尽管游戏开发者设定了价格，但玩家是与微软完成交易的。在谷歌游戏商店，双方参与主体更加独立：玩家从第三方设计者手中购买 App，而谷歌只进行质量审查。[10]

有些企业成功实现了平台与非平台商业模式的并用，甚至是在同一个业务单元中。亚马逊在创业之初只是一个单纯的电子商务企业，它像传统的线下零售商一样进行商品买卖。但随后它创办了亚马逊交易市场，允许各个独立的店铺在亚马逊网站上售卖商品，极大地拓展了亚马逊所销售产品的种类，提高了亚马逊的边际收益。平台与非平台业务共存！事实上，在亚马逊网站上，来自两种渠道的产品会出现在同一个搜索结果列表中。在零售领域，电子产品连锁店百思买长期以来都是一个传统的零售商，决定产品在门店的定价、陈列、售卖等方方面面。如今，百思买允许一些大品牌，如三星、微软、索尼、谷歌、苹果在其门店租赁空间独立运营，并在其各自的迷你商店中宣传自己的品牌，自主进行店面设计、存货管理，甚至自己可以雇用销售人员。百思买正是利用平台模式在品牌商家与购物者之间建立了直接联系。

在有些情况下，平台和非平台两种模式都很重要。2014 年，亚马逊报告 42％的销售量来自其交易市场平台上的品牌伙伴。当印度的法律规定禁止外国公司在本国从事电子商务的直接销售时，亚马逊以 100％的平台战略进入印度市场，允许印度的零售商在亚马逊（印度）平台上销售产品。在其他情况下，一种商业模式可能仅服务于特定顾客。例如，印象笔记为 1 亿名用户提供基于云端的笔记记录功能，它还为开发附加应用的独立开发者和使用者搭建了印象笔记平台（Evernote Platform），为独立的硬件和外围设备制造商搭建了印象笔记市场（Evernote Market）。这些服务更多地向顾客倾斜，通过向企业征收许可费来补贴顾客，进一步扩大了顾客群。[11]

追求平台商业模式的决策随着时间的推移可能会变化。鞋零售商 Zappos 最初是一个平台（联结设计师鞋子品牌与消费者），但其逐渐调整战略转型为一个直接的零售商。苹果由于想要控制软件与硬件的开发而在桌面电脑之争中输给了微软，微软强势地推行平台战略，将 Windows 操作系统作为一个平台，尽可能多地寻求合作伙伴（个人电脑制造商和软件开发商）。在 iPhone 手机市场上，苹果几乎犯了同样的错误，但在第二年它做出了重大的战略调整，史蒂夫·乔布斯允许外部开发者进入，为 iPhone 手机开发 App。当年，苹果公司的销售额增加了 245％，iPhone 手机作为一个多边平台业务使苹果公司成为世界上最有价值的公司之一。

数字化对平台商业模式的影响

正如我们所见到的，多边平台以各种形式存在已久。交换的基本模式可以追溯到最早期的市场形态中，那时拥有资产和土地的地主或政府将土地、摊位出租给商贩，商贩将物品出售给顾客，顾客被市场承诺吸引而来。

为什么现在平台商业模式变得如此重要？为什么它们发展如此之快，且影响范围如此之广？数字技术是多边平台发展的助推器，这些技术包括互联网、云计算、旨在增强数据交互性与功能性的应用程序接口技术（API）、社交媒体、移动设备。

总体来看，数字技术驱动了平台的四个关键要素。

● **无摩擦获取顾客。** 由于网络、应用程序接口技术及软件开发工具包（SDKs）的出现，利用平台获取新顾客变得越来越无障碍。不再需要与每个新加入到平台上的参与者进行合作条款的谈判，这消除了平台发展的一个重要瓶颈。例如，在一档电视节目中播放广告，广告商需要直接与电视台（或经由广告公司作为中间人）进行会面与协商，甚至可能需要提前交预付金以确定购买想要播放广告的月份。与此相反，如果想在谷歌上做关键词搜索广告，广告商只需要登录谷歌的关键词竞价广告网站，输入信用卡信息，利用自助服务工具即可对广告进行实时的测试、投放和优化。

● **规模化增长。**如今，云计算使得任何规模的企业都能够随着新顾客的迅速无摩擦获得而快速实现平台规模的扩张。诸如优步、爱彼迎这样的公司，提供出行、住宿这样的有形服务，一旦将服务信息移至云端的平台上，就能够以虚拟的方式实现无边界的成长。一个传统的夜总会也许能够通过联结相互吸引的多方顾客，从而以平台的方式发展，但如果它快速成长，总会达到服务能力的上限，直到它能够租赁或购买新的场地。相反，MeetUp.com 这一基于云的平台企业，允许用户在世界的任何角落自发组织社交聚会，它的规模扩张没有任何明显的限制。（MeetUp.com 已经在 181 个国家拥有 2 100 万名会员。就在我写下这行字时，全世界有近 4 000 场聚会正同时在 MeetUp 上发生。）

● **按需接入和速度。**移动技术的出现意味着用户可以随时随地访问平台。正如爱彼迎的创始人布赖恩·切斯基所指出的:"想象一下如果优步的每个司机都没有手机……他们只有笔记本电脑。他们需要开车回家查看电脑,才能知道什么时候会出现一名乘客。想想看优步的协调成本会有多高!在我们公司,卖家只需要拥有一台移动设备,就能够接收酒店的反馈和酒店的最新信息。这就是为什么说移动技术是商业模式成功的关键,它意味着卖家能够最大限度地像公司一样运营。[12]

● **信任**。匿名对于在网络上实现各种形式的互动交流是有益的,但无助于平台商业模式。主流社交网络的兴起,以及脸书、谷歌、推特或领英所赋予的验证顾客真实性的能力,使得即便是小型新创公司都可以很容易地利用验证系统来证明其平台上的新顾客的真实性。同时,信任使得顾客间的推荐与转发经由社交媒体快速扩散,这对平台企业的初期成长是非常关键的。

数字技术对平台的最大影响在于所涉及业务的规模。在数字时代到来之前,平台的形式往往被大企业所采用,如信用卡公司、购物中心、媒体公司等,原因在于吸引足够数量的参与用户需要大量的资源。这是平台的负面网络效应:将足够多的参与者吸引到平台上需要大量的资本(经济学家将这称为鸡与鸡蛋的问题)。在数字技术的帮助下,鸡与鸡蛋的问题更容易被解决。如今,多边平台不再是大企业的地盘,而成为各种规模的公司(从大规模的创新企业到小规模但极具野心的创业公司）喜欢的起步平台。

平台的竞争优势

世界上五家最具价值公司中的三家——苹果、谷歌和微软，已经建立了它们的平台商业模式业务。它们成功的秘诀，可能也是许多其他公司成功的秘诀，在于平台能够为公司带来可观的收益，只要它们能够有效地利用这一模式。

轻资产

当中国的电子商务和在线交易市场巨人阿里巴巴成功上市时，我接受了《华尔街日报》的专访，谈及最大规模首次公开募股的意义（阿里巴巴募集了250亿美元）。我观察到，阿里巴巴及其他许多平台企业，都拥有轻资产的特性。哈瓦斯传媒高级副总裁汤姆·古德温在几个月后指出："优步作为世界上最大的出租车公司，不拥有一辆汽车；世界上最著名的传媒公司脸书，并不创造内容；最有价值的零售企业阿里巴巴，并没有库存；世界上最大的住宿服务提供商爱彼迎，不拥有一间房屋。真是有趣的事情。"[13]

平台为用户提供了自我创造价值的机会，因而它们倾向于保持轻资产。平台企业所需的投资和运营成本都很低。相对于所创造的收入，平台企业普遍员工人数较少，因为许多工作是由顾客自己完成的，而在传统的垂直整合企业中，这些工作全部是由员工承担的。因此，从相对值来看，平台企业能够实现极高的运营收益。

快速扩张

平台企业能够非常快速地成长。它们运营成本低，辅以不断发展的云计算技术的支持，使得平台的快速成长成为可能。爱彼迎的用户增长曲线就像一个曲棍球棒一样，三年内用户快速增长了1 000%。[14]平台企业相对较低的员工增长率和收益快速增长的能力是促进平台成长的另一个因素。爱彼迎以其600名员工的规模完成了40亿美元的房屋出租总收入。[15]

随着互联网的兴起，世界上成长速度最快的主要是平台商业模式企业。事实上，在1994年以后成立的十大最具价值的全球化公司中，有八家是平台企业（见表3-4）。[16]

表3-4　　1994年以后成立的全球十大最具价值的上市公司

公司名称	平台类型	截至2015年5月9日的市值（十亿美元）	创立时间	所属国家
谷歌	媒体	425.40	1998	美国
脸书	媒体	248.30	2004	美国
亚马逊	交换	235.70	1994	美国
中国移动	—	232.63	1997	中国
阿里巴巴	交换、交易系统	167.00	1999	中国
腾讯	交换、媒体	150.87	1998	中国
中石油	—	73.62	1998	中国

续前表

公司名称	平台类型	截至 2015 年 5 月 9 日的市值（十亿美元）	创立时间	所属国家
Priceline	交换	62.86	1994	美国
百度	媒体	52.40	2000	中国
Salesforce. com	软件标准	45.45	1999	美国

资料来源：《福布斯》全球上市企业 2 000 强榜单，发布于 2015 年 5 月 6 日。

赢家通吃

一旦某个领域内的一个平台广泛发展起来，提供相似服务的平台将很难再获得成功，这是网络效应的力量。顾客更愿意登录一个已经被广泛接受或已经拥有众多用户的平台。想要追赶脸书（社交网络领域）或谷歌（搜索引擎领域），抑或开发新的信用卡去挑战Visa 卡、万事达卡，都是非常困难的。这种防御效果在媒体领域相对较弱，因为这一领域只存在单边网络效应（广告商关心读者的数量，但读者不关心广告商的数量）。对于一个存在多边网络效应的平台而言，新进入者往往面临着难以克服的进入障碍，因此在大多数情况下，网络效应使得强势企业在市场上所占据的优势地位得以巩固（如信用卡市场和搜索引擎市场）。

在某些情况下，市场将趋向一个真正的赢家通吃的局面，即一个领域只有一个平台能活下来。一个例子就是索尼的蓝光播放器和东芝的高清 DVD 围绕高清晰度电影光盘播放器的标准之战，最终索尼赢了，因此蓝光就成为好莱坞工作室和 DVD 播放机广泛使用的唯一标准。

当以下三种因素存在时，赢家通吃的局面便会发生。

● 多元平台。也就是说使用一个以上的平台对用户来说有一定的困难。例如，没有人会想买两个DVD播放器，而携带两张信用卡却是易于实现的。

● 间接网络效应强。例如，观众关心好莱坞将发布什么格式的电影，同时好莱坞也关心观众使用何种格式的文件观看电影。

● 差异化程度低。例如，DVD播放器之间永远不会存在较大的差异，电视机的产品差异化则较明显。

平台的这种反竞争特性令人担忧，因为这可能会强化垄断行为。但是，与其说少数垄断覆盖了非常广泛的行业，不如说未来似乎更可能是许多垄断（或接近垄断）的平台占据了广泛的细分市场直至它们消失（很快就没有人会关心谁赢了DVD战争）。脸书被很好地保护着，当一个挑战者试图推出类似的社交网络工具时，几乎是不可能成功的（就连谷歌推出的社交网站谷歌＋都失败了）。但脸书面临的挑战是，在其他有细微差别的社交媒体细分市场中，会有其他平台比脸书成功，占据主导地位，如专门分享照片的平台、更倾向即时通信的平台（这就是脸书收购Instagram和WhatsApp并试图收购Snapchat的原因）。谷歌真正的威胁不是另一家开发类似搜索引擎的公司（如必应），而是其现有用户和广告商将被吸引到其他类型的搜索网站上，如利用语音搜索的 Siri、亚马逊上的产品搜索，以及其他专业方向上的搜索工具（如旅行、服饰等）。

经济效率

平台商业模式最显著的益处在于，它可以保证没有得到有效利用的经济价值（劳动力、资产、技能）被充分发掘出来。

结果是，大量平台将独立的主体会集在一起，驱动他们以更经济的方式创造价值。这些独立主体可能是小的零售商，有了平台，他们现在可以在 Etsy 上出售自己的手工制品，在 CD Baby 上出售自己的音乐作品，在易趣或 Craigslist 上找到愿意购买二手货的人。他们可能是在 DonorsChoose 或 Kiva 平台上的小微捐赠者，或者是只要 25 美元就可以在 Kickstarter 上资助一部独立纪录片拍摄的小微艺术赞助者；他们可能是给小微企业提供资金的 Lending Club 平台或 Funding Circle 平台上的小型投资者；他们可能是只有一个人的微软件公司，为世界上最火的计算平台开发 App；他们可能是自由职业者，作为优步的司机提供出行服务，作为 TaskRabbit 的勤杂工提供跑腿服务，或者作为亚马逊 Mechanical Turk 的拼写检查员提供拼写检查服务；他们还可能是在爱彼迎上出租自己的房屋或者在 Relay-Rides 上出租自己汽车的微出租人。没有平台的话，这些任务都无法完成，这些个体永远不会有渠道找到合适的项目、需求或客户。然而，平台将众多合作伙伴聚合为社群，降低了交易成本，可以释放尚未被开发的经济能力。

这种模式常常被错误地称为"共享经济"。事实上，很少有平台会无偿地共享资产或劳动，即使存在这样的平台，其规模也往往比较小（如 Freecycle、NeighborGoods 等借物网站）。人们在谈到现在非常火的那些平台时，常常说它们是"共享经济"，而实际上称它们为"租赁经济"（在爱彼迎上租赁房屋）、"转售经济"（在易趣上卖二手货）、"自由职业经济"（在优步上出售劳动力）更准确些。释放这些资源的潜力会带来非常巨大的社会效益。例如，优步认为它的服务使得拥挤的城市道路上的车辆总数有所减少，爱彼迎认为它帮助房屋所有者过得更好，因为他们成了微型创业者。但规则是，只有当销售而非共享发生时，经济效率的好处才会涌现。

平台间的竞争

平台不仅要和传统企业竞争（如优步与传统出租车的竞争），还要与其他平台竞争（如优步在美国与 Lyft 的竞争，在中国与滴滴的竞争，这三家都是平台企业）。

但是，在同一行业内，平台之间如何相互竞争？与传统产品和服务之间的竞争不同，平台之间的竞争不是特性、效果、价格、地点这些方面的竞争；相反，平台趋向于在五个价值域展开竞争（见表 3 - 5）。

表 3 - 5　　　　　　　　　竞争性平台之间的差异点

价值域	示例
网络附加值	更多参与者（网络效应） 参与者提供高质量的产品和服务 参与者分享的数据
平台附加值	独特的功能和优势 免费内容
开放性标准	网络和 App 接口 软件开发工具包和应用程序接口 平台控制点
互动工具	定位和中介工具 交易引擎
信任驱动	识别系统 信用系统 财务保障 非竞争保证

● **网络附加值。**这是平台最明显的竞争方式。由于存在网络效应，当前拥有最多用户的平台往往也是最能吸引未来用户的平台。大量参与者聚集到平台上所带来的收益并不局限于数字，他们所提供的产品和服务的质量也很重要。例如，Esty 通过建立一个手艺人社群，打造了一个出售手工产品的平台，其所出售的具有质感的手工产品在其他平台上是买不到的。由一边用户提供的数据往往可以增强平台吸引另一边用户的能力。例如，用户在脸书上提供的有关社会、人口统计学、个人兴趣方面的精确数据，就是脸书可以向广

告商收取高额费率的原因。

● **平台附加值。** 在某些情况下，各种类型的用户所提供的价值对提高平台的竞争力是不够的，平台本身需要开发独特的功能和优势来吸引用户。例如，谷歌开发了 Google Now 个人助理，并与其广受欢迎的谷歌地图、日历和邮箱无缝整合，以此吸引用户使用安卓系统手机。谷歌的竞争对手苹果则用自己的软件（iTunes 和 Siri 个人助理），以及 iPhone 手机独特的硬件设计来吸引用户。对媒体平台来说，最大的竞争焦点就是平台附加值，也就是说它们创造的内容是否能吸引用户。得益于广告收入，平台内容可能低价或完全免费提供给用户。尽管门户网站的视频频道或博客也在试图通过制作有吸引力的内容来与媒体平台竞争，但真正的商业模式还是向广告商兜售用户。

● **开放性标准。** 平台竞争的另一个重要方式是提供比竞争对手更开放、更简单的标准。像 YouTube 这样的平台企业之所以可以迅速成长，在很大程度上是因为其提供的自助服务网站或 App 接口，使得每个人可以轻松地上传内容或加入平台的网络。对需要更多技术控制的用户来说，平台将利用软件开发工具包和 App 接口为他们提供自助服务。然而，开放只是相对的，永远不会是绝对的。谷歌的安卓系统相比苹果的 iOS 系统来说更加开放，尽管如此，安卓仍向希望使用谷歌地图、日历和搜索的手机制造商提出限制。（这就是为什么小米使用不受限制的、开源版本的安卓系统。）标准为外部用户提供了访问通道，但是它们同时扮演控制点的角色，帮助平台所有者限制哪些数据和功能能够被外部访问者获取。唯一完全开放的平台采用的是一套公共设计标准，使得各方互动成为可能，又不受中心所有者的控制或货币化影响。互联网本身就是一套这样的标准。

● **互动工具。**一旦平台吸引了用户并让他们感觉到容易使用，它就可以通过为用户提供更好的搜索伙伴、与伙伴互动的工具来与其他平台竞争。例如，eHarmony 和 OKCupid 这样的约会网站，依托算法和数据科学来帮助男性和女性完成最佳匹配（而不是通过大量随机条目滚动）。其他互动工具主要关注用户之间的交易。爱彼迎增加了即时订房选项，可以让匆忙中的旅行者快速订房，效果如同他们直接登录酒店官方网站预订，而不是等到房主的回应才能订房成功。易趣为卖家提供了一个选择——可以选择以拍卖形式还是固定价格形式出售他们的产品。亚马逊交易市场为卖家提供了订单履行服务（亚马逊上的卖家不需要像易趣上的卖家那样给顾客邮寄包裹），同时也为买家提供订单跟踪服务。

● **信任驱动。**平台吸引用户的另一种方式是，以更好的方式增进平台各方之间的信任。这些方式包括识别系统，如通过脸书、谷歌、推特或领英的社交好友认证登录。（尽管匿名的方式促进了早期互联网的蓬勃发展，但平台的繁荣还是要依靠身份识别。）另一个驱动因素是信用系统，通常以用户评论的形式呈现。在一些平台，评论是相互的，但在其他平台，评论只是单向的。（在 OpenTable 完成预订并就餐后，顾客会评价他们就餐的餐厅，但餐厅不能评价顾客。）信任也可以通过财务保障来实现，如 PayPal 这样的交易平台，会通过保险手段弥补用户损失或订单纠纷调解所造成的损失。在其他情况下，非竞争保证是平台信任形成的关键。从三星到飞利浦，再到谷歌的 Nest，众多厂商已经开始为"可连接的家"开发智能产品，如灯泡、冰箱、恒温器等。消费者一直希望能有一个单独的接口，而不是必须使用不同的 App 来操控家里的每件电器。但没有一个制造商愿意使用竞争对手的软件标准作为平台，Wink 发现了这个机会，这家公司开发了一个统一的控制接口，可以控制家中所有的电器。Wink 并不生产自己的产品，但它能够吸引像通用、飞利浦、路创、霍尼韦尔、西勒奇和 Nest 这样的大型制造商接入它的平台。有时，小平台也能成为赢家。

在我们把关注点从平台转向竞争中其他方面的变革之前，先来学习一种战略地图工具，该工具可以帮助我们发现平台企业的运营之道。

工具：平台商业模式图

平台商业模式图是一个分析性的可视化工具，旨在识别平台上的关键参与方，分析对不同参与方来说价值创造和交换是如何发生的，以及平台企业自己的价值是如何生成的。平台的商业逻辑与传统的产品、服务或经销商业务完全不同，因此，理解用户之间的价值交换从而发现成功平台背后的战略是非常重要的。

在图 3-1 中，平台商业模式图展示了脸书商业模型的各个组成部分。

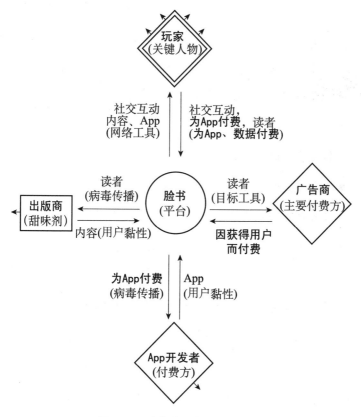

图 3-1　脸书的平台商业模式图

模型中的不同图形代表不同的关键参与方:

● 圆形——平台。

● 菱形——付费方(为平台收入做出贡献的一方)。

● 长方形——甜味剂(没有为平台的收入做出贡献,但是帮助平台吸引有价值的用户)。

● 短箭头——吸引来的其他用户的数量(比如,出版商有一个短箭头,因为出版商只吸引来"玩家",而玩家有四个短箭头,因为玩家能吸引来出版商、广告商、App 开发者及更多的玩家)。

● 双框——关键人物(有最多短箭头的一方,是网络效应中的"王")。

长箭头表示价值交换:

● 长箭头的两个方向表示价值的提供方和收获方。

● 加粗的字表示的是货币价值。

● 圆括号中的价值由平台本身提供,或者由平台获得(例如,平台的收入份额)。

● 没有圆括号的价值通过平台提供给其他用户。

我们可以通过该工具了解脸书的商业模式。脸书将四种类型的用户会集在其平台上:社交网络玩家、广告商、App 开发者、新闻内容出版商。脸书的商业模式是前述四种平台类型中两种的混合:广告支持的媒体和硬件/软件标准(用于 App 开发者)。脸书平台同时受到交叉网络效应的刺激（间接网络效应，不同类型的用户彼此吸引）和同侧网络效应的刺激（直接网络效应，用户被其他与其类型相同的用户所吸引）。

不同类型的用户对脸书平台的相对重要性如何？即使玩家并不会支付任何费用给脸书，他们仍然对吸引其他人进入平台至关重要。广告商是该平台主要的收入来源。新闻出版商的作用也很明显：虽然它们也没有提供收入，但它们为关键人物提供了价值，因此相应地也为平台创造了价值（出版商让玩家花更多的时间享受脸书的服务，同时玩家也会看到更多的广告）。

如果你正在打造自己的平台，可以使用平台商业模式图来回答下面这些重要的问题。

● 你需要吸引谁接入平台从而使平台运行？

● 你的收入从何而来？

● 谁是你最重要的用户（这些人很可能是主要付费人和关键人物）？

● 你的商业模式平衡吗？是否各方都能获得足够多的价值以吸引他们参与？是否各方都能贡献足够多的价值来证明其加入的意义？

你也可以使用平台商业模式图来分析你所在行业的平台竞争者、其他行业的标杆平台企业或你和你的客户之间的中介平台。分析其他平台将有助于你回答下面这些重要的问题。

● 谁是该平台的关键用户？

● 各用户的角色或价值贡献是什么？

● 是什么吸引各方接入该平台的？

● 该平台的收入从何而来？

● 如果你是这个平台的用户，你提供了什么价值？

● 你怎样从该平台获取或利用更多的价值？

关于如何绘制和使用平台商业模式图的详细指南，可以登录http://www.davidrogers.biz，在"工具"（Tools）栏下找到。

竞争格局的改变

平台实质性地改变了企业与企业之间的关系——不再有供应商、分销商、竞争对手，只有网络合作伙伴。然而，在数字化时代，即便没有平台，企业之间的竞争也已经发生了变化。

传统观点认为竞争发生在同行业或同类型的竞争对手之间，而合作发生于企业与分销商、供应商之间。但在数字化时代，两家企业之间不再有纯粹的竞争或合作关系，而是竞争与合作的混合。

这是因为数字技术导致了竞争格局的三大变化。首先，企业与对手的竞争不断变化，而不再是一种直接较量的零和博弈。其次，行业的界定和边界愈加模糊，导致不对称竞争者之间的冲突。最后，企业与分销商、供应商的合作关系也在不断地重新洗牌和重组。下面让我们来看看这三大改变。

竞合

关于竞争的传统思维主要受到战争和体育运动的影响。企业的目标是"赢""成为最好的""击败"竞争对手。在体育竞赛中，我们的敌人是和我们相似的那些人（就像福特与通用汽车、索尼与三星），企业在一套明确的规则下展开竞争——行业边界决定了企业所遵循的共同规则。从"商战"的观点看，竞争是零和博弈——一方赢，另一方一定会输。就像戈尔·维达尔所写的："成功是不够的，其他人必须失败。"

迈克尔·波特是竞争研究方面最著名的管理思想家，他批判"展开竞争，争夺第一"的观点，并警示说这是导致企业业绩平平的原因。单纯受市场份额驱动（通用电气前首席执行官杰克·韦尔奇坚决主张每个业务线都要保持行业第一、第二的地位）会导致价格战和低盈利能力。对成为普遍意义上的"第一"的渴望（如通用汽车首席执行官丹·艾克森的口号"愿最棒的汽车获胜！"）掩盖了创造顾客价值的重要性，进一步阻碍了企业探索为顾客创造价值的新方法的积极性，在这一观念下只有一种结局——零和竞争只会开启一场谁都不会赢的竞赛。[17]

真正的竞争绝不是零和比赛。在许多情况下，有效的战略倡导，即使是直接的竞争对手也要在某些领域寻求合作。"竞合"的概念由

Novell 公司创始人雷·诺达首次提出，后又在亚当·勃兰登堡和巴里·纳尔巴夫出版的同名著作中得以推广。这两位作者将博弈论运用在企业关系研究上，以揭示竞争性企业之间为什么应当采取一种多维度的竞合战略。例如，各高校在招生时为了吸引优秀的学生，或者在招聘时为了吸引同样有前途的教师而展开激烈竞争。然而在其他时间，这些高校共同致力于提升大学教育在更宽泛的市场中的地位和角色。在勃兰登堡和纳尔巴夫看来，竞争性企业需要"合作造饼"，并"竞争分饼"。[18]

数字化平台逐渐成为推动竞争对手之间展开战略合作的动因。观察当今领先的消费品技术企业——苹果、谷歌、脸书、三星、亚马逊，很显然，它们在多个方面展开激烈的竞争。苹果在硬件方面与三星和亚马逊竞争，在操作系统方面与谷歌竞争（谷歌的操作系统在三星手机上运行），谷歌也与亚马逊竞争（亚马逊同时使用安卓的授权版本和竞争性版本）。脸书与所有这些操作系统竞争，试图成为用户使用移动设备互动这一业务领域起主导作用的一方，并成为最有价值的数字广告平台。脸书还与谷歌的 YouTube 竞争，力争成为在线视频发布的最大平台。亚马逊正在试图从谷歌那里抢夺搜索引擎流量，以建立自己的广告平台。与此同时，在数字图书、电视、电影领域亚马逊一直努力保持领先地位，比谷歌和苹果做得要好，作为内容提供商，这三家公司都是可下载音乐和流音乐的传播平台，在这些领域展开竞争。

我们很容易发现，苹果、谷歌、脸书、三星、亚马逊五家公司就像电影《教父》中五个以有组织的犯罪活动发起战争的家庭。然而，事实上，它们五个彼此之间有着深深的羁绊，它们也在合作，并且彼此的产品和服务相互关联。苹果的所有设备长期将谷歌作为其默认的搜索引擎；脸书是每个人的移动设备上最常用的 App；在苹果和安卓设备上都可以找到亚马逊的媒体包而且非常普遍，尽管亚马逊与苹果的 App 商店和谷歌的支付系统存在直接竞争；三星实际上为其手机竞争对手——苹果手机制造了许多关键部件。合作的原因很明确：平台的力量。谷歌在搜索方面、亚马逊在媒体发布方面、脸书在社交网络方面以及苹果和安卓在移动操作系统方面的力量，使这些公司无法担负将竞争对手从自己的顾客手中抹去所付出的代价。

在其他情况下，来自新技术的颠覆性威胁正在推动竞争对手彼此合作以捍卫它们的地盘。传统电视台已经意识到数字传播和数字版权给音乐、图书行业带来的影响，于是它们决定合作推出 Hulu，Hulu 是一种在线的流媒体电视服务，Hulu 平台上包含了传统电视台渠道中播放的最新电视节目。

边界模糊的行业和非对称竞争者

关于竞争的许多观点都以行业为分析单元。波特的五力模型

（最有名的竞争理论模型）提供了行业内总体竞争水平的分析框架：美国航空业或墨西哥水泥行业的竞争有多激烈，其竞争强度是在增加还是在减少，等等。但是，如果对行业的界定和行业的边界不断变化，这个世界会发生什么？

如今，随着技术的快速变革，行业边界很少一成不变。当电动汽车企业特斯拉进入市场，它似乎更适合在汽车行业与其他生产电动汽车、燃气汽车及混合动力汽车的制造商竞争，如丰田、宝马和通用汽车。但为了发展其汽车业务，特斯拉不得不集中精力开发新一代电池及相关服务来为其汽车充电。2015年，特斯拉宣布公司将开发新型电池用于家用电力储存。如果电池开发成功，将其与家用太阳能电池板相结合，特斯拉可能会成为传统家用电力设备行业的挑战者。[19]特斯拉究竟是汽车企业还是电池公司？我们不得而知。

与此同时，Alphabet公司（谷歌的母公司）是全球领先的为无人驾驶汽车开发软件的公司之一，其优势在于对海量数据的运算能力。当这些汽车实现商业化时，这家以搜索引擎闻名的公司可能成为汽车行业的主要竞争者，因为汽车行业不仅会关注发动机和底盘的设计，还会专注于数据开发和人工智能。随着数字传感器和连接器嵌入越来越多的产品（如汽车、拖拉机、喷气式发动机、家电）中，物联网有可能重新定义许多行业的边界，这些行业原本受互联网的影响比媒体和信息企业受到的影响要小。

可以预见的是，企业会和越来越多的与它们本身并不相似的企业展开竞争，我们可以将这种现象视为竞争从对称性向非对称性的转变。

对称的竞争者会为顾客提供相似的价值主张。宝马和奔驰拥有不同的品牌并吸引不同的顾客，但它们提供给顾客的价值却大致相同：功能相似的汽车。对称的竞争者还会以相似的商业模式传递顾客价值。汽车制造商的规模有大有小，实现规模经济的程度不同，或许还有其他一些不同因素，但其商业模式是一样的——制造工厂、经销商、销售和租赁定价。

非对称竞争者有很大的不同，它们为顾客提供相似的价值主张，但商业模式是不一样的。对于像宝马这样的汽车制造商，其非对称竞争对手可能包括提供乘车共享服务的优步——当顾客因优步能够满足其出行需求而减少汽车购买时。（随着优步对成为其平台上的司机的年龄限制放宽到 16 岁，对许多十几岁的青少年来说，作为成年仪式，他们更愿意去申请优步账户而不是考取驾照。[20]）如果说电力企业的对称竞争者是其他那些从电网向家庭输送电力能源的公司，它们的非对称竞争则可能来自特斯拉的家用电池事业部与太阳能电池板公司的合作，这二者的组合会使业主完全放弃电网电力供应。如果说美国 HBO 电视台的对称竞争者是美国经典电影有线电视台

AMC（通过相同的有线线路为观众提供电视节目），那么它的非对称竞争者将包括 Hulu 和奈飞公司，这二者通过数字工具而不是传统的有线网络为观众提供原创内容和观看服务。

丽塔·麦格拉思建议，企业应更多地从提供相似产品、居于相同的细分市场、身处相同地理区域的企业之间审视竞争，更少地从行业角度看待竞争。[21]世界上最大的私营公关公司美国爱德曼公司首席执行官罗素·达尼尔，对非对称竞争者或他所谓的"竞争替代者"进行了深入思考："我们一直在观察替代品——我们的顾客如何用其他的方式花钱实现同样的目标？如果你只关注直接竞争，就会有人来分享你的午餐，而你永远无法察觉到他们的到来。"[22]

去中介化

数字技术产生的最重要影响之一在于它对企业与其供应链中的伙伴之间关系的影响，这些合作伙伴为核心企业提供生产经营中所需的关键投入，或者为核心企业创造附加价值，并帮助它们向终端消费者分销、销售产品。

这种业务关系的破坏和重构往往被称为"去中介化"——取消一系列商业交易中的媒介环节或中间人。众所周知，互联网具有促进去中介化的强大力量，从而使各种产品和服务更易于到达需要它们的顾客手中。

分类网站诸如 Craigslist 或 Monster. com 使得报纸行业实现去中介化。每个广告商都能跳过中间人（地方报纸上昂贵的印刷广告），在这些网站上发布低价或免费的广告，从而直接面向有需求的受众。连锁零售书店由于亚马逊的出现而实现去中介化，亚马逊开创性地实现了出版商向读者出售书籍的另一条路径（许多实体书店关门倒闭）。在这些案例中，新的、数字化的挑战者出现并充当中介，使得供应方能够绕开传统渠道直接面对顾客。

在其他一些例子中，企业建立了自己的数字渠道，试图绕开传统的合作伙伴（或称去中介化），从而建立与最终消费者的直接联系。在许多国家，保险业都基于一种代理模式，即保险公司通过独立的保险代理将保险产品出售给个人。这种模式减少了保险公司的员工管理费用，但在公司和保险产品用户之间设置了障碍，必然降低公司对顾客及有效营销方式的了解。保险公司对它们的代理心存感激，而这种依赖性阻碍了它们在许多市场上对顾客越来越偏爱的自助服务、在线购买等需求做出快速反应。新型保险公司，如 Geico①公司，已经进入保险产品在线直销市场。好事达保险公司在保留了其保险代理业务的同时，收购了像 Geico 公司一样直接将保险产

---

① Geico 是美国一家重要的汽车保险公司，由沃伦·巴菲特的伯克希尔·哈撒韦公司投资。——译者注

品卖给顾客的 Esurance 公司。从本质上看，好事达保险公司在保留其销售合作伙伴的同时，使销售合作伙伴的中介作用弱化了。

数字平台也会强化与上述相反的现象，谓之中介化。在这种情况下，原本存在直接销售关系的企业与顾客之间，出现了新的业务形式，在其中扮演中介的角色，即平台企业。当一个平台建立起庞大的顾客群并成为连接顾客的重要接口，使其他企业难以越过该平台接触顾客时，平台的中介作用就此产生。新型中介所带来的好处在于，它不可避免地要收取渠道费或平台费用，这是价值的重要组成部分。

例如，脸书已经成功地成为新闻读者和新闻出版者之间的中介，后者通常经由报纸、图书、网站或 App 与读者直接接触。新闻媒体网站30％的流量是由社交媒体推动的，其中脸书的贡献占75％。从 BuzzFeed 到《纽约时报》，没有一家媒体企业能够绕过脸书直接向读者推广内容产品。[23]这赋予脸书更大的杠杆效用，从而能够极大地影响传统媒体的文章的突出性和可见度。（事实上，脸书在2013年12月重新设置其算法以优先发布重要的新闻报道，其后它才成为传统媒体文章推广的重要推手。）由于脸书对传统媒体的杠杆作用增强，它能够从传统媒体的广告收入中分一杯羹，作为为传统媒体吸引读者的回报。[24]

在其他日益强大的平台上同样出现了中介化现象。苹果支付在发布时争取到 Visa 卡和万事达卡作为其合作伙伴，而苹果支付实际上在这些信用卡公司及持卡人之间只是充当中介。苹果公司庞大而充裕的用户群及其对用户使用数字界面的记录追踪，使得苹果成为日益增长的移动支付领域不可忽视的力量。当一个由 200 家德国媒体公司组成的企业联盟抱怨说，谷歌公司通过在其搜索结果中列示它们的文章从而夺取它们的价值时，谷歌决定将这些文章从搜索结果中删除。结果这些媒体公司遭遇了流量流失，并且可能导致破产，最终它们反过来重新要求谷歌把它们的文章放回谷歌搜索结果中。[25]

工具：竞争性价值列车

随着竞争的着眼点从相似企业之间扩大到企业与非对称竞争对手及企业自身的供应商、中介机构之间，管理人员亟需一条新途径来使竞争格局趋于可视化。本书所设计的竞争性价值列车是一个用于分析企业与合作伙伴、直接竞争对手、非对称竞争对手之间的竞争及其交互杠杆作用的工具。

让我们来区分一下这一概念与另外两个可能与之混淆的相关概念：波特的价值链理论和供应链理论。波特的价值链是用于检视企业内部运营中有助于增加产品或服务附加值的各种流程的一种工具（如研发、生产、营销和销售环节如何实现增值）；供应链则是一个构建公司内部流程的工具，可广泛应用于各种类型的公司，如生产型企业、渠道型企业和销售型企业。这两个工具都聚焦于运营层面的设计。

相比之下,竞争性价值列车聚焦于通过两种途径审视竞争:一是考察供应链企业与其潜在替代企业之间的交互影响;二是勾画特定产品或服务是如何到达特定顾客群手中的。对一个拥有许多产品、供应商、销售渠道及顾客类型的企业而言,单一的价值列车只能展示其完整运营或商业模式的一条线索,但这可以使管理者聚焦于能够产生特定价值流的竞争和合作力量。

如图3-2所示,竞争性价值列车由一组水平排列的企业列车组成,驶向右侧的终端消费者。列车的数量取决于企业的商业模式和分销方式。从终端消费者向上追溯,可以看到以下三种常见的类型。

● **分销商。**向终端消费者交付产品或服务,尽管它可能并不生产产品或提供服务(如零售商沃尔玛、在线零售商亚马逊)。

● **生产商。**为消费者创造最终产品、服务及其他消费者需求(如保险公司、唱片公司、图书出版商或笔记本电脑生产商)。

● **创作者。**创造产品或服务的特定组成要素或某些部分(如为电脑生产商提供操作系统或芯片的公司、为唱片公司提供音乐的音乐人)。

图3-2是包含上述三种类型公司的价值列车示例。

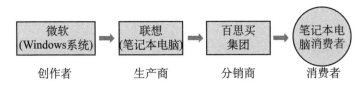

图 3－2 简化的笔记本电脑价值列车（无竞争者）

竞争对手是另一个需要添加到价值列车中的要素。在每个企业（列车的车厢）下方，我们可以看到它的对称竞争对手（直接竞争对手）；在这个车厢的上方，我们可以看到它的非对称竞争对手，如图3－3所示。

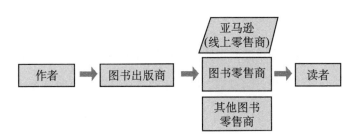

图 3－3 竞争性价值列车：经由零售商渠道的图书销售

图3－3展示了一个像巴诺书店这样的零售商进行图书销售的竞争性价值列车。图书首先由与出版商（提供资金、营销、发行和编辑服务）签约的作者（构思并撰写稿件）创作，然后通过图书零售商销售到终端消费者（读者）手中。巴诺书店的竞争杠杆作用由其他实体连锁零售店和处于领导地位的线上零售商——亚马逊——的相对力量展现出来。

对竞争杠杆作用的理解

通过描绘企业的合作伙伴、直接竞争对手和非对称竞争对手，价值列车提供了一个全方位看待竞争和合作的视角。

请思考一下报纸行业。《华盛顿邮报》和《纽约时报》是典型的直接竞争对手，它们为同一批读者提供相似的服务价值。然而，对每家报社而言，最大的竞争威胁并不在此。

众所周知，脸书进入报纸和报纸读者之间，从而获得了作为中介的竞争力量，如图 3-4（a）所示。与此同时，分类网站的出现使得报纸作为广告商与读者之间的中介作用弱化了，如图 3-4（b）所示。另外，报纸还可能面临来自文章作者的威胁，如图 3-4（c）所示。在数字化时代，明星记者已经能够直接培养读者对其个人的品牌认知，特别是借助社交媒体。政情专家克雷恩在《华盛顿邮报》中开设了政治性的政策博客，迅速发展了许多粉丝。但据传，《华盛顿邮报》的编辑们都不喜欢评论他的专栏。尽管该报纸的领导者支持克雷恩，并且试图让他成为明星作者，但最终他还是离开《华盛顿邮报》，在一家新媒体公司 Vox.com 做创始总编辑。与克雷恩有同样经历的明星记者在传统媒体公司中并不少见。

使用价值列车可以分析报纸行业的上述三种竞争动态，以及每种情况下的关键问题：谁能从价值列车中的关系获益？哪些情况下

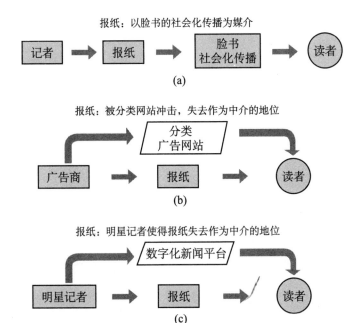

图 3-4　价值列车分析：报纸业面临的三种竞争威胁

正在发生或可能发生"去中介化"？中介作用会发生在哪些行业？从价值列车的视角展开观察，很明显，企业的目标并不仅仅是打败或超越直接竞争对手（如《华盛顿邮报》与《纽约时报》的竞争），竞争的终极目标是在价值列车中获取更多的竞争杠杆。

价值列车中的两种力量法则

通常，有两条广义的法则，决定了谁将在价值列车中成为有力量的一方。

法则 1：独特价值力量法则

在价值列车的每个阶段，每个企业都需要创造独特的价值，从而向上游（左侧）伙伴和下游（右侧）伙伴施加杠杆影响。企业在其所处阶段越能将其自身区别于对称或非对称竞争对手，它越能获得更多的与合作伙伴和消费者讨价还价的能力。所有的传统媒体公司都逐渐丧失了对脸书的控制力，但是，相比于那些产品趋向于商品化的媒体，像《纽约时报》这样的出版商，由于其在顾客眼中的差异化品牌形象而保有一定的影响力。与此相似，许多记者缺少足够的差异化价值，从而无法脱离传统媒体。只有像政情专家克雷恩这样具有独特价值（在读者眼中）的人，才能拥有超越传统媒体的影响力。独特价值有多种来源：知识产权（IP）、品牌权益、网络效应，以及任何可以为价值列车中的终端消费者创造附加价值的要素。

法则 2：终端力量法则

行业的重新定义引发了更多的非对称竞争对手，价值列车中的力量正在向终端转移，在终端，业务伙伴不得不抓住每个机会。在价值列车中，第一个创作者、最后的分销商及终端消费者，都具有其位置优势所赋予的影响力。与此相反，价值列车的中间部分却受到限制，相比于创作者和终端分销商，它们逐渐丧失影响力。前述

的明星记者和流行产品的品牌商就是获得更多影响力的例子（价值
列车最左端）。而像实体零售商沃尔玛和媒体传播者脸书，则是强有
力的终端分销商的例子（价值列车最右端）。宏碁创始人施振荣将这
种产品制造过程中的力量不平衡描述为"微笑曲线"：利润不可避免
地被那些开发关键专利、自主设立品牌并分销产品的企业所占据，
而在中间的制造商却在盈利性和影响力方面保持低水平。[26] 出于对竞
争杠杆的追求，几乎所有的数字平台（无论是爱彼迎、脸书、谷歌
还是苹果支付）都致力于成为直接面对终端消费者的终端接口。

竞争性价值列车的应用

你可以用竞争性价值列车来预测和评估价值列车中的合作伙伴、
竞争者及新进入者的行动，也可以用它来分析你正在考虑实施的竞
争性行动方案。这一工具有助于理解中介化和去中介化的动态特征，
以及企业与销售渠道、供应商之间的关系转变。这种变化包括企业
以"蛙跳"战略跳过现有合作伙伴，例如，着手开展直销业务成为
自有分销商。

图 3-5 展示了在前文出现的两个案例的价值列车分析。

第一个案例是美国 HBO 电视公司决定为观众提供直接的在线服
务（名为 HBO 在线），在此之前作为 HBO 电视公司渠道商的有线网
络公司一直都是观众收看电视节目的最重要渠道。第二个案例是好

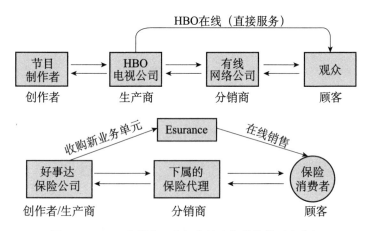

图 3-5　HBO 电视公司和好事达竞争性价值列车分析

事达保险公司收购其所属保险代理的非对称对手——Esurance，同时好事达保险公司继续用好事达品牌通过保险代理进行销售。

你可以用同样的方法分析中介化、去中介化或渠道替代计划，用以预测它们对企业间竞争与合作的潜在影响。

关于绘制、运用竞争性价值列车的详细指南，请参见如下网址：http：//www. davidrogers. biz，在"工具"（Tools）栏下可以找到。

竞争中组织层面的挑战

随着企业不断适应平台日益增强的重要性，以及企业之间竞合格局的变化，许多新出现的挑战已经不再仅仅是战略上的挑战，也有组织层面的挑战。

中间角色的转变

对一个已经具有稳定的商业模式和上下游关系的企业而言，将公司价值列车角色和关系进行重组是非常困难的。对那些仍在权衡与关键渠道商合作还是自主开发渠道的企业而言，渠道冲突是一个普遍问题。调整渠道战略对企业来说非常困难，因为它以往将精力集中于现存渠道，而为了追求新机会将面临蚕食现有销售的风险。

权衡取舍变得非常现实。当电子商务做出向消费者直接销售的承诺时，许多品牌厂商着手建立它们的自有线上商店。但是，由于缺少足够的需求（因为消费者不想登录另一个网站来更换他们衣柜里的物品），缺乏技术能力（创造良好的线上购物体验的能力），大部分品牌厂商都失败了。李维斯在为其电子商务计划花费了数百万美元之后改变了策略，选择与已建立线上商城并销售多品牌产品的传统零售商梅西百货合作。[27]在这之后过了一段时间，李维斯才决定重新建立自己的线上渠道。其他一些企业，如家具生产商 Ethan Allen，则选择利用其线下销售合作伙伴来协助它直接将产品销售给消费者，这使得它能够建立线上销售渠道，同时保住了线下合作伙伴。

当企业想建立直销渠道从而与其主导销售渠道竞争时，它们需要建立清晰的边界。这可能是地理上的边界：某些依靠销售代理的

129

保险公司在尚未建立销售渠道的市场上采用直销模式。还可能是由品牌界定的边界：当好事达收购 Esurance 公司时，它实际上是以不同品牌下的独立事业单元的方式开展直销业务。

战争心态

要实现竞合及在价值列车中对杠杆的搜寻，领导者需要超越零和博弈视角看待竞争。

在"竞争就是战争"这一思想深深植根的组织中，与竞争对手合作和与合作伙伴竞争都会引发文化挑战。当青蛙设计公司的前任总裁骆灵（Doreen Lorenzo）第一次接管企业时，前辈送给她一本书：《孙子兵法》。骆灵告诉我："我不想听起来像一个婴儿潮时期的人，但有时候战争不是答案，或者不是唯一的答案。"

孙子的思想并不是独有的。如今，已出版的管理书籍中有许多讲述竞争中的战争思想，如韦斯·罗伯茨的《匈奴王阿提拉的领导秘诀》，书中那位焦土征服者有一句名言是："凡我所过，寸草不生。"

与对手展开激烈的竞争必须瞄准时机。但是，若想在当今动态的商业生态系统中获胜，领导者需要清楚何时应当战斗、何时应寻求和平。PayPal 的创始人深谙这一点。实际上，PayPal 的创始人最初是两家竞争激烈的新创公司——康菲尼迪和 X.com 的领导者。

"1999 年之前，我们都在进行全面的战争，"彼得·蒂尔写道，他进一步描述说，对竞争的狂热使其每周工作 100 小时，"毫无疑问那并不能帮助我们达到生产预期，但是当时的焦点不是客观的生产力，而是打败 X. com。我们的一个工程师为了实现这一目的，甚至设计了一个炸弹……冷静的头脑最终占了上风。"最后，面对快速破灭的科技泡沫，这两家企业的创始人于 2000 年以中立的立场协商对等合并。"缓解合并后的竞争并不容易，但是……作为一个统一的团队，我们在网络泡沫破灭时安然度过并建立了一个成功的企业。"[28]

开放性

平台商业模式最大的挑战之一在于，开放部分价值创造过程。从本质来看，平台的成长需要外部参与者将其价值带到平台上来，并在参与者高度独立的情境下展开互动。这就需要一种不干预的管理方式，而这是许多领导者或企业文化所不能接受的。

世界上最有价值的平台企业在这方面非常努力。苹果公司和它的创始人史蒂夫·乔布斯，一直在掌控顾客的产品体验（如 Mac 电脑、iPod 音乐播放器和 iTunes 音乐商店），在方方面面给予高标准的关注，从而使其表现卓越。这些产品的无缝整合大概取决于苹果所保持的绝对、完全的控制权。

在 iPhone 首次发布时，苹果公司一直遵循一个理念：一切都由苹果设计和创造。在手机推向市场的第一年，使用者很快发现苹果手机发光的触摸屏背后蕴藏着电脑的力量，而黑客也开始破解他们的手机，以便实验和增加自己设计的新程序。苹果公司面临着一个选择：反击黑客（他们实际上是苹果产品最早的使用者和狂热的追随者），还是改变策略，为外部开发者提供可以直接为 iPhone 开发程序的平台。最终，乔布斯开放了软件开发工具包，其非典型性的逆转做法带来了苹果商店的发布。这一举动激发了空前的创新，将苹果公司转变成一个平台型企业，并使苹果公司成为世界上最有价值的上市公司之一。

对那些引领当前竞争格局变化的领导者来说，了解其商业模式应当保持何种程度的开放和封闭是至关重要的。

      *   *   *   *   *

为了在数字化时代成功运营，企业必须对如何竞争与合作具有与时俱进的认知。企业需要审视自己与所有和其有关的企业之间的关系，并将这些关系视为竞争与合作的混合，而不是简单地判断为残酷的敌人或纯粹的合作伙伴。企业必须认识到与直接竞争对手合作的价值，以及那些看起来与它们完全不相像的非对称竞争者的威胁；必须认识到合作伙伴关系中杠杆的重要性，以及数字驱动的平台商业模式接入不同参与方并驱动新价值创造的力量。

简言之，企业之间的关系已经变成了网络化的、互相连接的关系，就像顾客之间的关系一样。在这两种关系中，数字化互动的日益强化促进了"数据"的产生。企业与顾客或企业与其他企业的每次互动，都会产生可以被记录、捕捉和分析的信息流，这在不久以前是不可能实现的。在战略层面理解如何利用这些数据，使之成为企业新价值的源泉，是数字化转型的下一个重要议题。

第 4 章

将数据转化为资产

数据对企业的意义正在发生翻天覆地的变化。那些已经将数据应用到运营过程中的企业逐渐发现，自己正身处一场数据变革之中：数据有了新的来源，可用于解决新的问题，正在成为创新的中坚驱动力。

气象公司（The Weather Company，TWC）就是利用数据创新的公司之一。这家媒体公司创立于 20 世纪 80 年代，当时以电视为载体，在电视上以气象频道的形式出现。渐渐地，气象公司扩张到第三方发布平台、网络、手机软件，许多人都是每天早晨看一眼手机，然后决定出门是否带伞。与众多媒体公司一样，气象公司通过发布天气信息来吸引用户，并在其中插播广告实现盈利。数据是其商业模式的关键元素：每天，公司需要收集、分析大量的天气信息，并将之转化为彩色图表、动画图片和精准的预测，以吸引用户。

但是，气象公司很快发现，数据的价值远不止于此。公司收集、整理和分析出来的数据还可以成为重要的战略资产，在价值创造和创新上发挥日益重要的作用。

我是从维克拉姆·索玛亚那里了解到详情的，索玛亚是WeatherFX（TWC 的分公司，主要关注气象数据的其他价值，后来改名为 WSI）的总经理。出身艺术史专业的索玛亚酷爱引用莎士比亚的名句，但在气象公司，他的主要职责是带领一组数据科学家，探索如何利用公司数据为企业客户和终端消费者提供更多价值。

天气影响商业的诸多方面。据估计，美国经济波动有 1/3 是由天气引发的。[1] 沃尔玛就曾将天气视为影响销量的重要因素之一。气象公司的数据科学家会与主要零售商一起预测产品销量骤增骤减的节点，并据此调整在广告和销售上的投入。

此外，气象公司还直接与包括抗过敏药、羊毛夹克、雪地轮胎等在内的品牌商建立合作关系。根据数据分析结果，气象公司帮助品牌商选择适宜的广告投放时间。零食销量也与当天的天气有关。数字化广告增加了广告的呈现形式，商家可以根据顾客所在地的天气情况，做出最佳决策。[2]

气象公司甚至利用自己的数据为一些行业提供新的产品和服务，如保险行业，气象公司为 State Farm 和 Travelers 这些保险公司开发了一个 App，称为 Hailzone。当冰雹即将来袭时，Hailzone 会给投保人发送消息，提醒他们及时移车入室。这一举措解决了困扰司机的大难题，并为保险公司节省了昂贵的开支。

气象公司通过与其最宝贵的用户合作，不断维护和发展数据资产。每一天，一个包含 2.5 万人的庞大粉丝群会给气象公司提供数据，这些人自称"气象迷"，他们付费订阅了"气象早知道"服务。这些粉丝花重金购置气象监测仪器，并在粉丝群中分享、讨论他们的发现。每隔 2.5 秒，各区域的相关负责人就会上传当地的最新气象信息。这一举措极大地提高了气象公司的数据质量。

起初，气象公司仅仅是一个利用数据发展核心业务的公司。如今，数据已经成为该公司创新、创收和战略优势的重要来源。

重新思考数据

在数字时代背景下，企业需要颠覆对数据的传统认知，重新思考其意义和重要性（见表 4-1）。尽管在过去，数据对企业发展也非常重要，但其作用主要在于度量和管理企业运营过程，至多作为企业预测和制定长期计划的辅助手段。数据来源包括结构化研究、调查和测量，获取成本高，而且储存成本也高，因此只能用来优化企业当前的运营。

表 4－1　　数据：从模拟时代到数字时代战略假设的变化

模拟时代	数字时代
数据在企业内部生成，成本高	数据在任何地方都能生成
挑战在于如何储存和管理数据	挑战在于将数据转化为有价值的信息
企业只能使用结构化数据	非结构化数据越来越有用和有价值
数据间是相互孤立的	数据的价值在于能够互相关联
数据是优化流程的工具	数据是价值创造的一项关键的无形资产

如今，数据的价值似乎可以被无限挖掘。企业周边环境时刻都在创造数据，数据获取已非难事。如何利用数据，将之转化为有用的洞察才是挑战所在。基于电子表格的传统分析方式已退出舞台，非结构化信息与新生代强大的计算工具结合，使大数据展现出巨大的价值。但是，若要使数据成为名副其实的价值来源，企业必须改变对数据的认知，真正把它视为关键战略资产。

本章主要探索数据的商业价值如何演变以及这种演变会对领导力产生怎样的冲击。我们将讨论数据作为资产的价值、有效数据战略的要素、大数据变革的威力以及人们对它的误解。我们将明晰企业从何处获取所需数据，以及如何使数据成为新的价值来源。本章还将为大家展示一种战略思维工具——数据价值生成器，这一工具能够帮助企业利用顾客数据创造新的价值。

首先，我们来看一下将数据作为无形资产来管理和投资究竟意味着什么。

数据是一种无形资产

纵观商界的数码巨头，它们最宝贵的资产无疑是所捕获的用户信息。脸书的市值取决于收集的丰富的用户信息及对其的有效利用。在创新的数据分析工具的协助下，脸书能够为广告商提供富有价值的信息，帮助它们精确地了解并接触真正的受众。

其他类型的数据也很宝贵。多年来，谷歌不惜花重金收集制图数据，以完善自己的地图服务。其举措之一是将摄像头放置于世界各地的汽车内，以此测量每条道路并捕获街景图片（最近，该公司将摄像头装在骆驼身上来获取阿拉伯沙漠的地图信息）。此外，谷歌雇用了专门的数据管理员来更新和整理数据。谷歌在每个街区都会设置多达400 个数据采集点，并且依据当地的经济发展状况定时更新。[3]

相比之下，苹果公司对地图数据的投资严重不足，这直接导致了 2012 年那次著名的竞争失误。在与搜索巨头谷歌的竞争中，苹果公司决定设置自己的地图软件作为苹果手机上的默认地图，以此取代谷歌地图，其地图数据从许多家第三方购得，苹果公司库比蒂诺总部一如既往地为这一软件设计了一个炫酷的交互界面。但苹果显然低估了谷歌地图数据库的质量，用户对苹果地图的抱怨纷至沓来：城市名称拼错或消失，旅游景点位置错误，著名建筑不翼而飞，就连有些道路都不知所踪。这些错误如此恶劣，以至于苹果公司 CEO

蒂姆·库克不得不向顾客发布了有史以来第一封道歉信。在信中，蒂姆·库克甚至主动建议顾客在苹果地图有所改善之前，下载竞争对手的地图软件。

数据不仅对谷歌、苹果这样的大公司至关重要，当下所有公司都应将包括知识产权（IP）、专利及品牌在内的数据视作关键无形资产。虽然其重要性因公司而异（比如，相比制造行业，品牌对时装行业的影响更大），但数据是每个公司的重要资产，这一点毫无争议，忽视数据必然会让公司付出代价。

企业建立顾客数据库的最常见途径是"忠诚计划"。多年来，零售商和航空公司通过提供忠诚里程数、积分、奖励或买九赠一等方式留住顾客或刺激消费。但如今，忠诚计划的价值更多地在于企业所积累的顾客数据。比如，你参与（以注册的形式等）了某公司的忠诚计划，相当于默许其追踪你的购物行为，以换取积分或奖励。日积月累，该公司将逐渐掌握你的行为规律和偏好。

在利用已有数据提升顾客体验的过程中，企业可以通过为顾客提供实惠来换取更多的数据。以迪士尼主题公园及其产品 MagicBand 手环为例，秉承将智能设备融入传统主题公园的初衷，这些五彩手环集进入主题公园、打开宾馆房门、园内消费、预订乘车等功能于一体。迪士尼花费 10 亿美元打造 MagicBand 手环，完美实现了主题公园数字化。这一产品不仅能够刺激游客在园内消费，而且提供了有关顾客行为的宝贵数据：顾客将在何时去哪儿？每条线路最吸引什么类型的人？不同的食品放在何处最畅销？MagicBand 手环中还记录了游客的名字和基本信息，可以让孩子们体验迪士尼卡通人物叫出游客名字这样的个性化问候，甚至收到来自电子卡通人物的生日祝福。随着群体层面和个体层面顾客数据的积累，迪士尼将能提供越来越丰富的个性化服务。这其中的技巧在于投其所好——给顾客以实惠，他们将乐意贡献自己的信息。

并不是只有迪士尼、谷歌这样的大公司才能建立自己的数据库，小公司也可以利用基于网络的顾客关系管理工具来追踪谁打开了哪封邮件，以便调整后续信息发送，为顾客提供最佳服务。对此部分的讨论我们会在大数据部分具体展开，云计算赋予了中小企业更多强大的数据管理工具。

任何企业都需要数据战略

一旦将数据视为资产，企业就需要制定数据战略，这包括了解企业所需的数据及如何应用数据。

在金融、电信等行业，数据战略很普通，因为这些行业可获取大量的顾客数据。但是，小公司和数据可得性低的行业则需要有意识地制定具有前瞻性的数据战略。

以下是五条适用于各种组织的数据战略开发原则。

● **收集各种类型的数据。**数据资产中往往包含不同类型、服务于不同目的的数据，每个企业都要从整体上对数据进行审视（见表4-2）。业务流程数据（如关于供应链、内部账务、人力资源管理的数据），旨在管理和优化业务运营、降低风险、协调内部需求。产品和服务的数据对产品和服务的核心价值至关重要，如气象公司的气象数据、谷歌地图的制图数据、彭博为企业客户提供的商业数据。顾客数据囊括很多种类——从交易数据到顾客访查，从社交媒体上的评论到顾客的搜索和浏览模式等。以前，那些不直接向顾客出售产品的企业（如产品包装企业）仅能通过市场调研收集顾客数据，但在下文我们将看到，这些企业如今也在努力挖掘数据，以更好地了解它们的顾客。

表4-2　　　　　　　　　　商业战略中的关键数据类型

数据类型	例子	用途
业务流程数据	货物清单和供应链 销售额 营业额 人力资源	管理和优化业务运营，降低风险，提供对外报表
产品和服务数据	（谷歌的）地图数据 （彭博的）商业数据 （气象公司的）气象数据	传递企业产品和服务的核心价值主张

续前表

数据类型	例子	用途
顾客数据	购买习惯 行为和互动 评论 人口统计数据 调研	提供顾客数据全景图，有助于进行更精确的、有价值的互动

● **将数据作为决策时的参考。**对企业来说，最糟糕的事情莫过于收集了数据却不把它用于决策。为了做出更明智的决策，企业需要明确规划如何利用数据。比如，运营数据可以用于构建统计模型，以帮助企业优化资源；顾客数据可以用于预测哪些服务的改进能够产生更多收益。通过分析 MagicBand 手环生成的数据，迪士尼可以更好地决策在各条线路上兜售哪些商品，以及如何管控变化的需求和客流量。亚马逊通过顾客的历史浏览记录决定在顾客下次登录时向其推送何种商品。

● **将数据用于产品创新。**数据不仅能完善现有产品或服务，也可作为施展想象力的平台以及产品创新的测试工具。气象公司的手机应用 Hailzone 就是一个利用现有产品的数据（用于电视节目和手机应用的数据）为其他顾客群体（保险公司和投保人）创造价值的完美案例。其中的启示在于，气象公司敢于打破传统思维的禁锢，基于效用和风险管理而非"观众的眼球"和广告来设计新的商业模式。奈飞分析了大量观众对电视节目类型、演员、导演等的偏好数据，精心制作了《纸牌屋》等电视连续剧。奈飞的这一举措使其打破了在众多新剧上投资，以期在其中一部或几部剧上获取收益的传统电视制作模式。这展现了如何利用数据更快捷、更低耗地进行创新。

● **关注顾客在做什么而非他们在说什么。**行为数据是顾客行动的重要反映，包含交易信息、在线搜索（顾客意向的体现）、点击流（访问哪个网页、点击什么选项、购物车里存放了什么）以及直接数据（企业所推送的消息中顾客点击了哪些）。行为数据是最好的顾客数据，比那些口头说的以及市场调研中所呈现的要有价值得多。这并不仅仅因为人们在接受访谈时会有意说谎，而且因为人类在回忆过去行为或展望未来行为时本身会偏离实际。这也是为什么奈飞的媒介从光盘转向流媒体（流媒体增加了真实数据的可得性）之后，便将用户推荐系统的指标立即由顾客评分改为通过真实的行为数据来评分，流媒体使得系统可以知道人们实际都看了什么。奈飞深知，观众给予五分好评的电影和他们晚上洗碗时实际看的电影往往是不同的。

● **将数据进行关联。**以前，企业都是收集和保管部门内的数据。如今，数据战略的重要意义在于将之前彼此分离的数据关联起来，探索其中的联系。一个来自纽约市政府的例子生动地诠释了数据关联的好处。斯科特·斯特林格是纽约市的检察官，在思考如何减少诉讼案件费用的问题时，他突发奇想地比较了不同城市之间诉讼案件和损坏赔偿的数据，以及不同部门的预算，并发现了其中的奥秘：当政府在公园和树木修剪上的预算减少时，市民被树枝砸伤的法律诉讼数量骤增。而政府处理一项法律诉讼的开支足以支付三年的树木修剪费用。发现了这一规律之后，城市公园维护的预算资金得以保证，诉讼开支大幅下降。[4] 如今的商业环境变得越来越复杂，企业获取数据、关联数据以及从数据中学习的能力变得日益重要。

总而言之，如今的数据库与数字时代早期的电子表格或者那些数据密集行业里最有价值的关系数据库迥然不同。数据的本质、应用和使用方式都在经历一场重要的变革，这一变革就是我们耳熟能详的大数据。

大数据的影响

"大数据"一词出现在 20 世纪 90 年代，也是万维网诞生之时，是由硅图公司的首席科学家约翰·马什提出的。[5] 在 2010 年前后，该词广泛地出现在商业对话中，企业开始对抓取数字技术下的海量数据跃跃欲试。起初，这个词有些赶时髦的意味，更多的是数据存储企业用以吸引 IT 部门加大在数据服务器上的投入所使用的市场策略，但后来，大数据对企业的影响远比硬盘驱动器或服务器在储容量的发展更为深远。

没错，数据库的规模正在迅速扩张。所有的统计数据都显示，世界范围内的数据量每年都在呈指数级上升。但是反观过去，数据似乎也是呈指数级增长。也就是说，记录在册的数据总量在很长一段时间内都呈现增长趋势——可能是从电脑问世开始的，也许是从文字问世开始的。

那么，如果大数据的意义不在于"大"，它又意味着什么呢？

大数据从两个相关的现象中可以得到最佳诠释：非结构化的新型数据数量快速增长；管理和挖掘这种数据的能力迅速提升。这二者又同时受第三股力量的影响：云计算设施日趋健全，使得越来越多的企业能够接触到大数据。

大数据是非结构化数据

以前，企业的数据处理大多基于对结构化数据的分析。所谓结构化数据是指那些储存在数据库里，有清晰的行和列结构的数据，如客户地址、存货清单、负债和财务支出等。

但是，大数据时代以丰富的非结构化数据著称，信息并不能整齐地录入表格里。这些数据暗含在社交媒体上那些不合文法的句子中、智能手机拍摄的照片中、即时定位信息中、传感器记录下的人们的身体信息中。甚至，企业可以获取关于整个世界的信息。以上列举的这些数据包含了丰富的信息，却不能用我们熟知的电子表格进行简单的编码和分析。

非结构化数据的重要来源之一是社交媒体。脸书、推特、微博等社交网站吸引了数以十亿计的用户，他们发表的文字、评论及各种内容更新都是海量数据的潜在来源。这些社交数据是具有态度性的（言语间透露着立场、喜好和厌恶），进而可以用于分析网络关系（用户的好友、关注人等反映了社会联系，企业可以用来推断他们与网络中其他人的关系）。而且，这些数据是即时的、连续的，企业可以持续追踪人们立场、情感、对话的变化。正因如此，许多企业尝试着从社交数据分析中获取灵感。一些品牌通过观测顾客反馈来评估品牌的声誉，疾病控制中心通过社交媒体监测病毒和流感的传播，好莱坞通过新电影首映后的观众评论预测上映后的票房，许多经济学家甚至通过社交媒体来预测股票的走势。

另一种新型的非结构化数据是定位数据，即智能手机所记录的人们的实时位置和动向。定位数据和其他行为数据的结合提供了有价值的场景信息。如今，搜索引擎所显示的结果不仅受搜索词的影响，也越来越多地考虑到人们的位置信息。例如，在谷歌上搜索"比萨饼"，首先出现的是离用户最近的比萨饼店的地址和电话，而不是比萨饼的历史渊源和制作过程。我的同事米克洛斯·萨瓦里的研究表明，人们每周的行动轨迹（记录在手机中）在很大程度上揭示了人们的背景信息。通过分析这些协同定位模式，萨瓦里和他的合作者发现，有着相似"足迹"的人更倾向于买相似的产品，这一规律的发现对产品市场定位实践大有裨益。[6]

随着人们的生活被网络挟裹和覆盖，非结构化数据的最大来源将是嵌入人们周围的传感器。思科公司预测，到 2020 年，超过 500

亿台设备将通过互联网连接并分享信息，并且这些设备的主体将不再是电脑、智能手机或网络服务器，而是物联网。物联网包含了智能汽车、工厂和产品供应链、灯泡和家具设备，以及手表和服装中置入的传感器，甚至包括人们服用的药物。这意味着未来将有几十亿台数据获取和传输设备可以为企业所用。比如，通用电气公司在每台喷气式发动机上安装了传感器，使发动机持续更新其运营状态和运营信息（通用将其称为"喷气式发动机的社交网络"）。航空机械部门可以通过这些即时数据监控飞机关键设备的运转状态，以便在出现问题时及时维修，省去了以往定时检修的烦琐程序，这使得飞机检修更高效，同时也使航空旅行更方便、低价。

处理非结构化数据的新工具

大数据发展的另一个重要趋势是分析和管理非结构化数据的工具日益完善。大数据如汪洋大海，而商业洞见如一枚绣花针，工具若使用不当，从大数据中获取洞见便如大海捞针。幸运的是，一系列技术的发展正在拓展人们分析和利用大数据的能力。

电脑的数据处理能力迅猛发展，这是提高数据利用率的重要因素。英特尔的创始者戈登·摩尔在 1965 年发现了摩尔定律：随着晶体管越来越小、处理速度越来越快，电脑芯片的性能每隔 18 个月便会翻番。在过去的 50 年里，这一定律被证实，并且引发了全球性的变革。世界上第一台电脑 ENIAC 诞生于 1946 年，其体积可占满一个小型的健身房。但到了 1983 年，我第一次接触电脑时，我那台德州仪器公司生产的学生版便携式电脑的数据处理能力已经强于 ENIAC 了。摩尔定律告诉我们，巨型电脑过不多久就会变得更加便携。

如今的科技已经以低廉的成本提高了大规模数据处理能力。内存计算加速了实时数据的分析能力，使得企业能够综合考虑人们所在位置的天气、最近浏览过的网页及其他一切可能的影响因素来推送内容。Hadoop 是一种开源软件架构，能够使分布在不同地方的多个服务器并行处理海量数据。有了它，大数据的管理成本越来越低。

也有些工具不关注数据处理能力，而是关注如何从杂乱无章的数据中获取信息。新型数据挖掘工具在抓取社交网站上的原始数据后，能够对其过滤，识别其中的规律，为管理者所用。

可以说，非结构化数据管理工具发展中的最大亮点是"认知"计算能力。例如，自然语言处理能够解读正常的人类语言，包括人们的口头指令、社交媒体中的对话、书和文章。这一发展对识别大数据中人类语言模式的系统的发展至关重要，如用户给客服中心打电话的电话录音。另一个重要的发展是机器学习，机器学习是这样一种计算系统：可以根据经验和反馈来识别自身模式并不断提高自身能力。随着计算机对神经网络的模拟，其功能逐渐超越在非结构化数据中寻找模式的状态——它们会从周遭环境和人力培训师处获取反馈（告知机器某个结论的正误），然后不断自我调整。

IBM 的 Watson 系统整合了自然语言处理和机器学习，能够读懂大量的书面语言，根据反馈和人力专家指导做出精准的判断。Watson 首次亮相于 Jeopardy 问答竞赛，凭借百科全书般的知识积累和卓越的思维能力（猜测一些问题的正确率高达 42%）击败了之前的冠军。自此，Watson 开始应用到现实世界中。在吸纳了千万条病例之后，Watson 对癌症的初步诊断能力要高于许多医生。Watson 及其他类似的技术将引领下一代大数据分析潮流，为顾客服务、欺诈侦测、广告策划等诸多领域献计献策。

云端的大数据

还有一个趋势也在塑造大数据带来的冲击：数据及数据处理的存储、可接入性的变革。在以往的数据范式中，企业若要管理数据，需要自己开发数据收集、存储和分析的设备，其成本之高昂导致很多企业难以负担数据分析所需的费用。如今，企业已不需要自己储存数据，甚至小企业也可以获得分析非结构化数据的关键工具——关键在于云计算的发展。

想一下手机上的 Siri 或 Google Now 等软件。Siri 在手机断网的时候是不能用的，因为理解所接收的语言并对之做出反应的计算过程过于复杂，手机本身的处理器难以实现。但是连接到云端后，Siri

就如鱼得水了。我们的设备仅需要一个稳定的连接，将语音远程传送到有着强大的处理非结构化数据能力的服务器，便可对接收到的语音做出即时反应。

越来越多的计算应用和服务可以在互联网上实现无缝交付，因此，很多即时的数据处理并不发生在人们的手机或电脑中，而是在云端。亚马逊、微软、谷歌及许多其他公司都不再在自己的办公室内购买和安装功能强大的计算机，转而发展云端环境，通过订阅和 SaaS 服务来满足相应的需求。

云计算对小公司有深远的影响。像 Watson 一样的服务，企业现在可以随时使用，就像小公司现在可以轻易获取云存储和客户数据库一样。这意味着大数据并非为那些具有庞大 IT 部门的世界知名公司所独有。如今，所有的公司都能从 SAP、IBM 等供应商处获得一流的分析工具，它们只需要为所用数据付费。大数据再也不是天价了。

有关大数据的三个误解

虽然大数据的发展（包括新型的非结构化数据和数据分析工具）正影响着各行各业，但关于大数据也有一些误解。

误解一：算法能解决一切问题

我把这个误解称为神奇的算法。有关大数据的早期报道造成了一种假象：要想打造智能城市和企业，只要将功能最强大的电脑凑在一起，让它们去分析手头上的非结构化数据，找出规律，其中的商业洞见自然会浮现出来。但事实上，数据分析并不是这样完成的。

除了机器的运算，要使大数据发生效用还需要许多人力专家的参与，这是因为，数据的质量和准确性相当重要。数据是怎样收集的？误差率如何？样本是否有代表性？如果进行比对，不同的数据库中数据格式是否相同？因此，数据处理中的许多工作还需要人工操作，其中的尺度计算机很难拿捏。

受编程人员的主观影响，数据分析的算法也会出现各种偏差。比如，某个程序可以帮助企业筛选出最佳应聘者的简历，但是基于过去招聘经历的筛选结果并不一定能满足公司未来所需的技能。

更重要的是，管理者需要提出关于数据的对的问题。公司现阶段最关心的结果是什么？数据呈现的哪些模式可以直接为公司所用？算法在寻找答案方面越来越游刃有余，但关键还要知道寻找什么问题的答案，这需要人来提出恰当的问题。凯撒娱乐的首席商务官塔里克·肖卡特曾这样说："如果仅关注数据，那你可能一无所获。我总是提醒我的团队去思考，你想要回答什么问题。"[7]

误解二：相关分析至上

发现一种模式往往是不够的。许多评论家一再指出，有了大数据，数据科学再也不需要考虑因果关系，只关注相关关系即可。这种观点的潜在逻辑在于，通过大数据分析得到的规律近乎事实，无须再依赖人们所认知的因果判断。

显然这种观点是不可取的。管理者需要分清简单的相关分析和因果分析之间的差异，以及这种差异什么时候重要、什么时候不重要，这一点非常关键。简言之，如果仅仅是为了做预测，看数据之间的相关关系便已足够；但如果你想改变前提条件，就必须考虑因果关系。

回到斯特林格的例子——就是发现降低城市树木修剪预算会引发诉讼数量增加的那个检察官。如果树木修剪预算不是引发诉讼数量变化的真正原因，那么提高树木修剪预算的方案就不会奏效。在这个例子里，搞清因果关系是很重要的。

还有一个例子，试想你的广告策划团队发现，俄亥俄州的已婚女性对你们的头发护理产品广告更感兴趣，但是你显然不能通过鼓励俄亥俄州的女性结婚来增加产品销量（这将影响前提条件）。相反，发现这一规律后，你可能会考虑将产品定位于俄亥俄州的已婚女性群体。在这种情形下，仅需要知道相关关系就可以了。

误解三：大数据是万金油

有时候人们将大数据与数据战略混为一谈。在很多情况下，企业完全可以建立宝贵的数据库，将之应用到战略中，而不一定非要使用大数据。

数据并不一定非要"大"（非结构化）才有用。从结构化的数据中（如顾客的点击行为——顾客一般会点击网页的什么位置、什么时候下拉屏幕、停留了多长时间、是否将商品放入购物车等）照样可以得到许多有价值的信息。即使在像脸书这样为许多世界大型服务器集群提供大数据的企业，其工程师每天处理的大多数问题也可以在一台运转良好的电脑上完成。[8] 数据战略的关键在于为企业提供价值，有时候需要大数据，有时候并不需要。

从何处获取所需数据

企业在制定数据战略时，往往先从企业内部的数据着手。但是，企业也很可能发现，仅有内部数据是不够的。从其他地方获取数据是弥补自身数据不足、打造数据库的有效方式。企业外部的数据来源主要包括：用户间的数据交换、领先用户参与、供应链上的合作伙伴、公共数据库、购买或交换数据。

用户间的数据交换

企业获取外部数据的最佳方式之一是请用户在互动过程中主动贡献出自己的数据，或者以企业能够提供的价值来换取数据。就像

第 2 章中提到的那样，手机软件 Waze 所用的地图数据和即时路况数据都来自用户的贡献。Waze 的设计初衷是抓取数据。无论什么时候，只要用户打开这个软件，便会立刻奉上自己的 GPS 定位。在人口密集的地方，通过这种方式可以迅速地获悉最新路况，也能比竞争对手更快地做出路线规划调整（在 Waze 的用户超过 3 000 万人之后，谷歌以 13 亿美元的价格将其收购）。再看可口可乐的例子，由于可口可乐公司并不直接向消费者出售产品，所以并没有消费者数据积累，但自从有了"我的可乐奖励"忠诚计划之后，公司轻而易举地得到了 200 万名消费者的数据，成功建立了自己的数据库。美国大都会博物馆通过让访客留下邮箱地址换取馆内免费 WiFi 的做法，获取了 10 万名访客的邮箱。怎样才能让消费者心甘情愿地奉献出自己的信息呢？我在哥伦比亚大学做的一项全球调查显示有四个关键因素：公司提供何种奖励或价值作为交换，公司想要获取何种数据，顾客与公司之间的信任关系如何，以及公司处于何种行业。[9]

领先用户参与

领先用户（该词由埃里克·冯·希贝尔提出[10]）是指那些最活跃、投入最多的用户。因为他们的需求量大，所以可能更愿意参与企业互动，这些人往往能成为独特的、强大的数据来源。气象公司的例子就是很好的诠释，气象爱好者因为参加了这样一个团体，所

以很乐意向气象公司提供自己获取的气象信息。其他企业同样可以
设法利用自己得天独厚的优势去挖掘领先用户。亚历山大·舒埃里
是欧莱雅国际设计部的总裁，他曾跟我说，做化妆品的公司一般都
会为它们的自主设计品牌创建一个秘密的顾客社区，并置身其中。
这样做不仅能够吸引顾客，也能够帮助公司深入了解它们的忠实顾
客，与那些偶尔买一次的顾客加以区别。舒埃里这样对我说："（这
样做）虽然会损失一些顾客，但是剩下的这些才是最有价值的。我
们只是把产品出售给零售商，所以这个工具是我们获取数据的途
径。"[11]从领先用户身上，企业能够获取更有针对性、更重要的反馈。

供应链上的合作伙伴

商业伙伴也是企业构建自己数据资产时获取数据的重要来源。
那些做大众消费品的企业如今也与大型零售商以及零售数据服务企
业保持紧密的合作关系。在很多行业里，力量关系、杠杆及信任水
平都极大地影响着谁跟谁分享数据。比如旅游业，像达美航空一样
的著名航空公司都有多达一亿名的忠诚计划会员。但是航空公司和
在线旅行代理仅仅共享少量数据。因此，不管是航空代理还是航空
公司都不会有顾客出行的全部数据，以至于难以制定定制化价格。
可以看出，数据交换将成为商业合作中日益重要的内容。

公共数据库

公共数据库是另一个重要的新型数据来源，有些公共数据库是以网上论坛的形式呈现的。汽车网站 Edmunds.com 中包含近来的热门讨论话题，从中可提取大量有关汽车模型、制作、偏好的非结构化数据。在推特等社交网站平台中，也可抓取到许多即时数据。此外，政府在大力推动大型数据向机器可读的形式转换，以便实现公共访问。比如，美国政府的人口普查数据公开后，访客数量骤增。更有，越来越多的市政府都开放了应用程序编程接口，使得那些有创新潜力的企业能拿到政府数据并创造更多商业机会。

购买或交换数据

最后，企业可寻找契机向其他企业购买或交换合法的、有价值的数据。特别注意，企业应拒绝接受那些来路不明的调查数据，相反，要多留意由权威公司收集的、能够支持匿名数据比较的数据，因为匿名数据能帮助企业获悉产品或服务的转化率（接受推送产品或服务的顾客比例）。企业数据能显示哪些顾客收到了产品或服务的推送，零售商的数据能看出谁实际掏钱购买了产品或服务，第三方服务公司可以计算出转化率且不暴露顾客身份（隐私条款中的规定）。

在有些情况下，企业可以通过交换或捐款获得数据。2014 年世界杯期间，Waze 向巴西政府提供了匿名的司机数据，以便政府识别交通堵塞和道路危险并作出快速反应。仅在里约热内卢一地，每天都有超过 11 万名司机主动在 Waze 上发布自己的出行信息。自此，Waze 开始与其他政府建立合作，如佛罗里达州政府。此举目的并非盈利，而是用来换得更多数据。通过获取高速公路传感器记录的即时数据及城建项目的信息，Waze 逐步完善了自己的数据库。

如今，获取数据的渠道非常多。企业面临的挑战在于如何甄选最能满足其当前需求的数据。《广告研究杂志》最近发表的一篇文章总结了市场研究的变化：现在企业面对的是一条持续产生数据的"长河"，市场研究的目标已不再是如何以高昂的成本生产数据，而是找到合适的工具在"长河"中捕鱼，从而发现企业需要的市场情报。[12]

将顾客数据转化为商业价值的四种模式

随着企业收集数据、建立数据库能力的增强，随之而来的挑战是如何运用这些数据创造价值。

前面已经介绍了产品和服务数据是如何创造价值的，如气象公司的天气数据和谷歌地图数据的例子；还介绍了业务流程数据是如何辅助和优化决策的，甚至产生让人惊喜的效果，如斯特林格使用公园维护费预算数据的例子。

细看顾客数据，你就会发现不同行业或不同企业间利用数据创造价值的模式大同小异，大致可概括为四种，即"洞见：揭示隐藏规律""定位：缩小目标范围""个性化：量身打造""情境：提供参考框架"。

接下来我们逐一剖析四种数据价值模式如何应用到不同行业中。

洞见：揭示隐藏规律

数据创造价值的第一个模式是洞见。通过揭示之前未被发现的关系、模式和影响因素，顾客数据能为企业提供无限的价值。数据能揭示顾客心理：顾客如何评价某产品或品牌？左右顾客决策的因素有哪些？是否可以预测或衡量顾客口碑？数据可以反映顾客行为：顾客的购买习惯如何改变？顾客的产品使用体验如何？什么地方容易滋生欺诈与滥用？数据可以用来测量企业的一些改变对顾客心理和行为的影响：当变换信息发布、营销方式、产品组合或分销渠道时，会产生什么样的结果？

如今，许多企业可以获取顾客对其产品或品牌的网评，如汽车制造商。哥伦比亚大学商学院的乌迪德·内策尔与他的三位合作者[13]挖掘了论坛中的讨论帖，试图探索其中反映的汽车市场结构及顾客行为规律。内策尔团队使用了多种文本挖掘工具，包括接受过人类语言训练的算法，并运用公式从论坛上大量的非结构化文本中寻找规律。他们的研究内容之一是观测顾客如何感知品牌。统计结果显示了某些特定的属性经常与某个特定汽车品牌相关联，这一研究有助于企业进行目标顾客定位、宣传文案撰写及产品开发决策。

此外，内策尔团队还利用数据探究长期广告投入的效果。在凯迪拉克品牌的战略变革时期，其在广告上投入巨资，以期打破在顾客心目中凯迪拉克品牌"传统美国汽车"（就像林肯车一样）的认知，试图打造"奢侈品牌"（就像雷克萨斯或梅赛德斯品牌那样）。对几年来顾客对话文本的分析显示，在顾客的认知里，凯迪拉克品牌确实逐渐从传统美国车品牌转变为奢侈品牌。研究者进一步将此结论与汽车折旧换购的交易记录进行比对，印证了认知转变是预测购买行为的主导因素。以往顾客都是在林肯和凯迪拉克之间进行折旧换购，后来越来越多的顾客拿他们的奢侈品牌汽车换购凯迪拉克汽车。

在另一个例子中，盖洛德酒店利用顾客数据实施推荐战略。起初该酒店仅有少量用来举办重大活动或提供私人住宿的大型门店，但它深知来自老顾客的好评是吸引新顾客的重要筹码。受限于资金，管理者便将提升酒店在老顾客中的口碑作为主要战略。通过内部讨论，管理者找出了 80 个影响顾客满意度和推荐意愿的因素。接下来的问题在于这 80 个因素之间的优先级：清单上的哪个因素才是最重要的呢？为了找出答案，该酒店分析了社交网络上的数据，研究了公共社交平台（如推特）上每次酒店名称被顾客提及的情况，并深入探索了顾客给出好评和推荐的原因，得到的结果非常有启发性。其实最能影响顾客体验和酒店口碑的因素只有五个，而且这些都是在顾客进店后 20 分钟之内就发生了。[14]

定位：缩小目标范围

价值创造的第二个模式是定位。数据可以帮助企业缩小目标顾客的范围，识别最有潜力的顾客，进而在与顾客的互动中获取最大的收益。过去，顾客细分往往基于年龄、地域、产品用途等几个简单的因素。如今，丰富的顾客数据为更加精细的细分提供了依据，甚至可以产生数以百计的分类标准。顾客打开了哪封邮件、兑换了哪些优惠码、发表了什么样的评论等都随时影响他们所属的类别，定位标准可以实时改变。但是理想状态下，顾客终身价值的衡量标准应该是唯一的，都是基于他们对企业的长期价值。

Custora 是一家数据分析公司，帮助电商企业评估潜在顾客的终身价值——不仅指他们当下的购买意愿，还包括他们的长远价值。这一结果是通过分析顾客的购买记录、计算顾客终身价值模型和贝叶斯概率模型得出的。比如，当一位新顾客第一次在某网站消费时，Custora 就能预测出他在未来一年内可能会消费 6 次，花费 275 美元，并可被商家列为最关键的 5％ 用户。基于历史数据，Custora 还能做出一些其他预测，比如，顾客下次将购买哪类产品（家具类还是除草工具类)。这一模型甚至可以提供预警——如果某位顾客连续三个月没有购买记录,那么商家可以假定其回到该网站再次购物的概率只有10%。[15]

洲际酒店集团充分利用了7 100万名来自忠诚计划的顾客数据来更有效地理解和定位顾客。这些数据不仅包括邮政编码和房间偏好,还有多达4 000个不同的属性,如收入水平、预订途径偏好、积分使用偏好、周末喜欢去哪儿消遣等,然后基于这些信息对顾客进行分组。该酒店原来仅有12个不同的邮件组,顾客细分到如此程度后,邮件分组可多达1 552个。在这种新市场战略的刺激下,顾客转化率(接受酒店发送内容的顾客的比例)较以往提高了35%。[16]

使用数据进行市场定位对非营利的健康保健领域也非常有益,这主要得益于被称作"热点定位"的发现。杰夫瑞·布伦纳博士是新泽西州卡姆登镇的一名家庭医生,他研究了所在地区的医疗账单记录,发现城镇里有1%的人承担了30%的医疗费用。"仅一小部分人承担了大部分医疗费用,但是我们并没有给予他们足够的重视。"布伦纳这样说。[17]他利用这一数据和来自慈善事业的一小部分资金,开办了"医疗保健供应卡姆登联盟",致力于找出这1%的求医者并为他们提供更好的服务。经过三年时间,该组织有效地降低了60%的急诊量,并将这一群体的医疗开支降低到之前的44%。[18]

个性化：量身打造

企业一旦确定了细分市场，下一件事就是思考如何区分对待顾客，为他们创造最大的价值。这就是价值创造的第三个模式——个性化。通过量身打造不同的短信内容、优惠条件、定价、服务和产品，满足顾客的多重需求，企业可因此增加所交付的价值。

金佰利公司售卖几种大品牌纸尿裤，其建立的顾客管理平台整合了来自销售和媒体的数据，试图为每位顾客精彩地展现他们的"消费旅程"。对企业来讲，这意味着追踪一个家庭的购买进程——从各个尺寸的新生儿好奇纸尿裤到如厕训练期间的"拉拉裤"和"小游泳健将"。通过追踪每位顾客，企业能有针对性地向各个家庭推荐合适的产品。[19]

英国航空也推出了一项个性化服务，内部称为"知我"，其目的在于将多种信息整合起来建立一个综合数据库，以便航空公司员工的服务能够直达顾客内心。"知我"这一项目起初计划在两年内关联来自商业、运营和工程系统的数据，使之为客服部门所用。但这些数据能否发挥作用还要取决于英国航空服务人员的判断和情商。数据的作用在于加深服务人员对顾客需求和偏好的了解，员工也可以自行观察和记录数据，以便提供更好的个性化服务。这一反馈链有助于公司为每位顾客提供更称心的内容推送，也能在旅行期间为旅客献上特别的服务。比如服务人员能认出 VIP 商务旅客，当他们跟家人一起乘坐经济舱的时候，能上前表达问候、感谢，然后献上一杯香槟。再比如，为那些恐飞的乘客提供更周到的保险。此外，当系统中出现紧急提示时，如一名员工发现有乘客的 iPad 落在了飞机上，通过传话给负责外联的员工，很快就能联系到失主。最基本的一项服务是在旅途中向乘客致以欢迎，当乘客成为银牌会员时便可享受这一服务，银牌会员也是能享受休息室的最初的等级。这家航空公司得到乘客的极大好评，不仅反映在乘客一直以来的满意度上，而且从他们向别人推荐的热情中便可得知。此外，"知我"项目还使公司有机会了解那些没有加入忠诚计划的乘客，公司的目标是了解公司全部 500 万名乘客的需求。[20]

提供个性化服务的一大挑战在于顾客与企业互动的平台、工具不断在变化。企业难以判断它在手机、平板电脑、笔记本上是否在与同一个人对话，更别说是在社交网站上、电商平台上或谷歌页面上的广告中了。但这一问题也快速得到了解决，有赖于相同顾客在不同设备上的"可寻址性"。数据库巨头公司美库尔的 CEO 戴维·威廉姆斯解释道："我们正快速地大规模普及谷歌、脸书、亚马逊及全网主要平台间的可寻址性。"[21]

情境：提供参考框架

最后一个数据价值创造模式是情境。通过提供参考框架，并阐释某一顾客行动及其结果是如何叠加成大众行为的，情境可为企业和顾客双方提供新的价值。

结合情境来理解数据是"量化自我"运动的核心，即人们越来越喜欢监测自己的饮食、运动、心率、睡眠及其他生理指标。耐克发布的 Nike＋平台，使其成为率先利用这一潮流的公司之一。Nike＋起先仅能用在运动鞋里的传感器上，随后是耐克手环，最后发展成手机 App。但不管在哪个发展阶段，Nike＋的用户都可以捕捉自己的数据并在网上分享。那些记录下跑步数据的 Nike＋用户不仅想知道他们今天的表现如何，也希望能够将今天的表现与自己上周或上个月比对、与自己的目标比对、与其他朋友比对。于是，情境成为重中之重。

将自己的数据与别人的数据做比较，意义还在于帮助顾客分析不同结果出现的原因。Naviance 是一个非常流行的平台，旨在为美国的高中生在选择和申请大学时提供参考。其主要的服务之一是请学生上传自己的脚本数据（考试成绩、班级排名、就读的高中）并将之与 Naviance 数据库中的众多学生做对比，然后计算出成功申请到心仪学校的概率。与我们那个时代申请大学时完全没有可参考的数据相比，学生们可以使用 Naviance 评估他们选中的学校哪些胜算不大，哪些很有把握，哪些介于两者之间。

分享和比较数据还有助于识别风险。BillGuard 是一个很流行的财务 App，可以追踪用户的信用卡结算单，探测其中的欺诈账单（例如，这张卡是否为最近网络丑闻中被黑客攻击的 5 000 万张之一）和灰色费用（例如，顾客没有意识到商家所收取的隐性费用）。Bill-Guard 的算法非常精确，不仅将顾客的账单与其他人的匿名账单做比较，而且特别关注其他顾客举报过的问题收费。

此外，还有两个利用情境数据的典型案例。其一是 Glassdoor，求职者可以借此比较自己的薪资和所在行业的平均薪资；其二是 Pricing Engine，利用这个 App，小公司可以通过比较它们与其他同行在数字广告投放上（比如在谷歌上投放广告）的成功率，优化自己的数字广告投入。

工具：数据价值生成器

我们已经讨论了如今企业使用的各种不同类型的数据，也介绍了企业应从何处获取更多数据以弥补现有不足，还为大家提供了利用数据创造价值的四个模式。现在，让我们来看一下如何应用所介绍的概念为企业生成新的战略选择，这便是接下来要介绍的工具——数据价值生成器的核心。

使用这一工具生成新的战略思路遵循五个步骤（见图 4-1），接下来将逐一讨论每个步骤。

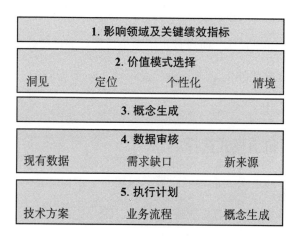

图 4-1　数据价值生成器

第一步：影响领域及关键绩效指标

第一步应当确认希望将数据应用到哪一领域或用来改善哪一方面。你可以将影响领域最终确认为一个业务单元（如产品线）、一个部门（如市场部）或一个新公司；你可以将数据的功能定位于提升度假村的顾客服务质量，提高产品推荐精度，促进现有顾客向外传播，优化顾客呼叫中心服务，或者开发一个提高顾客参与度的手机 App。

一旦确定了要影响的领域，接下来应制定该领域所要实现的主要目标以及希望得到什么样的结果。除了泛泛的目标之外，还要思考评估绩效的关键绩效指标都包括哪些。鉴于这是数据驱动的项目，你需要考虑结果的可测量性，尽量选择那些影响效果能够被实际观测的领域。如果在这一阶段设定了多个目标和关键绩效指标也没关系，随着战略思路的成熟，你将最终确定所要影响的一个或几个领域。

第二步：价值模式选择

确定了所要关注的领域之后，回顾一下价值创造的四种模式，然后从中选出有助于目标实现的一个或几个。

- 洞见：理解顾客心理、行为及企业行动对他们的影响。
- 定位：缩小目标，确定受众群体，精化市场细分。
- 个性化：分别对待不同顾客，增强针对性。
- 情境：比对单一顾客数据与整体数据。

哪种模式最适合你选定的领域或关键绩效指标？哪些因素能间接地影响你的目标？比如，对顾客品牌感知的洞察可能影响市场占有率，这一点在能找到合适的机会重新定位产品的前提下是适用的。

你可以选择一种模式或几种模式的组合。尤其注意，定位和个性化经常结合使用。定位仅仅关注于识别正确的受众，而有效的个性化需要针对不同的细分市场制定不同的策略。你可能已经有了一种或一组相对完善的模式。比如，你的市场细分工作做得很好，但是对顾客的洞察力比较薄弱。问题在于，你的数据战略所关注的下一个价值创造点在哪儿？

第三步：概念生成

选定了一种（或一组）价值创造模式后，你需要思考如何让数据为顾客和企业创造更多价值。

比如，你选择了情境这种模式，那么该如何利用情境信息得到你想要的结果？行为经济学领域的研究表明，结合情境审视数据会产生强大的威力。例如，在被告知周围邻居过去的投票经历之后，选民更容易被说服参与民意调查。利用这一逻辑，Opower 研制了一个影响家庭电力消耗的数据驱动系统。在当地公共事务机构的协助下，该公司会向用户报告他们与邻居的水电使用情况对比。结果发现，看到对比数据之后，用户会更主动地节约水电。

在概念生成阶段，应当制定一个细致的数据应用计划，才能真正制定出好的数据战略。对于个性化战略，还应确定你究竟想在顾客互动中的具体哪个情境实施个性化。比如，凯撒娱乐是一家经营酒店和赌场的公司，它与英国航空有一样的战略意图，想利用忠诚计划的数据打造个性化服务，增加回头客。但是凯撒有自己的套路。其举措之一是为那些在赌场输钱的老顾客及时送上一些意想不到的礼物，如一顿牛排晚餐或一场表演的门票，这样一来，他们便不会有"在凯撒运气真背，早知如此不如去另一家"的念头。

在概念生成阶段，要确定将数据应用到当前业务的具体实施方案。

第四步：数据审核

战略制定之后，接下来需要整合战略顺利实施所需的数据。首先应该分析哪些已有的数据是在战略实施过程中用得上的。企业一般会有一个围绕着核心产品或服务的庞大且成熟的数据库。你可以从网页浏览者的数据着手，也可以从忠诚计划收集的用户数据入手。一些企业面临的现状是它们仅有一部分顾客的邮箱地址。

之后要明确还需要哪些数据：在实施所制定的数据战略时，哪些数据尚有缺失？需要怎么做才能理解顾客需求的全景图？企业可从以下方面着手梳理。

● 更多条数据记录或每条数据包含更详细的数据项（例如，从一个有限的顾客样本数据到更广泛的顾客群体）。

● 更多的数据类型（例如，在原有的顾客联系方式信息基础上增加顾客的偏好信息和交易记录）。

● 更多的历史数据（例如，获取前面许多个月的数据以便据此开发有效的分析工具，更好地预测未来结果）。

发现差距之后，企业要想方设法弥合这种差距。前述的这些方法可应用于以下方面：用户间的数据交换、领先用户、供应链上的合作伙伴、公共数据库、购买或交换数据。

第五步：执行计划

要使数据战略发挥作用，企业所要做的远不止将数据整合起来，还必须将战略应用到当前任务中去。最后一步就是规划如何执行数据计划。

哪些关键技术问题需要解决？是数据仓储、数据延迟，还是数据更新频率？IT 人员将在此发挥重要作用。

需要改变哪些业务流程？大多数数据计划都假定公司员工会根据数据做出不同决策或采取不同行动。必须在设置技术架构之前就考虑到业务流程的变化。

如何对公司战略进行检验并为之提供内部支持？最佳方式之一是将新的数据战略整合到公司现有的业务中。乔·博斯韦尔是英国航空"知我"项目的负责人，她提早就想到机组的服务人员很可能把重心放在现有工作上，难以在新项目上取得他们的配合。于是，她将"知我"项目与现有的顾客服务项目相结合，并向员工展示数据如何帮助他们更好地贯彻顾客服务的四个宗旨（四个宗旨贯穿他们业务培训的始终）。[22]数据驱动战略其实可以融入企业所从事的一切活动中，并能切实帮助员工更好地开展工作。

*　*　*　*　*

数据价值生成器包含了前述的五个步骤，它是一种思维工具，能帮助公司的业务创建多种数据使用方案。数据战略创建好后，你需要逐一检验其背后的假设：能够获取所需数据吗？能找到数据分析结果的用武之地吗？这些结果对顾客真的重要吗？能设计一个试运行的计划来检验数据战略是否奏效吗？我们将在第 5 章深入探讨如何通过数据分析进行创新。

在结束关于数据的讨论之前，来看一下数字时代之前的传统企业在当前重建数据能力的过程中面临什么样的挑战。

构建数据能力的组织挑战

从迈克·维弗成为可口可乐公司数据战略负责人的那一天起，他的任务就明确了。他跟我说："我们必须了解顾客的热情、偏好和行为，才能因人而异地向他们宣传产品。"作为应用分析领域的专家，维弗认为要做到这一点，需要在这个并没有原始消费者数据积累的行业建立起它的数据资产。通过整合来自"我的可乐奖励"忠诚计划及其他几个渠道（如从网站上观察消费者行为、社交媒体登录、网络跟踪、合作伙伴）的数据，可口可乐正在快速实现数据驱动营销的目标。

但维弗告诉我，实现目标的最大障碍并不是技术上的，而是组

织方面的。他将"世界上最棒的品牌"到"大众媒体公司"的商业
实践转变过程比作航空母舰在海上转弯。他深知适宜的数据模型可
以用来制定更精确的顾客细分方案，理解顾客的不同需求，从而使
公司更好地与顾客沟通，提供更优质的服务。但是，在搭建用来即
时定位顾客的数据中心和分析模型之前，公司必须提前考虑这些举
措给现有业务带来的冲击。此外，在一个品牌能够利用实时顾客细
分实施差异化处理、为每个细分群体发送不同的信息之前，公司必
须学习如何编写多元化的信息。这并不意味着让可口可乐公司去构
思一个隆重的超级碗广告，相反，需要的是从几十个不同的角度撰
写相同的内容，然后测试哪种对哪个细分群体最奏效。维弗反复强
调，万里长征的第一步是在购买最新硬件和云服务之前，了解业务
流程中所有可能的变数。[23]

　　我在演讲、教学以及与许多公司合作的过程中，发现公司在向
数据驱动的战略转型时，会面临许多共同的组织挑战，每个挑战都
需要在实施数据战略时加以注意。

嵌入数据技能集

　　向数据驱动型组织转型的第一个挑战是找到具有相应技能的
人才。

　　首先是数据科学家——他们可以做数据分析，人工整理原始数

据，编写自动处理实时数据的算法，设计和实施严密的数据实验。视不同组织的具体情况，组织可以选择将分析工作外包给外部的分析师、雇用一位分析师或组建一个团队。优秀的数据科学家有高超的统计和编程能力，他们往往来自学术界或科学界，他们也是组织内讲真话的人。这些人深知数据容易作假，但是他们会如实向公司汇报样本大小、显著性检验和数据质量。

数据专家并不是组织里唯一理解和思考数据问题的人。为了切实推行数据战略，公司里每个人都要时时想着利用数据，并从中发现问题。公司可以通过培训，向员工介绍数据在组织中的应用方式，同时打造拥抱数据和培养分析性思维的企业文化。对于像可口可乐这样的公司来说，这一转变意味着已不能再单纯地将营销视为艺术，而应树立营销既是科学又是艺术的观念。

最后，企业需要有人跨越部门，做好定量分析师和企业决策者之间的连接。此人肩负着将数据科学家的工作与高层管理者（或市场部创意性工作者）的工作联系起来的重任。就像索玛亚那样，虽出身于艺术史专业，但既能融入气象公司数据科学家的语言体系，又能与公司品牌经理相谈甚欢。

跨仓桥接

在很多情况下，数据分享的壁垒源于组织内分享不畅。比如，维弗发现，可口可乐公司的网站分析数据存储在一个数据库中，而来自忠诚计划的消费者购买行为数据则存储在另一个数据库中。为了了解顾客全貌，维弗首先需要将所有数据整合起来。

在很多公司中，这种分离是由部门划分自然导致的，尤其是各个部门都渴望抓牢自己数据的所有权（如销售数据与市场数据）。在我与同事唐·塞克斯顿合作开展的一项研究中，我们对 B2B 和 B2C领域里的几百位高级营销人员进行了访谈。我们发现，降低数据使用效率的最大原因是内部分享不畅，51％的人提到"组织间的数据分享缺失是掣肘市场营销投资回报率测量的重要因素"。[24]

在那些跨区域的大组织里，另一个重要问题是，是否有必要集中进行数据分析。这一问题部分取决于数据仓储和数据科学家所在之处：是否应该给每个业务部门都配备一个数据分析团队以方便决策，还是只需要一个数据分析中心来服务于每个业务部门？随着大企业的数据运用能力增强，它们更多地将数据进行集中分析，与此同时，也在努力提高每个业务部门的数据精度。

合作伙伴之间的数据共享

数据共享不仅在组织内很重要，也是商业伙伴之间谈判的关键内容。所有的合同和协议已不再仅仅关注谁支付给谁什么，而更关心哪些数据可以分享。尤其对那些没有产品最终销售权的企业来说，这种分享更加重要。

工业器械制造商卡特彼勒希望与它的 189 个分销商签署数据共享协议，作为回报，卡特彼勒为这些分销商提供了提高销售效率的方法和工具以及经由网站分析得来的顾客线索。[25]

安·穆克吉是菲多利食品公司的首席营销官，他能观测到所有的数字市场创新对诸如乐事等大品牌的影响，之所以能够实现这一点，源于公司与主要零售商的合作。"零售商是绝佳的数据来源渠道"，在数据和测量方面与零售商合作是监测门店客流量和产品销量的关键。[26]

随着数据在企业战略中的地位日益重要，数据共享将成为企业与供应商、分销商、媒体合作中举足轻重的元素。

网络安全、隐私和顾客态度

随着企业收集和使用的数据（尤其是商业数据）日益增多，安全隐患也日渐增多。网络威胁本来只是首席信息官要考虑的问题，现在也摆在了高层管理者面前。塔吉特 2013 年就卷入一场数据风波，4 000 万名顾客的信用卡信息被盗，其性质已从信息技术问题升级为公司信誉问题。这一事件直接导致塔吉特在购物季生意惨淡，零售商的销售额急剧下滑，几个月后公司的 CEO 被迫辞职。自此之后，数据安全问题频发，包括顾客数据失窃、企业战引发的数据攻击以及政府间谍派出的数据黑客。在著名的黑客事件发生后，索尼影视 CEO 迈克尔·林顿说："如果有可能，我希望这一来自美国的教训能够引起大家的关注。这种事情未来会不时发生，实际上，现在已经如此了。"[27]

因此，数据战略理应包括法律制定、风险管理和安全计划方面的内容。与其因为畏惧风险而不作为（实际上这并不能减少风险），不如建立评估、责任和计划系统，并寻求外部伙伴的支持。数据被盗的风险是难以避免的，但是如果将风险控制提上领导者日程，那么风险将大大降低。

顾客态度对数据战略也非常重要。除了身份盗窃和网络犯罪的威胁，顾客更担心随着个人信息越来越多地暴露给企业，隐私会被侵犯。很多时候，企业获取数据时，顾客并不知情。顾客数据隐私问题的宣传提高了在一些市场中介入政府监管力量的可能性。一些互联网公司认为，私人信息的所有权理应属于个人，企业应该付费获取。它们希望能够发明一些工具，帮助顾客储存他们的兴趣、偏好、社交及信用卡交易记录等信息，然后以固定的价格卖给所需企业。

随着对私人数据所有权问题关注的不断升温，任何数据战略都必须明确建立在与顾客价值交换的基础上，这一点至关重要：顾客有权知晓他们的信息在被收集，并因此获益。这是忠诚计划积分和奖励原则的基础，也是顾客愿意在诸如奈飞等服务网站上留下评价，以及没有因为亚马逊根据他们的浏览记录推荐产品而大惊小怪的原因。若顾客既知晓企业在收集他们的数据，又明晰他们因此所得到的利益，很可能会萌生对企业的好感。

＊　　＊　　＊　　＊　　＊

随着传感器、网络和计算机渗入人们生活的方方面面，企业所能获取的数据呈指数级增长。对管理者来说，海量数据来势汹涌，不可阻挡。一些管理者可能会想："我所处的行业并不是数据密集型行业。"这也是他们几年前的托词。但是世界变了，所有的企业现在都可以获取数据了。

企业面临的挑战是制定清晰的愿景并提升运用数据从事创新和价值创造活动的能力。把数据视为无形资产，每个企业都可以打造自己的数据战略，用以辅助关键决策，为企业和顾客创造价值。

数据可以让我们持续实验、学习并检测构思，甚至有比推动生产、优化流程更大的功效，能够提供更多契合顾客利益的互动。数据也能帮助企业改变学习和创新的方式。其中，持续实验的新型学习方式是引领创新变革的核心。这是第 5 章讨论的主题。

THE DIGITAL TRANSFORMATION PLAYBOOK

———————

第 5 章

通过快速实验创新

回想一下你最近一次使用搜索引擎的经历，每次你在谷歌或其他搜索引擎中键入一个问题时，你就成为一个人类实验的主体，谷歌向你展示搜索结果并监测你以什么样的顺序和速度点击了哪些条目，并且你看到的搜索结果会以一种微妙的方式不断变化着。这些变化反映在初始的列表上、你看到的广告中和当你键入第一个字母时自动生成的搜索猜测中。谷歌一直在努力创新，提升用户搜索体验：哪些链接是用户最想搜索到的？该怎样对这些链接进行分组？（地方性服务还是全球服务？最近的新闻故事还是公司网页？网站某个部分的链接？政治领导人的生平趣事？）为了完善其产品，谷歌没有和用户们聚在一起讨论谷歌搜索引擎的用户体验，也没有召开会议对将要添加的新功能进行投票，而是一直在实验和测试每个新想法，评估用户反馈，并不断学习进行迭代。

我们可以将创新定义为使企业产品、服务或流程增值的任意一点改变。这种改变的范围从一个小小的进步到全新的前所未有的创新。对谷歌来说，一次创新可以是投放一个全新的产品，如谷歌邮箱、安卓手机、谷歌地图、谷歌笔记本系列；也可以是不断地提炼、增删产品功能，改进用户界面和体验。正如斯科特·安东尼所说，创新不仅仅是"大爆炸"，还可以是任何会产生影响的新事物。[1]

数字化转型的第四个领域就是创新——新想法产生、测试并被推向市场的过程。传统创新聚焦于最终产品，对新想法的测试相对更难并且成本高昂，因此，决策和早期想法所基于的是分析、直觉和高层管理者的参与。真实的市场反馈往往出现在这个过程的后期（有时是在产品投放市场之后），因此避免明显的错误是至关重要的。

在数字化时代，企业必须以一种完全不同的方式创新，这种方式以快速实验和持续学习为基础。这种方法侧重于识别出正确的问题，然后开发出多个解决方案并进行测试，从可能的解决方案中学习，并不关注最终产品。例如，硅谷的精益创业方法侧重于开发最小可用原型，并且在其投放市场之前、之中和之后重复进行迭代。在每个阶段，对假设的测试及决策的制定都以顾客的反应和市场的反馈为基础。领导者是那些提出正确问题而不是说出正确答案的人。由于数字技术使测试新想法变得空前简单、快捷，这个方法对将创新以更快的速度推向市场是必要的，并且它成本更低、风险更小，也更利于组织学习（见表 5-1）。

表 5 - 1　　　创新的战略假设从模拟时代到数字时代的变化

模拟时代	数字时代
基于直觉和权威进行决策	基于测试和验证进行决策
新想法的测试成本高、缓慢、困难	新想法的测试成本低、快速、容易
只有专家才开展实验，并且频率低	人人都开展实验，频率高
创新的挑战是找到正确的解决方案	创新的挑战是解决正确的问题
不惜一切代价规避失败	及早、低成本地从失败中获取经验
聚焦于最终产品	聚焦于最小可用原型，产品投放市场之后不断迭代

　　本章主要探讨快速实验方法如何转变创新方式以及数字技术如何使得实验变得更加可行和必要。我们将为创新者提供两种互补的实验方法，也将探究企业如何才能变成更有效的实验者，另外学习使用实验法进行创新的真正财务收益是什么。本章主要展示了两种战略规划工具，每种都提供了设计方法、运行方法和从创新实验中获取价值的方法。本章还探讨了将创新成果进行扩展的四种路径，并为如何选择恰当的路径提供指导。通过运用这些框架和工具，企业可以进行更快速、失败成本更低、更灵敏的创新，并且缩短成功创新的时间。

　　下面我们首先看一个案例——某公司通过采用实验方法来重新思考如何进行创新。

如何增加创新收益：Intuit 公司的故事

　　自 1983 年创建以来，Intuit 公司一直致力于为个人和小企业设计会计和财务工具或直接将会计和财务工具销售给它们。由于一系列的创新成果，这家公司从一家新创公司发展为一家价值数十亿美元的大企业。然而经过 24 年的发展，创始人斯科特·库克意识到，公司要想不断成长，就必须改变它的产品创新模式。他和卡伦·汉森尝试通过快速实验方法开展一个新计划。当我在 2013 年见到卡伦·汉森的时候，她已经是首席创新官了，而且 Intuit 公司在过去的半年中展开了 1 300 多次实验，为了让我理解新的创新模型是如何运作的，她讲述了印度的一个项目。[2]

迪帕·巴楚是 Intuit 公司新兴市场小组的领导者，这个小组的一个任务是为印度的农民开发一款新产品，而农民是印度经济的重要部分。这个小组在花时间和农民交流之后发现了他们的痛点和需求，那些销售易腐烂产品（如农产品）的人都有一个亟待解决的问题：当这些农民销售农作物时，为了找到购买者，他们仅能够承担去一个市场的费用，因此这些农民和市场代理商就价格进行谈判时缺乏透明度。当市场代理商向一些农民介绍价格的时候，他们实际上通过采用一些手段使其他农民无法知悉价格。在没有冷藏设施的情况下，农民需要在有限的时间内卖掉农产品，他们无法在当地供需基础上找到最好的买家。在很多情况下，农民被迫以一个很低的价格出售货物，只为了带点收入回家。巴楚的团队制定了一个目标：开发一个产品，帮助农民的农作物销售收入提高 10％。然后他们开始想办法。[3]

　　巴楚团队的第一个解决方案是创建一个像 eBay 那样的电子商务平台，农民可以在这个电子商务平台上找到粮食的购买方并就价格进行协商，谈好之后，他们再装载粮食，送往买主那里。但当巴楚团队将这个产品的原型展示给农作物市场代理商看时，他们发现代理商在没有当面验货的情况下不愿意出价。巴楚团队的第二个解决方案是开发一种服务，使农民可以互相交流他们各自都种了什么农作物，这样农民就可以更好地预测哪种农作物需求量更大。但是，当 Intuit 公司测试这个想法的时候，他们发现农民不知道该怎样根据这些信息做出决策。巴楚团队的第三个解决方案是在农民销售产品之前，通过短信提醒的方式，为他们提供各市场农作物的价格。巴楚意识到这个产品背后存在几个假设：农民能否读懂短信？市场代理商是否愿意把价格告诉 Intuit 公司以实现共享？当农民将农作物带到市场之后代理商是否还会承认当时的市场价格？巴楚的团队决定做一个实验，于是他们雇用了愿意尝试这项服务的 50 位农民和 5 个市场代理商。在六周时间里，两位 Intuit 公司的团队成员到市场上去收集价格信息，与此同时，第三位团队成员在办公室向每位农民发送有关不同地区农产品价格的短信。这个方法无法规模化操作，但是它让团队了解了这个终端移动技术解决方案的前提是否成立。在这场测试的最后，他们发现农民和市场代理商都已经接受了这项服务，而且农民的收入提高了20％，是他们最初目标的两倍。这个实验造就了最终产品（现在叫作 Fasal）的成功，该产品完善后推向市场并持续改进，它作为一项自动化服务，为顾客提供定制短信内容，吸引了超过100万名农民参与其中。[4]

实验驱动型的创新方式并不是新兴市场所独有的，而是 Intuit 公司对创新方式进行重新思考的标志。"我们已经从一个有着8 000名员工的公司发展为有8 000名创新者的公司。"汉森告诉我。[5] 在过去的五年里，这家公司利用实验创新方法使它的创新收益从20％增加到29％，价值增加了18亿美元。[6] 为了创建快速实验文化，Intuit 公司做了一个大胆的尝试——将整个公司当作持续学习的实验室来运营，这样的尝试收获颇丰。

实验就是不断学习

实验可以被定义为一个发现"什么有用，什么无用"的迭代学习过程。企业做实验的目标其实并不是得到一个产品或解决方案，而是学习——学习有关顾客、市场和引导企业找到正确的解决方案的可行选项。

当通过实验进行创新时，不必努力地去规避错误的想法，你的目标是尽可能多地快速且低成本地检测出哪些想法可行。这与传统的创新过程是非常不同的：分析市场、产生创意、内部讨论、选择一个解决方案、在投放市场之前通过多阶段的质量检测来完善它、从实际用户那里得到反馈。在为印度市场开发 Fasal 的时候，Intuit 公司并没有开会讨论三个解决方案哪个才是最好的。为了测试假设，公司将其创意以一种粗略的形式放在真正需要使用最终产品的农民和代理商面前。这种方式需要将思路从基于分析和专家意见的创新转变为基于构思过程和实验的持续学习的创新。

这种面向更多迭代、以学习为基础的创新模式的转变已经在很多领域发展了很多年，它是史蒂夫·布兰克的顾客验证模型和埃里克·莱斯的精益创业模型的核心，是 IDEO 和青蛙设计公司等产品开发型企业一直用于其客户（如苹果、迪士尼、英特尔、SAP 等）的设计思维模型不可分割的一部分。随着数字化测试的发展，持续实验方法已经成为越来越多的产品、服务、传播渠道的常态性方法。硅谷新创公司的立场和主张是，它们认为从来没有真正的最终产品，每次创新都只是测试版，后续还要不断演变升级，这成为越来越流行的观点。

但是，公司的创新（投资一项新业务、发布一款新产品、现有产品的升级）和三人合伙开的小公司（一个 App 可能就是整个组织的全部业务）的创新是完全不同的。另外，不是每种产品都可以将测试版（如汽车）完全投放到市场上。因此，应该根据具体公司的背景来对实验创新方法的原则进行调整。事实上，实验和实验也是不一样的。不同类型的商业实验可以有不同的设计方法、不同的操作方法，可以用来解决不同种类的问题，但是所有的实验都有一个共同点：它通过测试新想法、发现哪些有用和哪些无用，来进行持续学习。

两种类型的实验

回想一下前文的两个例子：Intuit 公司开发 Fasal 的实验和谷歌不断改进其搜索引擎的实验。两家公司都在用实验法，但还是有许多不同的地方：谷歌测试的是真实的产品——顾客可以实际使用的搜索引擎；而对于 Fasal，Intuit 公司测试的是粗略的原型，这些原型可能发展为真正的最终产品。谷歌的测试是实时的，有成千上万个对象将被进行科学的比较并分析出有意义的统计差异；而对 Fasal 来说，实验是在用户小组中展开的，而且结果不具有数据统计方面的意义（"五个市场代理商的标准差是多少？"）。对谷歌来说，创新的目标是改进已有的产品；对 Fasal 来说，创新的目的是开发一个全新的产品或服务。

事实上，很多实践都可以被称为实验，它们之间最本质的差异在于正式的科学实验和非正式的更多用于产品开发的实验。这不仅是因为做实验的企业组织文化不同（如实验"风格"），也是因为大样本的可获得性不同（即使 Intuit 公司可以找到 1 000 位农民做实验，但是它对于采用正式的科学性实验来说毫无意义）。我们可以发现两种不同类型的商业实验适用于两种不同类型的学习。

我将这两种类型的实验法分别命名为收敛型实验法和离散型实验法，因为我更喜欢以它们的功能而不是形式（正式的或非正式的）来命名。收敛型实验法更适用于不断排除选项，最后将结果聚焦在一个被明确定义的问题的特定答案上（例如，测试用户更喜欢三个设计方案中的哪个）。离散型实验法更适用于探索新的选项、形成洞察、同时大量提问，这些事情都完成后，又提出新的问题以继续探索下一阶段。两种实验法如表 5 - 2 所示。

表 5 - 2　　　　　　　　　　　两种类型的实验

收敛型实验	离散型实验
例子：A/B 功能测试或价格测试	例子：让用户试用产品模型
正式的（科学的）实验设计	非正式的实验设计
提出精确的问题或限定问题范围	提出一组未知的问题
努力找到答案	可能提供答案或者提出更多的问题
需要有代表性的顾客样本（实验组和对照组）	需要合适的用户（不一定是普通用户）
需要具有统计意义的有效样本	样本大小不定
侧重于直接的因果关系	侧重于格式塔效应和意义
目标是测试事物本身	目标是测试针对这个问题（"足够好"）的粗略原型

续前表

收敛型实验	离散型实验
验证性	探索性
有利于优化	有利于想法的产生
在创新的后期阶段比较常用	在创新的前期阶段比较常用
共同点	
获得更多知识	
检验假设	
向外部寻求答案	
需要学习的意愿而不是做决策的意愿	

这两种类型的实验法都可以帮助获得更多知识并检验我们的假设，都需要到外部去寻找答案，都需要学习的意愿而不仅仅是计划和决策的意愿。但是这两种实验法又有很多不同之处。接下来让我们详细地了解一下这两种实验法。

收敛型实验法

收敛型实验法的关键要素是它最初的因果假设："如果增加这个特性，顾客会在店里停留更久"或者"如果改变互动方式，顾客会在店里花更多钱"。当仅仅知道两个事件之间的相关关系还远远不够时，收敛型实验法就显得尤为重要，你需要确认哪个是因、哪个是果。

收敛型实验法的适用范围很广，它可以用于任何数字化产品和服务（如网站、App、软件等），帮助评估并改进顾客体验。这就是为什么谷歌、亚马逊、脸书等所有大型互联网服务商都长期使用 A/

B 测试。在 A/B 测试中，让两组顾客看仅有一处设计上的不同之处的同一网页（或邮件），然后企业观测两组顾客在行为和反应上的不同之处。脸书针对用户发送的动态消息展开实验，试图找到图片、文本、视频的恰当平衡，分析用户更期待看到哪个朋友发动态，查明在只能以简短形式呈现的情况下何种类型的内容更有趣，搞清对那些几天才登录一次脸书的用户来说何种内容是有意义的。

收敛型实验法同样适用于非数字环境。这种实验是酒店、航空公司、商店等用来优化顾客体验和提高顾客忠诚度的数据驱动战略的核心工具。当便利连锁商店 Wawa 打算更新食品清单的时候，它会采用实验法来评估顾客是否会购买新增的食品以及这样的变化能否增加商店的整体盈利。[7]

收敛型实验法常被用于市场传播和直接营销领域。在巴拉克·奥巴马的总统竞选活动中，针对电子邮件的主题和网页的设计展开了持续、快速的实验，帮助其有效地获得了更多的新支持者和竞选资金。在互联网时代之前，美国第一资本金融银行采用收敛型实验法来找出合适的升职申请、正确的目标客户，甚至用该方法找到寄出信用卡时用的信封的最佳颜色。通过每年开展成千上万次聚焦于获取用户和顾客终身价值的实验，它从一家附属于别家银行的分支机构发展为一家市值 420 亿美元的独立企业。[8]

收敛型实验可以是成本高昂的，如为零售连锁店测试两种不同的门店陈列；也可以是成本低廉的，如向随机选取的不同客户群发送两种不同版本的促销邮件，然后比较所获取的反馈。

因为收敛型实验法需要测量因果关系，所以它需要遵守正式的科学实验的一些关键准则。

● 因果假设。为此，需要一个自变量（因）以及一个或多个因变量（果）。

● 实验组和对照组。这样你就可以看到受你的变量控制和不受你的变量控制的人群之间的差异。

● 随机选取参与者。这样外部因素就不会影响测试结果。

● 具有统计意义的有效样本量。这样就能克服随机干扰因素的存在从而检测到差异。

● 盲测。这样就能避免可能影响实验结果的霍桑效应。

收敛型实验的常见错误主要集中在所选取的实验组和对照组参与者不当。例如，零售商可能会选择一部分参与者（最优客户或者表现较好的门店）作为实验组，并且错误地认为"其他所有人"（其他所有顾客或门店）都可以作为对照组。关于收敛型实验，一些商业图书作家对这一方法有很好的陈述，他们是史蒂芬·托姆克、托马斯·曼兹、埃里克·安德森和邓肯·舒密斯特。[9]

离散型实验法

离散型实验法一般情况下不是围绕因果问题展开的。回想一下

Intuit 公司 Fasal 的研发过程，在实验的初始阶段问题相对宽泛："我们怎么才能帮助印度农民提高收入？"因此，在产品特性、市场信息或设计布局的两种选择中形成具体前提为时过早。

当 Intuit 公司的团队在脑海中有了最初的方案并将它们形成原型展示给潜在顾客时，他们并不是要获得数量性的反馈，而是要寻找一定范围内的性质上的反馈，如"这很容易让人迷惑""我等别人使用了这个方法后再使用它""我不知道该拿我看到的信息怎么办""我喜欢这个产品，但是我需要它更快"，等等。

因此，与收敛型实验法相比，离散型实验法显得不那么正式，但这并不意味着离散型实验法特别简单，它是结构化的，有清晰的流程，人们能从它的这些优势中获益。离散型实验法的流程包括生成创意、创建原型、测试原型、基于关键假设收集现实世界的反馈、根据反馈信息决定是否继续这个过程以及发布创新成果的方式。

离散型测试的常见错误主要集中在测试的时间较晚，因为创新产品的测试往往发生在开发几近完成时。在这种情况下，由于创新项目已占用了大量的组织资源，测试只是对一个已经确定了的行动流程的验证。

离散型实验法的一些主要著作者有内森·弗尔和杰夫·戴尔，以及埃里克·莱斯和史蒂夫·布兰克，前二人侧重于已成立多年的大公司，后二人则侧重于创业公司。[10]

为什么需要两种实验类型

要成功进行创新，企业需要在不同阶段和不同部分综合使用收敛型实验法和离散型实验法。成功的创新需要平衡探索性学习（产生和开发创意）和验证性学习（验证和提炼创意）。单独的 A/B 测试永远不可能让 Wawa 知道它应该在店里的菜单中加入哪种新食品，也无法成功测试政客竞选时使用什么样的邮件主题效果更好。同样，在实验室里将设计原型展示给顾客并不断改进，无法告诉你最终的定价是什么、最优的市场组合是什么，以及顾客的实际使用体验如何。

在某种程度上，实验法的类型是由创新项目的性质决定的：如果想改进现有的核心业务，企业将更依赖收敛型实验法；如果想开发新业务领域，即实质上产生新产品、新服务、新流程，企业将更依赖离散型实验法。

这两种类型的实验法也可能用于同一创新项目的不同阶段。假想一家金融服务公司正在计划为客户开发一款新的手机 App，使他们可以更方便地进行财务规划。在这个创新项目的起始阶段，企业可能会使用迭代的离散型过程来广泛测试各种点子，找到哪些可行、哪些不可行，进而开发该项创新的核心价值主张和重点。然后，在完成设计后，企业可能转向使用收敛型过程来测试和优化方案的关键要素（包括产品特性、设计、定价、市场发布）。在这款 App 进入市场并积累了较大的用户群后，就可以更多地使用收敛型实验来明确哪些产品特性能给用户带来最大的价值、驱动用户重复使用、增加用户的保留率及用户终身价值。

数字技术对两种实验法的影响

数字技术使得快速实验法比以前更可行也更必要。数字技术提供了新的实验工具，提升了企业的创新速度，以适应快速变化的环境。

随着技术的发展，收敛型实验法变得更加强大，并且企业能负担得起。各行各业的公司为客户开发数字化产品和服务（以及为员工和合作伙伴开发数字化流程），因为数字化创新更容易进行实时测试且开发成本更低。（一家银行检测其手机应用的设计要比检测其支行的设计容易得多。）与此同时，新的软件工具变得更易获得，这使得即使是预算有限的小公司也可以轻易实施 A/B 测试，对结果进行多变量分析，确定实验的最佳样本量。一家由奥巴马早期竞选团队中的一员创立的新创公司，使得小公司可以在其网站和手机 App 上进行免费的 A/B 测试。各种规模的公司对数据分析的日益重视使得收敛型实验法在各行各业得到广泛应用。

随着移动计算和物联网的发展，数字计算变得无处不在，收敛型实验法的可行性大大提高。比如，一家杂货店想要测试其自有品牌烤肉酱料的四种宣传方法。在模拟时代，它需要在四家门店采用不同的宣传方法。但是今天，如果它可以使用手机将这些宣传方法以数字化形式呈现给消费者，即使是在一家单独的门店也可以随机选择客户，测试四种不同类型的宣传方法的效果。

离散型实验法也正从数字技术中获取新工具，尤其是数字技术使得从创意到原型的过程更快、成本更低。比如设计一款新型实体产品，3D打印和计算机模拟技术有效地降低了制作原型的时间和成本。在数字化产品和服务方面，新的编程语言和可替换用途代码使得开发"足够好的"原型以进行用户测试变得更加容易。即使是在制药业等行业，由于机器人系统接手了以前由人员操作的纯手工作业，快速且低成本地测试新分子和基因组合的能力正在显著增强。

在数字化时代，就算是最大的公司也在努力地快速创新，变得像创业公司那样"灵敏"和"精简"。幸运的是，由于数字化工具的应用，所有的公司都有能力低成本且快速地运行更多实验以加快创新步伐，这些更多的实验包括了收敛型和离散型方法。科技变化持续影响各行各业，实验作为一个降低不确定性和加速创新的方法变得极为重要。

实验的七条准则

将实验法应用到商业中并不简单。为了创造尽可能多的价值，遵守一些准则十分必要。通过观察各行各业企业的创新和回顾过去十年来领先的研究，以下准则得到了验证，这是七条适用于任何商业实验（不管是收敛型还是离散型）的准则。

- 尽早学习。

- 快速并反复迭代。

- 爱上问题而不是解决方案。

- 得到可靠的反馈。

- 测量重要的指标。

- 测试假设。

- 从失败中得到教训。

下面，让我们一一来认识这七条准则。

尽早学习

第一条准则是，在创新的起始阶段就开始实验，这样你才能在这个过程中尽早学习。在产品开发的最后阶段再实验往往会造成重大财务损失（客户不需要这个产品或者没有人购买），而如果在项目早期阶段就进行实验进而尽早学习，那么这一损失将被降低。这就

是"尽早学习的价值",或相反,"延迟学习的成本",如图 5 - 1
所示。

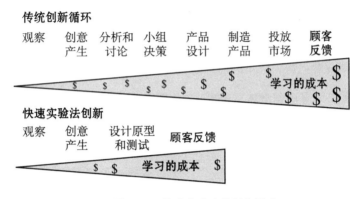

图 5 - 1　快速实验法的财务影响

汉森用 Intuit 公司从传统创新流程到快速实验法创新流程的转变
来说明"尽早学习"现象。在传统创新流程中,顾客只有在漫长的
设计和开发阶段之后才能接触到产品,在快速实验法创新流程中,
顾客可以提前介入并提供反馈,帮助公司决定哪种创意更值得继续
开发。有了前期学习,企业产品创意的失败率不会降低,但是失败
成本会显著下降。"以前,花同样的时间和资源只能测试三个创意,
采用快速实验法则可以测试 50 个创意。"[11]

这种区别很重要。任何一个创新都需要处理很多不确定性,所
提出的新创意不可避免地要面对重大的失败(如果你的情况并非如
此的话,那么你要测试的想法可能并不是真正的新创意,潜在收益

会很有限）。通过实验法，在开发流程的早期阶段，就可以淘汰掉不好的创意，由于还远在产品进入市场之前，并且转向另一创意的机会成本也低，所以成本被大大降低了。在创新过程中，太晚将创意展示给顾客则会有相反的效果：它增加了错误成本，降低了团队更换创意的可能性，不利于测试其他选项。

很多公司会计算开展实验的成本（在很多行业，实验成本仍然很高），但是很少有公司会尝试去计算它们通过从实验中学习节省了多少成本（不管是提前取消一个可能会造成重大损失的项目，还是更改测试的创意使深陷泥潭的项目变得顺利且成功）。

快速并反复迭代

实验的第二条关键准则是快。美国运通公司全球首席营销官约翰·海耶斯向我讲述了他们注重从实验中学习的相关事情。他解释说，作为领导，他的一个主要目标是使所带领的团队更快学习，以天而不是周或月作为循环周期。[12]对于一个像美国运通这样的灵敏企业来说，将快速学习制度化将成为企业竞争优势的真正来源。

海耶斯的观点让我回想起很久以前一个著名的实验者——托马斯·爱迪生，他曾说过："衡量成功的真正标准是一天之内所做的实验数量。"[13]

当约翰·马约-史密斯还是 R/GA 的首席科技官时，他参与了耐克等品牌的大量创新项目。"我们在 R/GA 的目标永远是做事迅速，如果你是我们的客户，我们不会花四个月来开展一个项目，我们致力于在两周内完成一项产品，然后将它展示给真正的运动员，从他们那儿获得反馈。"[14] 马约-史密斯的这种连续迭代研发新技术的方法已被加州理工学院和美国国家航空航天局采纳。[15]

加快实验速度也需要基础设施的支持，当爱迪生在新泽西的西奥兰治建造实验室的时候，其实验室的布局设计加快了从灵感和假设进入实验阶段的速度。各种类型的实验用品——化学药品、矿物、灯丝，都存放在离实验室很近的地方，这样即使是设备的购买有延迟，也不会降低探索任何新想法的速度。[16]

为了加速创新实验，全球零食制造商亿滋在一个"车库"中开展快速实验，可以使任何新创意在两天内完成从想法变成原型并送到来访顾客手中的过程。[17] 设计公司 IDEO 将它的原型制作室建在离开发团队很近的地方，这样产品创意可以在数天甚至几小时之内就能被转变成原型并制作出来。

爱上问题而不是解决方案

这句话是很多创新型公司的箴言，曾被 Waze 的联合创始人尤里·莱文和 Intuit 公司 CEO 布莱德·史密斯引用。为什么创新者应该爱上问题而不是解决方案呢？

首先，"爱上问题"使你关注顾客及其需求。第一步强迫自己描述顾客的问题（而不是你提出的独创性解决方案），这是确保创新流程紧扣顾客价值的重要步骤。

其次，注重问题使你能考虑到不止一个可能的解决方案。如果你的目标是解决方案本身，当你想到一个可行的创意时你就会停止对其他创意的探索，然后过早地将这个创意付诸实践。

最后，你不可避免地会对一个创造性解决方案给予过多关注，因而很难放弃它。当 Intuit 公司的 Fasal 团队致力于解决印度农民低收入问题的时候，很重要的一点是，他们提出第一个解决方案后并没有止步于此。正如汉森解释的那样："当你认为你只有一个创意的时候，你肯定不愿意放弃它。当你有很多创意的时候，你会愿意看到某些创意效果不好的原因，然后去尝试下一个。对于 Fasal 团队来说，他们迅速认识到 eBay 那样的电子商务布局对印度农作物销售来说是行不通的，帮助农民使他们知道种什么作物盈利性更好的路子也是行不通的。如果他们只有一个创意呢？坦白说，他们可能今天还在一个创意上钻牛角尖呢。"[18]

得到可靠的反馈

一旦想到了解决方案，收集可靠的反馈是很必要的。反馈的可靠性始于你谈话的对象，他们必须是真实的或潜在的顾客，而不是你自己、你的同事或者你的投资人。

获得可靠反馈的条件是，你展示给顾客的必须是能够产生有意义结果的真实的产品或服务。在收敛型实验中，就像我们已经看到的，反馈是基于真实的产品、服务或你最后提供的体验的。在 Wawa 对于新菜单的 A/B 测试中，它是在实体店里请真实顾客做的检测。

在离散型实验中，目标是使用原型测试。这可以使你不必浪费资源去制造那些你还未设计好的东西，但同时又能为顾客带来足够的体验以便做出反馈。原型可以使用简单的材料制作，如纸张、硬纸板或黏土，也可以用更精致复杂的材料。通用电气公司为各个岗位的员工都提供了台式 3D 打印机，这样员工足不出户就可以快速地将自己的设计创意做成原型。

创新的一个常见错误就是，在没有原型的情况下，让某一特定顾客群去想象他们对一种从来没有见过的产品或服务的想法。乔·里基茨是 TD Ameritrade 的创始人，TD Ameritrade 是目前世界上最大的在线股票经纪公司之一。在 20 世纪 70 年代，乔·里基茨致力于快速发展基于电话的股票交易服务这一业务。与此同时，他意识到需要削减成本。按键电话系统刚问世不久，他想利用这个系统向他的顾客提供私人服务。当他向顾客询问他们是否愿意使用私人服务的时候，顾客回答："不！我们明明可以和真实的代理面谈，为什么会想要这种服务？"里基茨很忐忑，他决定在以很低的价格提供按键电话服务的同时继续提供人工服务。他没有安装按键电话系统的后台支持系统，他想如果这种服务暂时出问题了，他还可以转回人工代理服务。当按键电话系统真的出了故障时，顾客向他抱怨他们竟然还需要人工操作，这时里基茨很惊讶。就像里基茨强调的那样，你不能从顾客那里得到关于市面上从未出现过的产品或服务的可靠反馈。[19]

测量重要的指标

在任何实验中，测量都很重要。但是你要测量的是什么？随着互动变得越来越数字化，可被测量的东西也越来越多，你很容易被你能监测到的大量数据分心，尤其是在现实生活中拥有大量顾客样本的实验。

一种解决方法是努力识别出影响创新成功的最重要的指标是什么。阿里斯泰尔·克罗尔和本·尤科维奇将其称为"关键指标"（One Metric That Matters）。[20]他强调，关键指标会随着时间的变化而变化，当一家创业公司从早期阶段的目标顾客识别到解决方案测试，再到最后产生利润和扩大业务规模，不同阶段的关键指标是不同的。大型企业的内部创新也一样，关键指标会随着时间的推移而变化。

在 Intuit 公司 Fasal 的案例中，根本目标是使农民的收入提高10%，最终，这也成了需要测量的关键指标（广告收入等其他指标，只要成为商业模式中的要素，也是一项关键指标）。但是在产品设计的早期阶段，企业可能会想要关注不同的指标，比如："有多少最初参加测试的农民能够接收和使用价格信息？"以及后续的指标如："产品投放市场后，每周能吸引来多少新用户？"

虽然当前阶段的关键指标很重要，但是，你也需要收集其他指标的相关数据。这些指标有助于解释引起关键指标变化的原因。当Wawa将三明治加到一部分实验门店的菜单中时，他们检测顾客对该菜式的点餐率，发现这道菜很受欢迎。但是他们也检测了每家连锁店总盈利的变化情况，这个指标表明顾客在其他能带来更高利润的食物上花费变少了，由于备受欢迎的新式三明治，Wawa实际上利润降低了。因此，Wawa将这道菜从菜单中删除了，并不将其推广到更多的连锁店。[21]

测试假设

实验法的另一条重要准则是测试假设。测试假设不仅是新公司规避风险的必要条件，也是大企业拓展业务到未知领域的重要举措。

当詹·海曼还是一个MBA学生时，她提出了一个创意。当看到她的姐姐为是否该为参加朋友婚礼而买一件1 500美元的玛切萨裙子而苦恼时，她发现了巨大的商机：为什么不出租适合特定场合穿的礼服呢？同学珍妮·弗蕾丝加入之后，海曼决定尝试将这个商业想法付诸实践：出租礼服。但是两人并没有花时间写商业策划书详细规划定价、成本、市场规模和利润，而是决定通过实验的方式看看这个基本创意是否可行。[22]

　　这个商业创意对海曼和弗蕾丝来说看似很有希望，但是她们意识到她们的创意是建立在顾客、顾客兴趣及顾客为这项服务付钱的假设基础上的，更不用提产品的选择、服装被多次出租后的耐久性、服务的正确市场渠道等。因此，她们制定了一个计划，在一系列实验中系统地测试她们的假设。她们头两次市场测试在校园中进行（哈佛大学和耶鲁大学），她们在校园向学生发送邀请，租了一个房间并带上大量可供挑选的礼服去出租。在第一个实验中，她们迅速验证了一个假设，那就是中高等收入的女性愿意支付礼服售价1/10的租赁费。在第二个实验中，她们测试了选择范围的影响（增加礼服款式在多大程度上增加出租率）以及礼服是否会被完好地归还（只有4％的礼服归还时有些污渍，且这些污渍很容易去掉）。在第三个实验中，她们测试了顾客是否会在无法亲自试穿的情况下仍然租这些礼服（她们的计划是提供网上租赁服务）。她们并没有雇网页设计师来建网站，而是以邮件形式把待出租的礼服图片发给纽约的1 000名女性，虽然出租率从35％降到了5％，但这已经足够支持她们的网上创业计划。在第四个实验中，她们走访了时尚设计师，希望说服设计师在其网站上宣传礼服租赁服务。这样一来，到设计师的网站上寻找礼服的浏览者就会发现，她们可以租借礼服而不是去百货商店购买礼服。她们见了 20 位设计师，收到的大部分反馈都是消极的，由于害怕礼服销量会受到影响，大部分设计师都表示他们死也不会支持这个新的商业想法。海曼和弗蕾丝意识到她们必须修改市场方案，与其寄希望于设计师帮助她们开拓市场，不如采购足够数量的礼服，建立一家电子商务网站，进行自我宣传。[23]

在寻找投资者时，贝恩资本对她们评估新商业模式的速度印象深刻，并为她们提供了第一轮资金支持。从海曼看到姐姐礼服选择困境时的灵感乍现，到出租礼服这项服务面世，间隔不到一年时间。两年之后，参加 2013 年美国总统就职典礼的 85％ 的女性，她们的礼服都是由海曼和弗蕾丝创办的 Rent The Runway 提供的。[24]

Rent The Runway 是一家创业公司，有时候在开始阶段更容易发现对所创新业务的不确定之处。对于成立多年的大企业来说，它们已习惯了在已知领域运作，当打算创新的时候很容易会忽视测试假设的步骤。丽塔·麦格拉思和伊恩·麦克米兰在其新书《探索驱动型成长》（*Discovery-Driven Growth*）中探讨了成功企业如何应对由于没有测试创新项目的潜在假设而诱发的风险。作者提了几种识别这些假设并测试它们的方法，他们将这个过程视为每个新项目的发展里程碑。[25]这种思维模式对优秀的实验导向型创新是十分必要的。

从失败中得到教训

失败是不可避免的。我们在此将失败定义为尝试那些行不通的想法。很明显，这不是创新的根本目标，却是创新过程不可避免的一部分。Intuit 公司的联合创始人斯科特·库克曾说过，在他们进入印度市场时展开了 13 个实验，其中两个创意被证明是成功的，一个需要继续验证（经历了商业模式的急剧转变），剩下的 10 个全部失败了。[26]如果 Intuit 公司在创新时不能忍受失败会怎样？如果你试图规避所有的失败，你将后退到一个看似安全但永远不会存在创新的地方。

面对失败，我们要做的是如何明智地失败，明智地失败需要通过以下四个测试。

● 你是否从失败中学习到什么？

● 你是否运用从失败中所学习到的经验来改变战略？

● 你是否及早地失败，且尽可能控制失败成本？（比如，在发现某种商品不受顾客欢迎之前，停止耗费大量资源去开发高级原型。）

● 你是否分享了你所学到的经验？（从而组织中的其他成员能够避免犯同样的错误。）

这样定义下来，明智地失败事实上是实验必不可少的部分，我们需要它来快速排除错误选项以及积累从失败中得到的知识（比如，海曼和弗蕾丝早期的教训告诉她们需要避开设计师，直面市场和顾客)。明智地失败简单来说就是一系列向你展示你与目标之间距离的低成本且高效的测试。就像棒球传奇人物巴比·鲁斯说的那样:"每一次击打都让我离下一次全垒打更近。"

斯蒂芬·托姆科给"失败"和"错误"做了区分。对他来说,错误是无法从失败的经历中学到东西,重复犯错,花费更多的资源而未形成学习成果,也称为"无声的失败"。[27]

现在我们已经了解了优秀实验的七条准则,接下来就让我们分别看一下两种实验的过程。我们将介绍两种规划工具:收敛型实验工具和离散型实验工具。

收敛型实验工具

这种实验对已有的产品、服务、流程创新以及对它们的持续优化完善和创新后期阶段不同解决方案的比较都尤其有用。收敛型实验有时候会进行得很快,在一小时甚至几分钟内完成(如测试一个邮件或网页的设计),有时候会进展得很慢(如测试一个销售概念)。你可以在图5-2中看到收敛型实验的七个步骤。

第一步:定义问题和变量

任何收敛型实验的第一步都是明确问题。问题可以是:"我们新提供的服务将给顾客带来什么影响?""对新产品线的两种定价哪一个

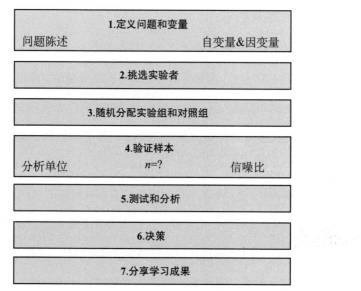

图 5 - 2　收敛型实验法

能使总收入最高?""新设计的顾客服务方案对顾客满意度有何影响?"

在收敛型实验中,问题应尽可能明确。此外,它需要具有结构性。如果可能的话,最好是因果关系的问题:"如果我改变 X, Y 会发生什么变化?"

一旦确定了问题,你需要将它分成两种变量:

● 自变量(原因)。这是需要在实验中测试的因素。一般来说,它是现有商业实践的一种变化,实验的目标是了解引入创新的影响。

● 因变量(结果)。这是可能会受创新影响的东西,是创新效果的衡量标准。

第二步：挑选实验者

第二步是选择由谁来实施实验。实验者可能是一些有创新经验的管理者或公正的第三方。因为遵循正式的实验活动准则，所以实验需要一些统计学的知识或工具。许多实验可以使用软件来自动完成，还有一些提供测试服务的公司，例如，Optimizely 公司提供自助服务工具，用户可以利用 Optimizely 自己进行网站或手机应用的 A/B 测试。邮箱服务的提供者，如 MailChimp，为邮箱内容或标题的 A/B 测试提供自助服务工具。（对小公司来说，这些服务并不是很贵，有些甚至是免费的。）培训员工去运行和记录这些实验非常容易。

但是，对于更复杂的现象，如零售方案的设计，自动化的测试就解决不了了，这样的实验需要更多的统计学知识。因此，组织可能会指派一个团队来有效运行创新项目的实验，该内部团队要确保实验恰当顺利开展，之后还要协助分析数据。

第三步：随机分配实验组和对照组

开展收敛型实验之前，必须先明确想要获得哪个群体的反馈（通常是你的顾客或一些特定的顾客群体）。

接下来就要将这些人随机分配到两组中的任意一组。

● 实验组（或要处理的组）是你需要测试的组别。

● 对照组是不需要测试的组别。

在收敛型实验中，大多数错误都发生在随机分配实验组和对照组这一步骤中。企业要先识别出问题，然后仔细评估如何分配实验组和对照组。当 Petco[①] 首次在它的商店进行一个零售店创新的测试时，就一直在犯这个错误。为了在最佳条件下进行创新实验，这个公司选择全国范围内表现最好的 30 家门店作为样本。它将这 30 家表现最好的门店和 30 家表现最差的门店进行比较，毫无意外，在最好的门店成功的创新实践推广到全国其他店铺时，有时效果会不尽如人意。Petco 自此之后就学会了如何避免这类错误。[28]

第四步：验证样本

接下来需要确保样本有效。首先，你需要确认你在分析中使用的单位。例如，如果你要测试给数据库名单中的人发送的邀请，那么分析的单位就是个人的反馈。如果你要测试两种不同的零售店陈列，分析的单位就是商店（你仅能比较一个零售店相对于另一个零售店的陈列效果）。

一旦知道了分析的单位，样本量就是实验组和对照组分析单位的数量。例如，如果你有 600 个邮箱地址，你向这 600 个邮箱地址发送了三个不同版本的邮件，其中每一类有 200 个收件人，那么你的样本量 n 就是 200。

什么是具有统计学意义的样本量？标准的要求就是在每个你需

---

① Petco 是美国一家大型宠物零售商店，在全美国有 1 000 多家店。——译者注

要比较的组里，样本量 n 最少是 100。你可能需要更大的样本量，这取决于信噪比。如果创新的效果非常显著，你可能只需要 100 的样本量就够了。但是如果创新的影响非常小（如顾客转化率很小的提升），你就会需要更大的样本量，这样实验的效果才能克服测量误差（样本量越大，误差越小）。

第五步：测试和分析

现在你已经准备好开始实验。开展实验的团队将会在预定的时间内收集数据，之后他们需要分析这些数据来确认所测量的因变量是否存在变化，如果有，变化是否具有显著的统计学意义。

重要的一点是，在测试和分析结果时，不要局限于观察在第一步选择的因变量，而应该做更多的分析，这一点很重要。就算有了清楚的答案（是或否），也应该更多地思考原因是什么。当 Family Dollar 连锁折扣店要测试是否应该在店内增加一个冷藏食物专柜时，它测量了顾客是否能够购买足够多的冷冻食物以弥补这一举措的成本。测试结果表明，假设是正确的。但是连锁店还发现，引进冷藏食物专柜之后，顾客也购买了更多的熟食，结果商店利润大幅提升。[29]

第六步：决策

在分析了收敛型实验的结果之后，是时候基于这些结果做决策了。你在第一步所定义的成功将在此步兑现。

如果你确实从创新实验中得到了想要的结果，这可能并不意味着结束。你通常还需要进一步对更多的想法进行迭代和测试去观察它们能否带来更多的提升。在 2008 年的总统竞选中，奥巴马团队运行了许多测试来检验不同因素的改变对资金募集的影响（表达诉求所用的主语、照片和视频的种类、指引大家走向捐赠页面的按钮上"行动号召"这类词语）。每一次测试都会增加一点儿经验，其累积效果是最终支持率的上升——从邮件到网站，再到志愿者捐赠——增长了 40％，且所募集资金增加了大约 5 700 万美元。[30]

第七步：分享学习成果

完成分析后，获取和分享从实验中学到的知识是极其重要的。如果你对相同的变量做了一系列实验，这个步骤可以在最后而不是在每一步之后进行。将所学习到的知识、经验整理成文件，并与组织中其他可能从中受益的人交流学到的东西（这些人可以避免同样的问题），都是非常重要的。

可以在 www. davidrogers. biz 网站的"工具"（Tools）栏找到一个样本问题清单，你可以在其他收敛型实验中与你的团队分享所学到的实验成果时使用这些问题。

离散型实验工具

第二个工具是使用离散型实验法的指南。这个方法尤其适用于开始时创新没有被明确定义的情况，如组织中的新产品、服务和业务流程。采用离散型实验法的创新项目常常需要反复迭代，可能会持续几周或几个月。

你可以在图 5-3 中看到离散型实验的十个步骤。所有步骤可以分成三个阶段：准备、迭代（需要重复多次的步骤）、行动。

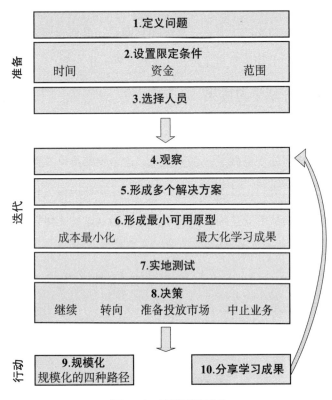

图 5-3 离散型实验法

第一步：定义问题

　　离散型实验的第一步就是明确你想要解决的问题。问题应基于已观察到的顾客需求或市场机会，并且你的组织非常适合解决这一问题。明确问题的优点在于能促使你与顾客换位思考。创新需要一直着力于为顾客提供价值（即使是已有的顾客群体），而不是发布最近的令人兴奋的科技或产品功能，或者是战胜竞争对手。

　　明确问题应包括制定一个可以量化的目标，但是这个目标应该具有挑战性和广泛性。回忆一下促使 Intuit 公司产品形成的那个实验：可以确定的目标就是将印度农民的收入提高10％。这个目标使得团队有充足的空间去思考如何达到它。当年乔布斯分配给苹果团队的一个任务就是开发首个 iPod，他给团队提出的一个挑战就是要"让顾客放 1 000 首歌在他们的口袋里"。注意乔布斯在描述这个挑战时并不是从技术上来讲的（将 1 000 首歌的内容存储到小小的硬盘上），而是从顾客的角度描述这种体验和其中的妙处。

第二步：设置限定条件

　　离散型实验的第二步就是给创新流程设置限定条件。由于离散型实验是迭代的，而且在这种类型的实验中我们常常在不自觉中就会延迟时间，于是很容易在成功希望渺茫的情况下，继续运行创新项目。因此在项目开始的时候设定限定条件是非常必要的。

任何离散型实验都要有三个限定条件。

● **时间限定。**项目结束的时间和每个阶段结束的时间都需要确定。许多公司，包括亿滋、美国电话电报公司、亚马逊等，在做出项目是否需要继续进行的关键决策之前，都以三个月的时间作为迭代项目的限定期限。[31]

● **资金限定。**最好在创新项目的论证阶段就做出资金预算。IDEO 在迭代产品开发过程的每个阶段都向客户收费，要求客户在转向下一阶段前付账。随着假设验证的出现以及项目风险的降低，额外费用也变得很少了。

● **范围限定。**公司应该限定任务的上限。这样，即使实验的范围再广，也应该有边界。对于 Intuit 公司的 Fasal 项目来说，对于什么才是理想的产品和商业模式是未知的，但是目标市场（印度的农民）是最重要的边界。

第三步：选择人员

第三步选择人员是准备阶段的最后一步，即选择参与创新实验的人员。

先讨论团队的规模。作为一个普遍原则，创新团队规模应尽可能小，但不是越小越好。Intuit 公司一款广受欢迎的产品 SnapTax 是由 3 个团队成员开发的。[32]杰夫·贝佐斯在亚马逊提出了著名的"两个比萨饼准则"：当与会者的数量多到足以吃下两个比萨饼时，该会议就不需要开。在我的经验里，无论是在公司内还是公司外部举办关于创新的战略研讨会，5 人是最佳的。J·理查德·哈克曼通过研究团队的合作，发现团队成员的网络关系决定着有效团队规模的上限。如果团队成员以线性方式增长，成员间沟通的线条数就会呈指数增长，即 $n(n-1)/2$。哈克曼建议团队包含 5 人是最佳的，超过 10 人就需要警惕了。[33]

除了规模，团队成员的多样性是非常必要的。团队成员应该包含与项目有关的多种技能。（例如，一个为银行开发新服务而进行创新的团队需要有掌握 IT 服务、顾客行为、员工培训和服务设计这些技能的团队成员。）你需要努力打造具有多样化背景和偏好的团队。最好创新团队能包含那些不经常在一起工作以及来自不同部门的人员。在创新团队中吸纳新雇员，以及那些十分了解组织文化的人员，都是非常好的。

要经常改变创新团队成员而不是在每个项目上都使用同一批人，这样做很有价值。为了获取最佳解决方案，你也可以将一个团队划分为几个子团队，在竞争中合作（至少在最初阶段可以这样做）。

现在已经完成了离散型实验的准备工作。接下来的第四步至第八步，是实验的核心部分。这几步不是能很快完成的，而是一个迭代的循环过程，直到最终做出决策或投放市场。

第四步：观察

第四步是观察，创新想法的迭代开发从观察开始。观察为解决下一阶段的问题提供洞见。观察的目标是帮助你深入了解问题本身并开拓思路，以发现解决方案。

为了更好地了解要努力解决的问题，首先应该观察顾客背景，学习一切与顾客、问题本质和解决方案的背景相关的事宜。

另外，从不相关的领域里寻找灵感。观察一下其他市场（其他顾客是如何处理同样问题的）和其他行业（从你所在行业的非直接竞争对手那里寻找标杆）。从先前的创新案例中获取的想法也是很好的创新源泉，可以对这些想法展开进一步探索。比如IDEO，在每个设计工作室都有一个"科技盒子"，那些有趣却最终没有完成的原型和产品可以在此储备起来以备未来之需。搜寻过去没有完成的想法可能会对当前项目有意外启发。

第五步：形成多个解决方案

第五步是想办法解决已经明确的问题。在这个阶段，直觉将起到重要作用——帮助你形成新的想法和可能的解决方案（不要去评价它们，因为那是顾客的任务）。

有许多关于培养创造力和生成创意方法的书籍。如果你的公司还没有建立生成创意的流程，我强烈推荐你读一些综合介绍创意生成工具和流程的书，它们对实践非常有帮助。这方面我最喜欢的一些书包括伯德·施密特的《大思维战略》（*Big Think Strategy*）、卢克·威廉姆斯的《颠覆性思维》（*Disrupt*）、德鲁·博伊德和雅各布·戈登堡合著的《盒内思考》（*Inside the Box*）、威廉·杜根的《创造性战略》（*Creative Strategy*）、丽塔·麦格拉思和伊恩·麦克米兰合著的《市场破坏者》（*Marketbusters*）。

需要遵守的唯一规则不是关于如何形成想法，而是要形成不止一个想法。你的目标不是展开激烈的头脑风暴，然后得出一个最好的问题解决方案（或许是在与其他团队成员激烈地讨论其他方案的优缺点之后形成的）。在构思过程中，你的目标应该是想出许多可行的方案。（回想一下 Intuit 公司提出的解决印度农民收入问题的三个解决方案。）在接下来的阶段中，我们将用实验检测并根据市场反馈来决定哪个方案可行，并思考如何去完善这个方案。

第六步：形成最小可用原型

第六步是形成最小可用原型。到目前为止，你应该已经有一些具有前景的新想法。但是，就算再精彩的想法也是不够的。"构建了某个想法，它自然会来"这种想法可能会在凯文·科斯特纳的电影《梦幻之地》中有效，但是在商业活动创新中，好的想法仅仅是整个过程的开始。

　　此阶段，你需要将想法转化成原型。在整个过程的起始阶段，侧重点应放在最小可用产品上，它可能是投放市场的早期阶段的网站、App，这时顾客可以使用该产品、给予反馈、发现问题或产品缺失的功能。对于成熟企业来说，在早期设计阶段就把创意公布给大众的做法不可行，我更倾向于使用最小可用原型的概念。

　　最重要的一点是，最小可用原型绝对不是完全成熟或最终完成的产品。最常见的导致创新预算增加的做法就是在最终获得真实顾客验证之前，过度开发原型（通过长期和昂贵的技术开发）。斯科特·库克说："最小可用原型具备必要的功能，可以从早期试用者那里得到有用反馈就足够了。"[34] 回想一下 Intuit 公司 Fasal 项目中用作测试的临时原型，Fasal 团队并没有建立一个可以测量上百万印度农民反馈的软件平台，他们派两个雇员深入市场亲自收集数据，让第三人以人工方式给农民发送信息，来查看农民是否会使用这些信息以及这些信息是否可以帮到农民。这是一个完美的例子，它诠释了最小可用原型的目的：最低成本和最多的学习。

　　如果最小可用原型是成功的，接下来就会有进一步的迭代过程。随着不断的进步，持续改进的原型会变得更加精细（如从一个原型的草图到一个能使用的产品），并从只有部分功能到有全部功能（如从测试某个关键功能到测试全部功能）。

第七步：实地测试

第七步是实地测试。建立最小可用原型之后，下一个阶段就是要真正地测试它。这就是市场验证，在这一步中，你将得到关于最小可用原型的反馈并测试你的假设。

在确定在哪里、怎样进行测试的问题时，目标是选择一个尽可能自然的环境——要尽可能地接近最终解决方案真实应用的地方。测试对象要尽可能地和使用最终产品的顾客相似。

糖果制造商亿滋建立了"飞起来的车库"，以此方法使真实的顾客可以对其产品创新原型给予反馈。"你有了一个创意，使其形象化，在有限的资源内制作原型，两天之后，就让真人进来并做出反馈，"公司在拉丁美洲的市场主管玛利亚·穆希卡说，"这是非常有趣的过程，我们可以看到人们脸上的表情，并且询问他们喜欢哪个部分以及有哪些需要改变。"[35]

在每一个实地测试之前，应该先确定要验证的假设，它需要包含如下内容。

● **顾客价值假设**。顾客是否觉得你的解决方案有价值？他们是否会用？他们是否愿意为它付钱？哪些顾客最适合它？哪些顾客需要的附加价值在你的方案里未能体现？顾客觉得哪个部分是没有必要的？

● **商业模式假设。**你将如何生产该产品？这些产品的成本是多少？你怎样做市场营销并且获得新的顾客？竞争对手可能的回应是什么？

创新开发过程所处的迭代阶段将确定做哪个假设测试。通常来说，顾客价值假设测试要早于商业模式假设测试。

第八步：决策

第八步是决策。在对最小可用原型进行实地测试的最后阶段，你将面临决策。创业公司面临的决策通常是"转向还是坚持"（埃里克·莱斯的公式）的问题，其假设是公司会一直坚持创新，直到钱用光了。但是在成熟的企业中，创新项目不可能让公司面临破产风险。

对于成熟企业来说，在每次实地测试之后的决策都是从以下四种选择中选其一。

● **继续。**目前，实地测试已经验证了你的想法。你可以进行下一轮的原型开发和假设检验。返回第四步。

● **转向。**实地测试出现了问题。你也许需要通过学到的经验教训调整思路或者去测试之前产生的其他想法，看看这些是否更有前景。返回第四步。

● **准备投放市场。**祝贺！你已经完成了所有的原型，完全确认了你的创新，并且准备好将产品投放到市场。进入第九步。

● **中止业务。**如果你已经测试了所有的方案或者遇到了时间、预算瓶颈，现在是时候停止这个过程并且总结所学到的东西了。直接进入第十步。

第九步：规模化

第九步是规模化。如果你已经完成了创新过程的第四步至第八步，准备投向市场，那么下一步就是要规模化生产。这时你已经以最小可用原型的形式测试了你的方案并且将其转变为要投放市场的完整版本。

对于顾客创新来说，这可能包括关于生产（地点和方法）、销售（渠道）和营销（预先宣传、投放等）的一套推新计划。而对于内部创新来说，首次展示可以聚焦于培训、流程整合和变革管理。任何创新的规模化都需要资源保障：员工、预算和赞助人。

即使创新项目成果已经投放市场，迭代学习和持续改进也没有结束。在产品投放市场之后，应该转而从顾客使用产品的反馈中学习，并且将这些学习成果应用于进一步的改进（尽管你可能已经转去采用收敛型实验法进行产品优化）。

然而，并不是每个产品都可以通过迭代演变达到相同的高度。对于面向消费者的数字化公司和面向企业客户的生产型企业来说，两者在产品上市后继续进行迭代开发的方法有很大的不同。为了确定哪个方法更适合你的项目，请看下一部分"将创新成果规模化的四种路径"。

第十步：分享学习成果

无论实验的结果是可以进入实践的成功方案还是问题未能得到解决，在整个过程中持续的学习是十分重要的。因此，有一个正式的学习流程是非常重要的，通过此流程，将从离散型实验中学习到的东西进行总结、分享。学习的流程应包括将所开发的原型、尝试的方案（并没有起作用，但是可以告知他人）和学习到的经验归档，形成文件。

在网站 http：//www.davidrogers.biz 的工具部分有一个问题清单，可以使用这些问题作为任何离散型实验学习过程收获和分享的工具。

将创新成果规模化的四种路径

已经有了创新成果，接下来干什么呢？

数字革命改变了创新的许多方面，其中之一是数字化使创新的终点有了新的定义。创新曾经以将产品投放市场为终点，然而，如今由于软件和数据的不断发展，公司有机会一直进行快速实验，持续完善创新成果，哪怕它已经投放市场。

谷歌因公开发布测试版产品以获得用户反馈来进行改进和优化而出名。皮埃尔·奥米迪亚在完成 eBay 网站第一个版本的代码后三天就进行了发布，这是一个经典案例，反映了新创公司直接把最小可用产品发布给消费者的创新方式，这种做法本质上是在大众的视线之下开展创新实验的过程。

但是将最小可用产品投向市场的做法并不适用于每个公司及每次创新。比如福特汽车公司，该公司不能让一个仍在进行市场测试的新车的最小可用产品上路并卖给顾客。苹果公司会在新产品发布前严格保密而不是给早期使用者释放产品测试版。

以下将介绍四条创新规模化的路径。为了更好地选择合适的路径，你需要回答以下两个问题。

● 你会在产品发布后迅速进行迭代吗？对于软件产品来说，通过在线升级来进行迭代通常很容易。对于服务来说，迭代改进也是可能的，如可以根据反馈进行调整的新销售流程。然而，对于实体产品或实体设计来说，如零售店环境设计，在发布之后快速进行迭代几乎是不可能的。如果你的创新很大程度上依赖于合作伙伴或者被一些规则所限制，你就很难快速地进行迭代改进。

● 创新成果是按阶段发布，还是最后一次性地发布给顾客？你可以将创新成果的首次展示范围限定于特定的地方（如一个零售店的设计或一个地方性的服务），也可以将创新成果的首次展示范围限定于一些顾客（如仅限接到邀请的顾客），还可以限定新产品在市场上的持续时间（如假期用的菜单或新的电子游戏上市前可使用有限时间版本）。然而对于其他项目来说，向所有对产品感兴趣的人快速展示该产品是必要的。

　　对这两个问题的回答决定了你处于图 5－4 所示的四个象限中的哪一个。下面让我们看一下在每个象限中，成功将创新成果规模化的要求。

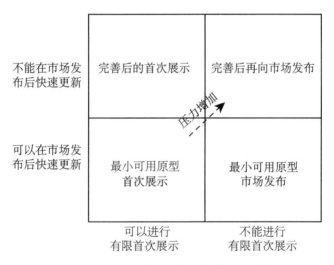

图 5－4　创新成果规模化的四条路径

最小可用原型首次展示

　　这是进行创新的最简单路径，因为你可以在市场测试不足的情况下进行首次展示，并且在得到顾客的反馈之后快速进行迭代更新。在这种情况下，在从最小可用原型转化成真正产品的过程中，你可能会付出代价，因为首次产品发布仅仅是将最小可用原型提供给了有限范围内的顾客。这个方法的优点在于只有少数人知道产品——可以在缺乏公共监督的情况下对产品进行迭代更新，同时可以获取真实顾客的反馈。

这就是 Rent The Runway 在得到贝恩首轮投资之后所做的事情。网站首次发布时仅邀请了 5 000 个人，公司首先以来自 30 位设计师的 8 000 条相对便宜的裙子开始测试。通过这样做，确认商业模式是成功的，并且新闻报道引发了巨大的加盟需求，创始人开始了第二轮的资金投入，从而实现快速规模化以满足需求。一个限于一定地区首次展示最小可用原型的例子就是 Zipcar。它是第一个允许会员按小时租车的服务，并可以在线确定取车地点而不是必须去租赁办公室确认。创始人罗宾·蔡斯在开始 Zipcar 的创建之后六个月只筹集了 75 000 美元，在这样的情况下发布了 Zipcar 的最小可用原型。她之所以能够把这件事做成，是因为她只选了波士顿作为首发地，经过长达一年多的等待之后她才拓展了第二个地点。这使得她可以基于付费用户的反馈来测试其商业模式并迭代改进服务。

最小可用原型市场发布

这种进行规模化的路径比较困难。在这一象限，企业在投放创新成果之后被迫快速进行迭代更新，因为你不能有效地限制发布范围（结果是，首次发布可能会给大量用户留下持久的印象）。

即使对于数字化服务来说这条路径也是十分必要的，其中的一个原因是现在的商业活动越来越依赖网络效应。例如，eBay 作为一种平台商业模式提供服务，它的运营依赖于买卖双方到这个平台上进行交易，尽可能快速地增加买家和卖家数量是非常重要的（没有卖家想要在一个只有少量顾客的地方拍卖，同时没有买家想要在只有少量产品的地方浏览）。如果 eBay 网站只限于向一小部分顾客开放，那么它是无法负担得起迭代和改进的。

在企业品牌的知名度高或者在一开始大家就对创新项目充满期待和关注的情况下，企业可能无法将创新成果的发布限定在一定范围内。美国运通曾开展了"周六小商业活动"（Small Business Saturday）的项目，这个活动就是为了在这一天中给美国的地方性小企业特别的关注。这个活动在仅筹备了六周、其范围还未确定的情况下就开始了，推出后便受到了来自社会媒体、顾客、企业主的广泛关注和参与，甚至国会也有所行动。于是美国运通公司不得不快速推进，好在公司有能力快速推进项目的改进，使得周六小商业活动的目标变成了假日购物季的年度现象。

完善后的首次展示

这种创新规模化的方式也比第一个难，不过原因不同。在这一象限，企业能够在有限的地点或对有限的顾客发布创新成果，但是无法在发布后迅速迭代改进，因此创新的成果需要在发布前就做到完善。

然而，企业还是可以从发布创新成果并验证最初想法和获取不同顾客、不同市场的反馈中获得有用的信息。零售商店的设计尤其遵循这个路径。星巴克做了各种各样的测试，例如，在西雅图的店铺中测试是否要提供本地酒和精酿啤酒，在波士顿的店铺里测试提供无线手机充电垫服务的效果。星巴克还测试了咖啡送达服务，专门针对在纽约帝国大厦上班的通过手机 App 购买咖啡的人。

费城的一所非营利教育机构——Settlement 音乐学校，创新性地开发了一个面向成年人的音乐教育项目，先在一个区域推广，在两个地方都取得成功之后，在第三个地方失败了。这个学校意识到，应该基于不同社区环境中人们对音乐的兴趣以及文化网络来调整该成人音乐教育项目。[36]

完善后再向市场发布

这条路径是最难的，在这个象限里，企业必须将创新成果展现给顾客，而且无法进行快速迭代改进。在这种情况下，企业向公众发布产品之前完善并仔细测试的过程充满巨大的压力。

这是一种针对诸如新型汽车、药物和硬件产品的创新方法。对于那些在一年或不到一年的时间里就会更新的有形产品（如消费性电子产品）来说，企业会使第一代产品尽量完善，在产品市场发布时，已包含全部最终功能。这就是苹果产品所采用的模式，苹果产品在升级换代时往往会有较大的功能特性上的升级（在这个意义上讲，有些人认为第一代 iPad 和 iPhone 都是最小可用原型）。

相比之下，我们可以看看谷歌眼镜，这种可穿戴眼部设备在其并不成熟时便公开面向市场发布，当时谷歌对该产品提供给用户的价值主张是什么还不清晰。公司根本无法在一年内进行产品的升级，因为当时它还在努力地想办法，怎样才能使这件装置能够持续工作。谷歌习惯了采用"最小可用原型首次展示"这个象限的运营模式，如 Gmail 及其他无数软件产品的发布，但这次未能恰当地评估发布硬件产品（尤其是将吸引大量媒体关注的一款硬件产品）时应遵循的必要原则。虽然谷歌只面向少量顾客（几千人）发布了这款产品，但谷歌品牌的巨大影响力和该产品的争议性（可以匿名录制视频）使得谷歌眼镜发布后成为长期被密切关注的对象。关于谷歌眼镜将为未来的计算科学和隐私安全带来怎样的影响，一场全国性讨论随之而来，谷歌，这家以随意轻松的 β 风格产品发布方式发展起来的公司，认识到不是每个创新都可以用同一种方式进行发布。

了解你的创新适合采用这四个象限中的哪一个来进行发布——完善的产品还是最小可用原型、首次展示还是一次性市场发布，能帮助你明晰创新成果推向市场的路径并成功实现规模化。每一项创新在市场发布后都坚持迭代改进、了解如何才能做到最好，是很必要的。

创新的组织挑战

对于很多大型传统组织来说，在创新的核心过程中使用快速实验法并不容易，由于这类组织内部结构成熟，大部分商业活动都依赖于委员会或高层管理者的决策，有严格的决策和命令链。在硅谷，我们常常说很多传统型企业是"河马"（HiPPO）型决策［这里的"河马"指的不是你在动物园看到的那种河马，而是指基于最高薪酬者意见（Highest Paid Person's Opinion，HiPPO）的决策］。重新认识创新需要企业在组织层面做出巨大的改变，这种改变始于决策的方式。

创建测试和学习的文化

历史学家尤瓦尔·赫拉利形容科技革命是"无知的发现"。他认为，现代人类社会的诞生始于这样的信条："我们并不是无所不知……我们已知的可能是错的……没有哪个概念、观点和理论是神圣不可挑战的。"[37]

对于接纳不断实验的企业来说，也需要类似的认知：那些我们以为自己知道的东西，也许我们并不真的了解。这个朴素的道理对于已经沉浸在实验实践中的企业来说尤其清晰。一项关于实验法应用状况的调查发现，微软测试的新点子中有 2/3 没能给他们带来任何收益。谷歌只有 10％ 的实验足够成功地引领了商业变革，而奈飞公司估计其测试的 90％ 的想法都是错误的。[38]

就像科技杂志记者亚历克西斯·马德里加尔观察到的："我们的创造力是极好的，但是我们的判断力是极坏的。"[39]

有一种解决方法是：企业在各方面向员工灌输一种测试和学习的文化，从而弥补其管理层自身判断不足的缺陷。亚马逊就是这样做的。我们可以从曾在亚马逊做开发工作的格雷格·林登的体会中看到这一点，格雷格·林登以前在亚马逊的结算流程组工作，他提出一个想法，在顾客结算以后，可以根据顾客购买的商品向他们推荐一组相关产品。当他展示了这个点子后，上级领导表示了反对。电商的基本原则是不打断顾客的结算过程。但是格雷格·林登继续思考现实世界里超市的收银台是怎样让顾客在临走的时候再多买上一个或多个商品的，虽然他被勒令就此打住，但是他坚持了下来，并建立了一个关于这个功能的快速测试版本。否决他这个主意的高级副总裁必然是不高兴的，但是公司还是让林登运行了这个测试（在亚马逊，即使是最高层的主管也很难阻止实验测试）。数据出来了，结果显示林登的创新会带来巨大的收益。公司迅速投入资源开发和落实这个创意。[40]

有多少公司会让林登的故事以这样的方式结尾呢？

领导而非决策

世界上反对格雷格·林登零售理念的可能就剩罗恩·约翰逊了。2011 年，约翰逊离开苹果公司并作为 CEO 接管了正在苦苦挣扎的零售企业 JCPenny。约翰逊有一个大胆的想法，他打算彻底改造折扣商场的陈列方式，将其打造成像苹果直营店那样风格的现代化商店。顾客的体验被大大改变，商场按功能细分成售货区、可以消磨时间的咖啡冷饮店和新的外来品牌区。并且，所有的收银台都被高科技的产品追踪和自助付款系统所取代。约翰逊还承诺彻底改变产品定价，从大量使用优惠券和产品促销转变为全年标准价。这实在是一个大胆的假设，但是 JCPenny 的顾客对于变得如此不同的商场是否会给出正面的回应呢？遗憾的是，由于在苹果公司领导零售小组的成功经验，约翰逊觉得没有必要去验证他的假设。在没有进行小规模市场测试的情况下，他便简单地将该计划进行了首次展示。结果失败得很惨烈。这家苦苦支撑多年的公司经受了一次更剧烈的利润下滑。一年多以后，在约翰逊的领导下，这家公司的季度报告显示商场销售收入同比下降 32％，一些观察家怀疑这是有史以来零售界最厉害的一次业绩下滑。[41]17 个月后，约翰逊卸任该公司 CEO。

我们只能想象，如果约翰逊在做出战略规划后，带领他在JCPenny的团队在早期重点实验中测试一下假设的话会发生什么。快速实验方法不仅仅要求员工具备好奇心以及像林登那样获得开展实验的许可，而且需要从上到下的领导，这样才能保证快速实验法在组织内有成效。内森·弗尔和杰夫·戴尔认为这是一种从"首席决策者"到"首席实验者"的角色转换。[42] 在实验驱动型的组织中，领导不再是代表组织做决定的那个人了，领导的角色，不管是CEO还是小型团队的领导，都从提供正确答案的人转变成提出正确问题的人。

人人参与

Intuit公司的CEO布拉德·史密斯曾说过："Intuit公司有8 000名员工，我希望每个人都能想一想怎样改进产品和服务的设计，即使只是为了获得公司内部支持。"[43] 但如何做到呢？创新能够真正地变成整个组织都能做甚至应该做的事情吗？

有些公司发现隔离创新团队，至少将其从公司政治及当前业务的正常运营中隔离出来是有用的。如果你想要在当前业务之外的领域或者是对当前商业模式发起挑战的新机会上进行创新，隔离创新团队的做法是合理的。比如本书前面提到的亿滋的创新"车库"，公司在这里进行产品概念的测试，因为对于公司中的一些管理者来说，这些产品概念与他们关系不大。相似地，美国电话电报公司也成立了很多被称为"铸造间"的创新实验室，每个实验室有 40～50 名员工。[44]

另一些公司则让每个员工都融入组织创新，但是只是在创新竞赛等特殊时期才全员创新。一般来说，创新竞赛向全体员工开放，会有一个挑战任务，通过大众参与的审查过程挑选出好的点子，公司为其提供资金支持和创新方法指导，并且要求其在规定的时间内发布最终创新结果。艾米·雷丁曾在顶级金融机构，如花旗、安盛、亿创理财，担任过首席创新官或首席营销官。在亿创理财时，她领导了一个名为"无限创新"的计划，该计划的核心目标是，利用创新来鼓舞员工士气、建立文化凝聚力，通过挖掘员工潜力以发现新的增长点。"给予员工更多的自主权对企业成功是很重要的一点，"雷丁说，"要降低员工参与创新门槛，确保领导知道他们的员工可以利用上班时间进行创新，明确地告诉员工参与创新是被管理层认可的。"她侧重于对员工进行创新认知的刺激，而不是薪酬上的激励。"如果你的创意胜出，公司会投资 1 万～2 万美元为该点子创建原型，同时该员工有机会参与到原型的创建中来。"结果远远超出预期，在全公司 3 000 名员工中，有 120 个团队报名并参与了创新竞赛。[45]

最后一个，可能也是最难的方法，就是努力训练组织中的每个成员将实验方法运用到日常工作中。Intuit 公司采用的就是这个方法，它训练了数以百计的"催化剂"成员，这些人分布在公司的各个团队中，帮助团队有效开展实验。在为印度开发的Fasal产品中所使用的实验方法也同样被用于完善公司内部法律部门、人力部门和日常管理部门的流程。随着创新方法的广泛采用，公司的视野更开阔，并可以从中受益，更开阔的视野也包括新进员工带来的不同的信息。零售企业乐购在其英国总公司培训初级分析员，在一些小规模样本顾客中开展实验，这让他们可以自由地去尝试那些乐购高管们永远也不会想到的非传统概念和点子。[46]

拥抱失败并为它庆祝

对于学习采用实验法进行创新的组织来说，最难的挑战是接受失败、为失败做好计划，甚至是庆祝失败。

下面我会进行详细解释。有些时候，人们对"拥抱失败"的理解已经走偏了，"拥抱失败"被误认为是高尚的目标。但事实上，失败，即认识到某个创新想法行不通，并不是目标。从失败中学习是带我们通向更大的创新目标的过程。

但是，以恰当的方式表扬失败，对大部分公司来说是必要的，毕竟，避免失败、拒绝承认失败是人类的天性。大部分公司倾向于费力设计奖励系统来避免失败，但是努力避开失败的组织文化在创新时会增加以下三种风险。

● **增加创新难度。**当失败项目的成员会遭到惩罚和责难时，员工在开展创新时会远离未知的部分，公司巨大的增长机会可能因此而被错过。美国银行在亚特兰大成立了一些支行作为测试点，测试使用技术手段来颠覆顾客在银行的体验。它规定创新团队在尝试新奇、高风险的创意时，失败率不得超过30％。但是在实践中，创新团队感受到了对成功的迫切渴望，他们选择了他们所知的最安全的想法来测试，第一年的实际失败率只有10％。[47]

● **学习的丧失。**当失败被惩罚，员工就不会有动力对失败进行研究进而有新的发现。即使是成功发现解决方案的创新团队也未必肯公布早期遭遇的障碍和走过的弯路。如果团队不能轻松地分享他们的错误，那么作为实验法核心的学习部分将无法被组织掌握，其他的同事注定要重复相同的错误。

● **花钱在烂项目上。**如果失败会被惩罚，任何一个拥有预算的团队会为他们的差劲表现找到借口，诸如"只是还需要更多时间"，随后调整未来的计划，无限延迟终止该项目的决定。斯科特·安东尼、戴维·邓肯和庞塔斯·赛伦将此称为"僵尸项目"，并将它们形容为"无法实现开始的承诺，一直止步不前，并且消耗着公司的资源，对公司的战略和收入前景毫无价值"。[48]

为了避免这三种危害，公司需要为失败做好计划，并为有意义的失败而庆祝。为失败做好计划的意思是要开发一套流程来评估每个创新，这套流程设定预计的进度和标准，激励员工提出他们的想法来实现最终目标。好好规划失败，及时终止糟糕的项目，可以直接释放资源来继续服务于新的创新机会（如重新分配原来的人员）。当芬兰的游戏制造公司 Supercell 终止了一个开展了一年的 IT 开发项目，该公司用香槟庆祝团队成员的辛苦付出，并将他们转移到了另一个项目，新的项目团队开发出了极其成功的手机游戏《部落冲突》(*Clash of Clans*)。[49]

为有价值的失败进行庆祝意味着为高层领导者创造了一个为失败的创新项目和成功的创新项目共同举杯的机会（在同一个场合下为双方庆祝可以确保参与者理解成功与失败之间的联系）。在对失败的庆祝中，高层管理者应该就员工为什么会失败（如为了追寻重要的战略机会）和应如何失败（花费较少的金钱和时间成本）进行交流讨论，这是高层管理者参与创新的一个重要方式。通过庆祝失败（从错误中学习，将学习成果运用到战略中去，与他人分享学习成果），领导层可以在组织内部灌输失败带来的一些好处。印度的塔塔集团采用的就是这个方法，每年，该集团都会从全球 100 个分公司挑选创新项目来庆贺。除了将庆祝项目分类成"产品创新"和"核心流程创新"，团队还可以递交申请，参与"勇于尝试"类别的庆祝项目（对那些最新奇、大胆且认真尝试却未取得预期结果的创新项目的奖励）。在第一年，只有三个团队敢提交失败项目来竞选"勇于尝试"奖项。五年之后，这一竞选单元有 240 个参与者（比某些"成功"项目竞选单元的参与者还要多），第五年该单元的得奖者（塔塔咨询服务）还获得了服务创新单元的奖项。这个例子表明了创新与明智的失败是可以齐头并进的。[50]

*　　*　　*　　*　　*

要想在数字化时代进行创新，企业必须学习持续和有效地开展实验。通过迭代改进和测试新想法，通过得到真实数据和顾客反馈，即使是成长多年的大型企业也可以像创业公司那样敏捷。只有这样，企业才能在这个不断变化的世界里以一种足够迅速、低成本、敏捷的创新方式为顾客创造新的价值。

然而，如果企业想要通过创新寻求发展的话，新产品发布、投资新项目或变革当前企业都不是故事的结束。当面对市场需求的巨变，企业及至整个行业都会发现它们为顾客创造的价值不再是一成不变的，或是像以前那样与顾客需求高度相关。这种不确定性意味着每家公司都必须随着时间的推移不断调整价值主张和定位。不要一直等到市场的巨变危及生存甚至来不及做出改变的时候，才发现问题的严重性，数字化时代的公司要用前瞻性眼光看问题。新的当务之急在于，企业应该在自己能够做，而不是不得不做的时候，调整价值主张，以适应顾客需求。下一章我们会探讨如何做到这一点。

THE DIGITAL TRANSFORMATION PLAYBOOK

———————

第 6 章

调整价值主张

在诸多历史悠久的行业中，受数字化冲击最大的行业之一是唱片行业。虽然唱片行业现在开始复苏，但早些年，在互联网冲击下的严重失误导致该行业一度衰落。回看历史可能会得到一些对行业今后发展有意义的借鉴。

1993 年，一个名为运动图像专家组（Moving Pictures Expert Group，MPEG）的行业机构公开发行了一个可以有效压缩声音和图片的行业技术标准，这就是后来的 MP3 格式。有了这种格式，听众可以以最少的音质破坏将音乐压缩成很小的数码文件。同年，第一个广受人们喜爱的网页浏览器 Mosaic 推出了，万维网成为人们沟通的大众传媒。万维网和网页浏览器两者共同创造的巨大机会是显而易见的，第一次使唱片转化为数字格式成为可能，与此同时，还可以将唱片高效储存在那个时代的电脑设备——磁盘中。

对音乐行业而言，这意味着开启了一个能够迎合音乐用户需求的极大的新价值领域。通过数字文件和数字化传播，用户可以即时访问，并且有大量音乐可以选择，不受制于实体店，而且可以只挑选他们想要的歌曲和专辑。但是，以美国唱片行业协会为代表的音乐行业没有为用户提供新的价值，它假装什么改变都没有发生。事实上，美国唱片行业协会确实迈出了第一步：它请一些公司生产了第一部可以储存和播放 MP3 格式歌曲的便携设备。

1999—2012 年，我粗略地统计了一下，世界唱片销售额从 280 亿美元下滑到 160 亿美元。[1] 从唱片行业的明显下滑中我们可以得到很多启示，最惨痛的教训就是，如果公司不能抓住新的机会去迎合顾客，其他公司就会利用此优势抓住顾客。

举个例子，有人创办了一家名叫 Napster 的公司，它于 1999 年正式成立，通过互联网提供交换 MP3 音乐的 P2P 平台，不用向版权持有者付款。这固然是违法的，但这个价值主张对很多用户而言极为诱人。对于用户而言，一方面，他们有美国唱片行业协会提供的他们喜欢的唱片；另一方面，Napster 也提供给用户同样优秀的音乐，加之可以通过互联网便捷地获取，从而摆脱了实体零售店的束缚，用户可以挑选并找到他们喜欢的音乐，当然，这一切都是免费的。

经过了四年的销售额严重下滑，主流唱片业同意让史蒂夫·乔布斯的苹果公司进入市场：带着一个有竞争力的产品——iTunes 商店，一个合法的 MP3 销售渠道，并配合苹果公司新推出的便携式播放器——iPod。

　　在 iPod 出现之前，MP3 播放器一直是细分市场产品，然而后来 MP3 的所有者缺乏可以方便地购买音乐的合法渠道。借助苹果公司的设计和品牌实力，融合美国唱片行业协会的流行音乐曲目，iTunes 商店成为第一个合法的数字音乐大众市场销售平台。

　　突然间，除了美国唱片行业协会在零售商店的 CD 和 Napster 不合法的数字"聚宝盆"外，一种提供给用户的新的价值主张出现了。虽然它并不免费，但通过 iTunes 和 iPod，用户仅需要支付一笔几乎可以忽略不计的价格（每首歌 0.99 美元），便可以获得和 Napster 提供的一样的好处。除此之外，iTunes 和 iPod 还第一次提供了在数字音乐设备和商店方面真正的品牌化生活方式，以一种愉快和直观的用户界面使 iTunes 便于用户操作，甚至对那些对 P2P 平台文件共享没有概念的人来说也很容易操作。如图 6-1 所示。

	美国唱片 行业协会	napster. 1999	iTunes 2003
好的音乐	√	√	√
即时获取		√	√
便于获取的大量选择		√	√
随意选择喜欢的音乐		√	√
免费		√	
流行便携式设备			√

图 6-1　唱片行业的三种价值主张

iTunes 商店从 2003 年成立开始后迅速发展，与此同时实体音乐的销量持续下滑。直到 2012 年行业困境有所缓解，全球音乐销量开始触底反弹，甚至在 iTunes 和其他线上服务之外，出现了一个缓和向上的瞬间（如流音乐，它是未来的发展趋势）。"在数字革命之初，一个普遍的观点是数字化正在抹杀音乐。"索尼音乐国际的 CEO 埃德加·伯杰《在纽约时报》上评论道。到了 2012 年，他又说道："数字化在拯救音乐。"[2]

美国唱片行业协会抵制行业进化的想法是可以理解的，因为它通过已有的销售 CD 的商业模式赚钱而刷新了一系列纪录。但在1993 年，可以很明显地看出这种商业模式在互联网时代不再适用。等待了尽可能长的时间来适应音乐提供方式的变化，音乐行业培养了新一代年轻人听免费数字音乐的习惯，同时也延迟推出有效策略以应对行业变革的时间。

重新思考价值：行业的革命

数字转型的最后两个领域是企业对顾客的价值。一般情况下，一个企业的价值主张是恒定不变的，是一个理想的长期竞争优势来源。成功的企业会提供差异化的产品或服务，确定自己在市场上的定位，之后最大可能地优化其商业模式以使其长久。但是在数字时代，坚定地聚焦于实施和传递相同的价值主张已不再是必要的，如

表 6-1 所示。

表 6-1   价值：从模拟时代到数字时代战略假设的变化

模拟时代	数字时代
由行业定义价值主张	由不断变化的客户需求来定义价值主张
实施当前的价值主张	发掘创造客户价值的下一个机会
优化商业模式使之尽可能长久	在不得不做出改变之前先发展自己，保持在曲线前端
根据其对当前业务的影响来评价改变	根据其如何创造下一项业务来评价改变
市场的成功让企业自我满足	"只有偏执狂才能生存"

想象一下数十年来相对几乎没发生什么变化的房地产行业，房产中介是房主和购房者之间重要的联系人，随着互联网的普及，中介提供市场上房屋信息清单的核心价值功能消失了。随着信息在互联网上的透明化，买卖双方不再需要中间人帮助找到彼此。房屋中介可能重蹈旅行社的覆辙——他们的存在对买卖双方来说都是多余的。但是，与旅行社相反，房屋中介公司找到了新的途径来为房屋买卖双方提供价值。现在的中介除了能够提供寻找合适房屋清单的工具（包括个性化搜索和根据定位提示周围"可参观房屋"的手机App）外，还通过数字化工具来为购房者提供各类社区信息（地图、视频导览、学校信息、社区居民分享该社区利弊的论坛）。房屋中介成为专家顾问，使用博客和社交网络分享这些信息：何时贴出房屋出售的信息，停掉信用卡对信用积分有什么影响，关于抵押权的常

见问题解答。为了在数字时代生存下去，房屋中介从一个仅仅列出房屋出售清单的角色，转变为帮助买卖双方做出高风险决策的信息源。

当今的每个行业都应当效仿房产中介的做法，他们没有将其工作限定于过去做了什么，取而代之的是迎合顾客随时变化的需求。对每项新技术的判断都应该基于其能否创造下一个新的商业模式，而非它对当前商业模式的影响。企业应当不断检查其提供给顾客的核心价值，并问自己这些问题：我为什么存在？我服务的对象真正的需求是什么？前面两项仍然一致吗？我现在实际在做什么业务？

本章将探索企业如何调整其价值主张，为什么企业必须在它们需要做出调整前就有所行动，以及为什么有的企业没有成功完成转型。通过比较不同的概念，从战略上思考企业提供给市场的价值，检查可能妨碍企业服务顾客真实需求的组织障碍。本章也展示了一个战略规划工具——价值主张图。这个工具可以帮助企业找出它们的关键顾客类型，定义为每类顾客提供的价值主张要素，识别潜在威胁，在快速变化的环境中开发新产品以传递价值。这个工具可以帮助企业扩大商业聚焦点，从而增加当期收入和近期利润，为企业在面对新威胁的商业环境中发现新的价值源泉提供机会。

让我们先找出企业在面临数字化冲击时要保持持续增长所面临的根本性挑战。

摆脱日益萎缩的市场的三条途径

企业所处市场的萎缩有很多原因：新技术可能使顾客需求发生变化，替代产品出现，或者很有价值的产品或服务的相关品市场下滑。在一些情况下，产品创新和市场营销可以让企业甚至整个行业复活。但在另一些情况下，企业发现它们处在一个极其受限的市场地位中，它们现有的产品和顾客几乎没有任何增长的空间。

对这样的企业来说有什么好的选择呢？伊戈尔·安索夫归纳了两个增长的维度：新产品与市场、现有产品与市场。[3] 对于现有产品与市场组合陷入下滑困境的企业来说，我们用安索夫模型找到应对萎缩市场的三条途径，如图 6-2 所示。我们来看看每条途径的动态作用和挑战。

新顾客（价值不变）

摆脱日益萎缩市场地位的第一条途径是寻找新顾客购买现有的产品。在当今相对已经很扁平和开放的市场中（尤其是越来越多的小企业运用数字化传播方式在全球进行销售），做到这一点相当难。但是在一些情况下，在企业提供的价值不变的情况下，创造性思维有助于识别新顾客或者新的使用场景。

像很多造纸厂商一样，莫霍克精品纸业发现其所处市场在 21 世

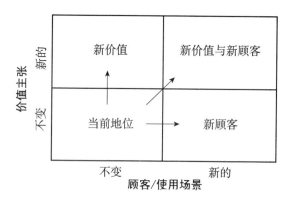

图 6-2　摆脱日益萎缩的市场的三条途径

纪初日益萎缩，数字化办公让纸张使用量锐减。这家公司创建于1931年，为美国通用电气、埃克森美孚这样的大公司供应高品质纸，用于制作它们的年报和企业宣传册。莫霍克公司发现其市场出现严重下滑，因为它的传统顾客越来越依赖数字化传播。当证券交易委员会开始允许公司提交数字化财务报告，并且纽约证券交易所不再要求股东的年度报告必须采用纸质文件后（这些是莫霍克公司的1/3收入来源），莫霍克公司就加快了转型步伐。莫霍克公司的管理层找到了一种用户使用其高品质纸张的新方式，即提供在线文具服务。随着提供打印照片、贺卡和名片服务的网站数量的增加，莫霍克公司说服这些网站使用其高品质纸张。文具消费者很快就接纳了这种纸张，他们很愿意为使他们的照片、名片、贺卡等显得很有质感而使用价格高的精品纸。在短短几年之内，莫霍克公司的在线业务销售额快速增长，抵消了旧顾客流失带来的损失，并且使公司运营回到了正轨。[4]

与此同时，盐湖城报业的《犹他新闻》发现其面临市场萎缩的困局。经历了 150 年的繁盛期，这家报纸正在失去两类客户：读者（订阅量下降）和广告商（在互联网上寻求更便宜的广告位）。从 2008 年到 2010 年，由于广告商转投像 Craigslist 这样的免费门户网站和像 Monster 这样的国家门户网站，《犹他新闻》的分类广告收入下滑了 70%。该报纸的经营者们努力转变报社的命运，他们寻找机会看是否可以将同样的产品销售给犹他州居民之外的新用户。最终，他们意识到报纸如果能聚焦于一系列核心问题，如家庭、对穷人的关怀、大众传媒对社会价值观的影响，对这些问题的关注可以使报纸与全美拥有相同价值观和关注点的读者产生共鸣，从而将报纸的读者面扩展至全美国。2009 年，该报纸发行了针对犹他州之外订阅者的印刷版新周刊。截至 2012 年，《犹他新闻》的印刷发行量翻番，在全美有多达 15 万名订阅者，随着广告收入的增加，《犹他新闻》成为全美印刷量增长最快的报纸之一。[5]

但是对于一个在现有市场上正在失去顾客需求的价值主张来说，能吸引的新顾客数量毕竟有限。一个新的顾客群的建立，往往是有某些特殊的原因使这些顾客在更大的顾客群流失的情况下仍保持忠诚，他们是一个较小的细分市场。

19 世纪，马萨诸塞州的韦斯特菲尔德市拥有 40 家生产马鞭的公司。随着汽车数量的增长，马鞭赖以生存的马车行业消失了。一个马鞭制造商——韦斯特菲尔德鞭业尝试将关注点转向畜牧业以及参加马术和盛装舞步比赛的新顾客，以求生存。到21世纪，这家公司通过努力地寻找新顾客，仍然在鞭子行业生存着，但韦斯特菲尔德市的其他39家鞭子公司都不存在了。[6]

新价值（顾客不变）

摆脱日益萎缩的市场的第二条途径是，继续为原来的顾客提供服务，但调整公司的价值主张以满足顾客不断变化的需求。就像唱片行业那样，美国唱片行业协会最终与苹果公司联手推出iTunes商店为消费者提供音乐。房地产中介也不断寻求为房屋买卖双方提供服务的新方式，来保持其市场地位。

调整价值主张要求企业愿意离开曾经带给它成功的舒适区。当市场上对其产品的需求下降时，企业千万不能这样想："我怎样才能让顾客继续买我的东西？"而应该思考："我怎样才能像原来那样对顾客有价值，或者能带来更多价值？"

回顾第1章提到的《不列颠百科全书》的例子，在经历了两个世纪的发展之后，随着个人电脑的出现，纸质版《不列颠百科全书》的销量开始下降，公司知道寻找新顾客让他们来购买公司现有产品无法让公司生存下去。相反，不列颠百科全书公司在牢牢坚守为大众提供专业的、基于事实的知识这一使命的前提下，试图重新定义其提供的价值。于是公司推出了光盘版的百科全书，以及包含广告的免费在线版本。最后该公司成功推出新产品：针对家庭用户的付费网站，以及范围广泛的针对 K-12 市场教育工作者的数字教学工具。如今，有超过一半的美国学生和老师会在课堂上使用不列颠百科全书公司提供的内容，有 50 万个家庭用户订阅了不列颠百科全书公司的线上内容。公司最终选择停止纸质版《不列颠百科全书》业务，因为其读者量太少了。"我们一直坚守自己的使命。"不列颠百科全书公司的总裁乔格·考兹说。[7]

《纽约时报》是一个很现实的调整价值主张的例子。对于这家成立于 1851 年的新闻机构，许多人担心它因无法适应数字时代的巨大转变而活不下去。互联网的出现使得内容可以免费传播，作为一种产品的新闻显得越来越像价值低廉的商品。像《纽约时报》公司这样的出版商，其广告收入急剧下降，因为读者已经离印刷的报纸越来越远了。与此同时，事实证明一些数字化的初创公司更擅长社交媒体上的病毒式分享。2011 年，纪录片《头版》讲述了《纽约时报》公司为适应数字化未来所做的努力；2014 年，一份被泄露的内部创新报告显示，该公司正重新思考其在数字时代为顾客提供的价值主张。《纽约时报》公司深知，1 300 名新闻记者和编辑人员所具有的新闻报道能力和公司的品牌组成了其独特价值，但它也知道这种价值需要发展。

数年来，《纽约时报》公司已经显示出其重新思考新闻行业商业模式和寻找新方法来为读者增加价值的坚定承诺。该公司一直在内容传播渠道上追求创新，包括将内容发布在手机 App 和社交媒体上。它尝试数字广告形式，来帮助广告商吸引用户。《纽约时报》公司提供的数字形式内容包括各类专栏作家博客、常规的视频内容，以及通过数据可视化和交互式图形方式讲的故事。一个具有转折意义的例子是，在一名统计实习生的帮助下，公司基于美国区域性方言的人口统计科学调查开展了一项方言竞猜测试。很好地结合了《纽约时报》的严谨风格和 BuzzFeed① 般极具魅力的方式，这个竞猜测试迅速成为公司在线内容中阅读次数最多的文章。几个月之后，该报纸开辟了 "The Upshot" 栏目，这个栏目由 17 人组成的实验团队运营，重新描绘了新闻故事的样子。

经历了持续数年的转型，如今这家新闻机构能够清晰地为阅读习惯已改变的读者提供新的价值，我们可以看到其经过数年转变最终达到的结果。截至 2015 年，《纽约时报》公司的股价已经从 2013 年的水平反弹了 150 个百分点；公司获得了 3 亿美元的净收入，总收入再次获得增长，这得益于数字订阅者和数字广告。[8] 同年，公司宣布数字付费用户达到 100 万人。

---

① BuzzFeed 是美国的一家新闻聚合网站。——译者注

新价值和新顾客

在有些情况下，可以采取第三条途径摆脱日益萎缩的市场——同时开发新价值和新顾客。通常情况下，当价值主张被显著调整后成功地捕捉到新的顾客时，可以采取这条途径。

威廉姆斯电子公司成功实现了这种跨越，它是一家领先的弹球游戏机生产商。1972 年，随着电子游戏的出现，该公司意识到弹球类游戏可能会走向衰退。它决定进入一个刚出现的新型游戏市场来使自己重获新生：电子赌博。当索尼公司开发的游戏产品 PlayStation 进入美国市场并且弹球类游戏行业崩溃时，威廉姆斯电子公司已经制作了一系列热门赌场游戏，新产品吸引了新的顾客群，而且更有利可图。经过十多年的发展，威廉姆斯成为美国第三大老虎机生产商，并被比其更强大的竞争者 Scientific Games 公司以 15 亿美元的价格收购。

一个通过开发新价值和新顾客重获新生的更为典型的例子是漫威漫画。尽管拥有蜘蛛侠、复仇者等经典的超级英雄作为老底，截至 2004 年，这家漫画公司仍旧前途堪忧。青少年开始远离纸质漫画，转而投向数字动漫。20 世纪 90 年代，公司通过向更强大的电影公司出售版权所得的收益仅能维持生存（两部《蜘蛛侠》电影总收入近 8 亿美元，漫威公司却只获得 6 200 万美元版权收益）。[9]漫威公司决定实施一个重大转变，重新定义公司的价值主张，通过创建电影工作室来制作高成本电影，自己把自己的漫画搬上银幕。为了筹集资金，公司不得不将对漫画人物的版权作为抵押。《钢铁侠》《雷神》《复仇者联盟》等电影取得了巨大的成功，吸引了大批观众，并取得可观的经济回报。该公司在陷入纸质版漫画爱好者兴趣变化困境之时，开始向拥有巨大观众基础的电影行业发展。公司不停地拍摄续集，并少量发行纸质版漫画，纸质版漫画用来测试新的人物和故事情节是否符合大家口味。经过五年的迅速成长，漫威帝国被一个更大的公司以 40 亿美元的价格收购，这家公司就是迪士尼。

值得注意的是，在威廉姆斯电子公司和漫威漫画公司的例子中，只有在重新定义价值主张之后，新的顾客群才能建立，例如，从弹球机到赌博游戏，从纸质版的超级英雄到荧幕大片。

在数字时代，面临业务衰退的成熟大企业不太愿意去探索现有产品和服务的新应用场景。数字化已经去除了很多市场进入障碍，调整和拓展产品价值将使公司更容易进入新市场。例如，《纽约时报》公司在开发数字内容后，拥有了更多的国际读者。

总而言之，对任何面临市场萎缩的企业而言，调整价值主张、根据顾客不断变化的需求来提供新的价值点是最重要的。

在危机发生前调整价值主张

企业不能等到危机出现了再去调整。价值主张调整是每个企业（即便它很成功）都可以采取的策略。在瞬息万变的数字环境中，企业应铭记安迪·格鲁夫的名言："只有偏执狂才能生存。"

我们可以很清楚地看到许多数字时代的企业巨头（无论谷歌、亚马逊、脸书还是苹果）对顾客价值的态度。即使它们已经取得了巨大的成功，但它们一直在根据顾客的需求调整策略，并且准备以新的价值主张进入新的市场。这句话对任何一个企业都适用：今年处于坚不可摧的垄断地位，明年就可能风光不再。

还有一些成立于数字时代之前的企业，也致力于在数字时代尽早行动。

纽约大都会艺术博物馆成立于 1870 年，一直是纽约最吸引游客的旅游点之一。凭借每年超过 600 万人次的游客量，该博物馆可以说依旧繁荣。但是，该博物馆敏锐地意识到由于媒体和传播方式的数字化革新，如今游客的生活方式发生了巨大的变化。博物馆也注意到，如果想继续成为人们生活中不可或缺的一部分，继续丰富人们的生活，就需要从不同的角度思考它所能提供的价值。2013 年，我的朋友斯里·斯里尼瓦桑被聘为该博物馆的第一位首席数字官，负责一个由 70 人组成的团队。他们的工作是拓展和丰富每年 600 万名实地参观的游客以及 3 000 万名访问博物馆网站等数字内容的浏览者的艺术体验。

　　对于进入大都会博物馆游览的人，馆方向顾客提供 App，用于了解馆长推荐的必看展品；对儿童，则提供了手机游戏，如"大都会谋杀案"（这个游戏要求青少年先研究各艺术品，获取线索，然后揭开一个关于约翰·辛格·萨金特画作的谜）；馆方还为游客在社交媒体上分享的每张照片贴上不同的话题标签。"我们的游客可需要这些了！"斯里尼瓦桑告诉我。博物馆还通过社交媒体吸引外部游客——不只在脸书和 Instagram 上，还包括 Pinterest，在该网站上访问者可以进行联合展示，另外，博物馆在新浪微博上也有宣传，微博上发送了 60 条消息，总共收获了 300 万阅读量。通过在线互动工具，人们可以了解丰富多彩的展品。Many Worlds 是一个可以用 11 种语言进行关键词搜索的工具，Timeline of Art History 是最受老师们喜爱的工具，为博物馆带来了 1/3 的网络流量。斯里尼瓦桑告诉我，他们还在学习如何更好地吸引多样化的游客。"我们学到的一点是每个人都想了解幕后的事情。"在收购了查尔斯·勒布伦创作的一幅 17 世纪的全家福作品后，博物馆没有私下为展览做准备工作，而是开始写博客、发照片、拍视频来记录修复工作。一张照片展示了迈克尔·加拉格尔正在进行油画保存初始工作的样子，他正在用棉签将画中婴儿脚趾被氧化的部分清理掉。"现在你感兴趣了，因为你想看看画的其余部分发生了什么，"斯里尼瓦桑说，"当你来到大都会博物馆，就会知晓一切。"[10]

大都会博物馆是一个关于在危机发生前就进行组织变革的很好例子，它一直走在顾客需求的趋势之前。这种前瞻性思维以及愿意在旧商业模式衰退之前开发新领域的意愿是当今很重要的战略思维。我在哥伦比亚大学商学院的同事丽塔·麦格拉思在她的一本写得很好的书《动态竞争优势时代》（*The End of Competitive Advantage*）中将这一战略思维描述为专注于"瞬时优势"的策略。在当今世界，没有任何公司享有的优势是坚不可摧的。相反，公司需要思考创建瞬时优势，它可以在一段时间内带动公司盈利，但必须时刻以新的价值驱动因素来支撑这种瞬时优势，因为旧的优势地位可能很快就会受到威胁。

失去优势地位的速度，可以从脸书的经历中看出来。2012年，这个社交网络巨人似乎主宰了数字世界，扰乱了传统媒体和广告公司，因为它吸引了数十亿名用户，以及这些用户每天几小时甚至更多的宝贵的注意力和时间。但是，当脸书开始准备上市时，该公司在其提交的文案中透露了它正面临一个巨大的未知威胁：用户正在向移动设备转移，而脸书所有的盈利都基于桌面终端广告。因为消费者转向小屏幕，像谷歌这样的公司都在努力挽回它们的广告盈利能力。脸书此前根本没有移动端业务收入，在其桌面端的业务达到顶峰时，亟待解决的问题是：脸书如何在移动世界中在不流失用户的前提下，为广告商提供价值。

脸书通过调整针对用户和广告商的价值主张而获得成功。针对用户，它通过简化的方式增加了附加值：它的移动端 App 保留动态消息功能（朋友发出的动态消息），并且将其他功能分拆成独立的应用程序，如聊天功能。当公司收购了照片分享应用 Instagram 后，也保留了其独立性。在核心应用中，脸书放弃了像网站那样充斥在两侧的大量廉价的不相关广告，提高了保留的广告位价格，并且对格式做了优化，以使它们不对用户的视觉造成压迫感。针对广告商，公司也同样重新思考了其在移动端的定位。公司放弃了不适合小屏幕的旧广告模式，开发了视频广告形式，这种形式更适合小屏幕。通过利用从移动端用户那获取的新数据，脸书可以帮助广告商投放得更精准，直接面向最相关的用户，相应地，广告商要支付更高的价格。结果是：移动端广告成为脸书最大的收入增长点，并迅速成为其最高收入的来源；利润总额大幅飙升，公司的股价从 IPO 之后触底反弹，在两年内翻了一番。

关于市场价值的五个概念

价值主张仅仅是企业在思考其提供的产品以及对市场的价值时常用的战略概念之一，它是一个特别有用但未被充分利用的概念。为了更好地理解这个概念，下面我们将其与其他四种思考市场价值的方式进行比较，如表 6-2 所示。

表 6 - 2　　　　　　　　关于市场价值的五个概念

概念	概念的优缺点 (缺点以楷体字表示)	在汽车领域的应用实例
产品	很重要的产品组合决策 *忽略顾客和对顾客的价值* *导致缺乏远见的战略*	SUV 小轿车 小卡车
顾客	以顾客为中心 帮助公司识别要关注的对象 *不关注价值*	大学生司机 带孩子的父母
使用场景	以价值为中心和以顾客为中心 有助于更好地进行市场细分 *掩盖了一个顾客可能有多种使* *用场景的情况*	和朋友晚上出去玩 带着孩子与他人拼车
要完成的任务	以价值为中心和以顾客为中心 有助于识别非传统的竞争者 *缺少具体细节*	安全、舒适地将几个孩子从 A 地送到 B 地
价值主张	以价值为中心和以顾客为中心 有助于评估威胁和酝酿现有产 品之外的创新 更具体、明确（包含多个要素）	可靠的交通运输工具 宽敞的乘车空间 遭遇突发事件时保证安全 车内不同部分的个性化功能 （如温度调节或音响设备） 司机的通信方式（如免提电话） 为乘车人打造的娱乐选择（如 WiFi 和视频）

● **产品**。对产品的思考是每个产品经理都乐意去做的。如果你是一个汽车制造商，你会花很多时间思考不同型号的越野车、小轿车、小卡车。当产品准备推向市场，做关于工程、设计、发布日期、价格和其他要素的决定时，对产品进行思考很有用（确实也是必不可少的)。但是，对产品的关注可能是企业惯用的策略。过度专注于

产品可能会限制你的思维，让你忽略谁是真正使用该产品的人，以及可为用户提供的价值。比如，一家公司专注于做特定的产品线（如日报）而不是满足特定的需求（如了解时事），过度关注产品一直被视为特德·莱维特所谓的"营销近视"。[11]

● **顾客。**企业另一种非常常见的做法是从顾客角度来考虑自身——他们是谁，他们各自有什么不同。这当然是朝着成为一个以顾客为中心的企业迈进的第一步。通过深入了解顾客，企业可以了解哪些顾客更重要、他们的不同需求，并因此加以区别对待。但是，通过观察顾客的传统背景资料和顾客的"角色"（基于人口统计数据、态度数据及产品消费信息得到的虚拟顾客形象），这种做法有时可以代替与站在你面前的活生生的顾客聊天，企业可以了解顾客为何使用你的产品，以及有哪些未被满足的潜在需求。使用这一方法，你仍然缺乏对价值的关注。

● **使用场景。**这个概念起源于软件工程，由伊瓦尔·雅各布森[12]提出，但是它最终被广泛应用于设计和市场营销领域。从广泛的意义上说，使用场景是指顾客使用产品或服务的背景。例如，如果你的产品是小面包车，顾客是带着孩子的父母，其中一个重要的使用场景是，几家孩子共同拼一辆小面包车。使用场景结合了顾客的特定应用背景，有助于公司思考传递的价值。然而，要特别认识到，相同的顾客可能对相同的产品有不同的使用需求（孩子的父母可以使用同一辆小面包车晚上出去和朋友应酬)。不过,若使用得当,使用场景可以使顾客得到更好的细分,并使公司专注于产品在顾客生活中的价值。

● **要完成的任务。**这个概念已经被克莱顿·克里斯坦森和迈克尔·雷诺广为提及。[13]在待完成任务框架下,值得关注的不仅是顾客的使用场景,而且需要关注顾客的使用目的。通过关注顾客正在设法解决的根本问题,企业就会变得更加以顾客为中心、以价值为中心。此外,通过关注顾客的目的,企业可以发现非对称竞争者:如果顾客选择小轿车的目的是安全、舒适地将孩子从 A 地送到 B 地,则除了不同品牌的小轿车外,还有可能出现另一种有竞争力的解决方案——也许优步会开发一种类似"儿童安全"的服务,受到那些非常繁忙的父母的欢迎。事实上,应用"要完成的任务"这个概念进行思考所带来的结果将会是非常有价值的高水平的总结(帮助集中思维),但有时也是一种限制(缺乏独特性)。

● **价值主张。**这个概念由迈克尔·兰宁和爱德华·迈克尔斯提出[14],在市场推广和战略制定方面被广泛应用,它用来确认顾客从企业提供的产品中获得的好处。就像"要完成的任务"一样,这是一个既以价值为中心,也以顾客为中心的概念。不同的是,它通常被用来区别提供给顾客的多种不同方面的价值(在本章"工具"部分我将加以阐述)。例如,如果对父母而言用小面包车的目的是安全、舒适地接送孩子，则企业为他们提供的价值主张可能包括以下几个要素：可靠的交通运输工具、宽敞的乘车空间、遭遇突发事件时保证安全、车内不同部分的个性化功能（温度调节或音响设备），除此之外，还有能够让司机解放双手的通话方式，为乘车人打造的娱乐选择（如无线网、视频）。通过将顾客价值分解成更具体、更明确的部分，企业可以评估每种情况下的挑战（如果顾客的孩子有便携式娱乐设备随身的话，小轿车的娱乐功能可能会变得无关紧要），并为产品添加新的元素。

所有这五种战略概念在决策制定和执行的不同阶段都很有用（我强烈建议企业就产品组合和顾客细分进行讨论）。不过，当企业因新技术以及顾客不断变化的需求带来的新机会而面临调整和改进顾客价值的局面时，价值主张这一概念将更加有用，这也是它被用作本章工具的原因。

现在你已经了解到根据当今快速变化的商业环境调整价值主张的重要性，接下来就让我们一起看看相关的战略工具吧。

工具：价值主张图

价值主张图是一个任何组织都可以用来评估和调整其对顾客价值主张的工具。企业可以用它来识别新出现的威胁以及为顾客创造价值的新机会。它能帮助企业整合这些调查结果并形成方案，使企业在不断变化的商业环境中创造新的、差异化的价值。总之，如果你的公司面临发展压力，该工具会迫使你挑战当前的状态，不再专注于捍卫你过去的行业，而是从顾客角度来思考未来的发展方向。

价值主张图通过一个包含六个步骤的流程来描绘企业的新选择，如图 6-3 所示。下面让我们详细了解每个步骤。

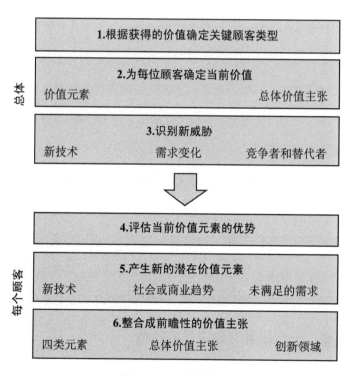

图 6-3　价值主张图

第一步：根据获得的价值确定关键顾客类型

第一步是确定关键顾客类型，这可以通过顾客从企业提供的产品中获得的不同价值来区分。

以一个虚构的 A 大学为例，关键顾客类型可能包括在校生、学生家长、校友和校方。请注意，每个顾客类型都从大学中获得不同的价值。对在校生来说，学校的价值可能融合了教育、社交环境和对找工作有用的文凭；对于校友来说，他们与大学的持续关系可能更多是基于职业关系网，或者是对学校运动会、研究工作、学校名誉的一种骄傲感；对校方来说，学校的价值可能是教育学生，使他们拥有某些技能（主题知识、批判性思维、专业技能），以及协助企业找到合适的新员工。

如果你不太善于识别不同类型的顾客，可以寻找顾客在动机、待完成任务（如他们愿意买你的产品的理由）或使用场景（在什么情况下，他们愿意买你的产品）方面的不同之处。了解这些要比了解那些人口统计学上的差异有用得多（学生来自世界各地、毕业生处于不同年龄段等，这些要素都不如他们从大学里获得的不同价值重要）。

第二步：为每位顾客确定当前价值

第二步是确认对不同顾客类型提供的当前价值主张。

这一步从价值元素列表开始——包括每种类型的顾客从其与企

业的关系中获取的各种益处。列出所有的价值元素之后，写一份同一类型顾客从企业获得的价值总结报告，即总体价值主张。

在表 6-3 中，可以看到对 A 大学的关键顾客类型的价值主张定义。

表 6-3   A 大学顾客的价值主张定义

顾客类型	价值元素（顾客获得的益处）	总体价值主张
在校生	基础知识（如化学） 兴趣探索/自我发现 社交和友谊 学校荣誉感（运动会等） 职业关系网（毕业之后会成为职业关系网中的成员） 资历证明（如使学生可以获得就业机会的学位）	"作为成年人开启个人生活和职业生活"
学生家长	基础知识（如化学） 批判性思维（如写作、分析） 资历证明 职业关系网 职业咨询和协助（帮助孩子找到第一份工作） 投资回报率（毕业生预期收入的平均值与教育的总成本相比）	"为孩子独立性和事业成功建立基础"
校方	基础知识（如化学） 批判性思维（如写作、分析） 应用性工作技能（如编程语言） 资历证明 招聘（帮助企业招收学生）	"企业长期发展的人才基地"
校友	职业关系网（读书时的同学和之后认识的校友） 职业咨询和协助 学校荣誉感（运动会、专业水平等）	"一种伴随一生的校友关系网和自豪感的源泉"

请注意，大学的价值主张不是产品或服务清单，不是费用支付

清单，也不是针对每类顾客实现盈利的方式。价值主张应当时刻与顾客利益相关。

还要注意的是，每个顾客类型都有一个鲜明的总体价值主张。不同的顾客类型可能有相同的价值元素（在校生和校友都关注职业关系网，家长和校方都很在乎资历证明），但不同的顾客类型含有的价值元素列表绝对不是完全相同的。如果发现针对两个顾客类型有一样的价值主张，就需要进一步深入探究。如果仍然没有发现他们从企业提供的产品中获得的价值有任何显著差异，那么就把他们合并成一种顾客类型。

第三步：识别新威胁

现在你已经了解了向顾客提供的当前价值，接下来很重要的一点是，了解可能会逐渐破坏这一价值的新威胁。新威胁可能会向你的企业提供的价值发起竞争，替代你，或者削弱你对顾客的重要性。

在这一点上，你需要寻找的不是那些你已经知道会破坏你的企业的因素，而是寻找那些潜在因素。

当前价值主张的潜在威胁可能有三个来源。

● **新技术。**寻找那些看起来与行业、顾客体验相关的新兴技术。对唱片业来说，MP3 压缩格式就是这样的一种技术；对弹球机制造商威廉姆斯公司来说，像 Pong 这样的早期电子游戏被认为是对其现有游戏的潜在威胁。

● **顾客需求的变化。**这些变化体现在消费者的生活习惯、生活方式和社会行为上。脸书公司认识到用户使用社交网络的习惯从桌面转向移动设备是一个潜在威胁。对 B2B 公司来说，不断变化的客户需求，可能包括法律、法规或商业环境的改变。比如，政府对上交财务报告的形式要求的转变，意味着莫霍克精品纸业的客户减少了文档打印的需求。

● **新的竞争者和替代者。**对企业当前价值主张的威胁可能来自另一个行业的非对称竞争者。对不列颠百科全书公司来说，此类竞争者包括微软，当时微软将免费的百科全书与它的操作系统捆绑在一起。其他一些时候，新进入者会以新的方式替代企业的价值主张，从而满足顾客的需求。《犹他新闻》的出版商看到分类网站列表满足了过去由报纸分类广告满足的客户需求，这对《犹他新闻》来说是个潜在威胁。

在表 6-4 中，你可以看到从这三种来源产生的新威胁对 A 大学的影响。

表 6-4　　　　　　　　A 大学价值主张面临的新威胁

来源	例子
新技术	视频 播客 远程参与 慕课

续前表

来源	例子
顾客需求的变化	千禧一代寻求更加数字化、随时随地的体验 校友需要更多的终身学习 企业需要拥有更多技能的人才 政府资助者寻求更多可衡量的经济影响
新的竞争者和替代者	提供在线学位的大学：ASU 线上教育等 提供在线课程的非大学机构：Coursera 等

该工具的其余部分将详细地专注于每一个顾客类型。你可能想先针对单一的顾客类型，完成第四步到第六步之后，再对下一个顾客类型重复上述过程。你也可以在每个步骤都分析完全部顾客类型后，再进入下一步。

第四步：评估当前价值元素的优势

在这一步，应该回顾第二步中按照顾客类型划分的价值元素列表，之后，就可以评估企业所提供价值的具体元素的优势了。

对列出的每个价值元素都要思考以下三个问题。

● **有什么办法扭转对顾客的价值降低的局面？** 这种局面可能来自在第三步分析中出现的威胁（新技术、顾客需求、竞争者和替代者）。其他因素可能包括不断降低的顾客相关性、成本更低的其他选择，以及企业投资不足产生的问题（如成本的削减导致比过去传递的价值更少）。

● **这是一个能够增加顾客价值的源泉吗？** 企业的创新意味着通过这个特定元素所传递的价值可能在增加，或者由于这个元素对顾客、市场稀缺性、与竞争对手相比的差异化而言重要性增强，企业为顾客提供的价值也会增加。

● **总体决定是什么？** 基于这些综合因素，需要针对每个价值元素做出全面评估：是否有优势（为顾客创造价值的强有力来源）、被挑战（受到威胁，或者作为价值的来源已经不如过去那样有优势）、被破坏（对该类型的顾客不再有用，不确定价值能否恢复）。

上述过程可以对当前价值元素的优势进行清晰评估。表6-5列示了A大学对在校生的价值元素评估。

表 6-5　　　　　A 大学对在校生价值元素的评估

机构：A 大学
顾客类型：在校生
总体价值主张：作为成年人开启个人生活和职业生活

价值元素	为顾客提供的价值下降？	增加了为顾客提供的价值？	总体结论
基础知识（如化学）	大型介绍性课程评分最低　慕课提供了获取同样内容的更便宜的途径　优秀生通过 AP 考试①进行测验		被挑战

---

① 面向高中生的大学先修课程。——译者注

续前表

价值元素	为顾客提供 的价值下降?	增加了为顾客 提供的价值?	总体结论
兴趣探索/ 自我发现		对实习和国外学 习项目有很强烈 的兴趣	有优势
社交和友谊	更多的社交活动在社交网 络上发生(但不是所有)		被挑战
学校荣誉感 (运动会等)	大多数学生不关心(调查 排名很低) 国际学生不参与		被挑战
职业关系网 (毕业之后会 成为职业关系 网中的成员)	多年投资不足(没有强有 力的项目来提供支持)		被挑战
资历证明(如 提供就业机会 的学位)		声誉一直很重要 吸引了越来越多 的国际学生	有优势

第五步:产生新的潜在价值元素

第五步是设法找出可以提供给该顾客类型的新价值元素。这可以为你提供一个机会来检查可能削弱价值主张的外部力量,并将它们作为契机,为顾客提供新的价值。

在创造可以提供给顾客的新价值元素时,可以从以下三方面来考虑。

● **新技术。**如何利用新技术为顾客创造价值的附加元素?

● **顾客的社会文化和商业环境的趋势。**消费者的生活方式和商业趋势可能提供新的创造价值的机会，即使还是原来的产品。

● **未满足的顾客需求。**接近顾客群，直接观察他们，和领先用户聊聊。一定能找到一些还没有企业进入的未满足的用户需求，这些需求中的其中一个可能就是企业创造新价值的机会。

表6-6列示了A大学可能为在校生创造的新价值元素。

表6-6 A大学为在校生创造新的价值元素

来源	例子	可能的新价值元素
新技术	视频、博客、慕课、远程参与	按需学习体验（如大型课堂形式） 远程参与提供了更多实习和专业工作机会
顾客环境的趋势	千禧一代寻求更加数字化的、随时随地的体验	在入学之前的假期中开展微课，帮助发现学生兴趣
未满足的顾客需求	职业咨询 情商方面的人际交往能力训练	结合职业和社会技能的新型"人生导师"项目

第六步：整合成前瞻性的价值主张

价值主张图的第六步是整合针对每类顾客的价值主张所了解到的相关信息。

回顾你的价值元素，把它们填入下面四种情况中。

● **核心元素（要强化）。**这些元素是优势来源，要将其作为持续创新的重点。

● 被削弱的元素（要支持）。这些是丧失了对顾客影响力的重要的当前价值元素，需要努力强化和改进它们。

● 被破坏的元素（要剥离）。这些是不再能为顾客创造价值的元素，企业需要将它们从战略焦点中去除。

● 新元素（要创建）。这些新价值元素是可以为顾客创造更多价值的机会点，企业应该对其进行投资以促进未来发展。

现在，你可以制定一个面向每个顾客类型的修正的总体价值主张。这个总体价值主张应该是你打算如何创造价值并针对特定顾客类型继续完善产品的前瞻性表述。最后，列出具体举措（新产品属性、服务等），向顾客兑现所承诺的价值主张。

表 6－7 列出了 A 大学在校生的前瞻性价值主张。

表 6－7　　　　　　　A 大学在校生的新价值主张

机构：A 大学
顾客类型：在校生
总体价值主张：作为成年人开启个人生活和职业生活

核心元素 （要强化）	被削弱的元素 （要支持）	被破坏的元素 （要剥离）	新元素 （要创建）
兴趣探索/ 自我发现	基础知识（尤其是大型课堂）	费用昂贵的学校荣誉活动和社会活动	按需学习和专业经历
资历和国际品牌声誉	职业关系网		职业和个人训练

续前表

核心元素 (要强化)	被削弱的元素 (要支持)	被破坏的元素 (要剥离)	新元素 (要创建)
修正的价值主张	开启个人发现和专业上的成功		
特定领域的创新	按需学习体验（如大型课堂形式） 国际实习项目和基于远程参与的工作 让学生在假期中参加在线课程以发现他们的兴趣 结合职业规划和社交技能的两年期"人生导师"项目 校友指导项目		

* * * * *

如果想分别查看每种顾客类型，可以回顾第四步至第六步，确定针对在第一步中找出的其他顾客类型的价值主张。

完成之后，你手中将有一个调整价值主张的完整路线图。该路线图包括了对新出现的威胁的战略分析，可以应用于下一代产品和服务的创新概要，以及以顾客为中心的关于企业现状和未来的分析。

如果将其作为战略规划的常规部分，价值主张图可以成为用来预测顾客需求的很有用的工具，它可以让你前瞻性地评估新技术，将资源应用到新战略机遇中。

调整价值主张的组织挑战

不断调整企业价值主张的好处很明显，实现起来却并不容易。它要求企业走出专注于自身产品和流程的内向型习惯，把目光放在顾客身上，也要求企业想象一个与曾经做得很好的自己完全不同的样子。尤其是，对于那些建立了很长时间的大型组织来说，要清晰描述组织为顾客提供的价值以及面临的调整价值主张的机会是很难的。

提升领导力

调整价值主张的第一个挑战是领导力。谁会对发生的改变负责？即使企业成功建立了一个有效的战略团队，并发现了发展新价值主张的机会，企业还需要有人负责落实新机会。多年来，美国邮政总局一直在努力平衡其财务状况，因为新技术改变了人们对邮政服务的需求。（你还记得上一次寄明信片是什么时候吗？）2014 年，美国邮政总局的发言人发布了一份报告，主张美国邮政总局应该对顾客开展非银行金融服务（账单支付、汇票、预付费卡、国际汇款等），因为很多人在传统银行感受不到周到的服务。[15] 该报告在新闻界、国会、《美国银行家》上被广泛称赞。[16] 不过一年之后，它没有采取任何行动，尽管美国邮政工会支持该想法。刚刚宣誓就职的邮政局长把重点放在当前价值主张（如是否调整周六派送业务）上，没有人把这个新的顾客服务创新转为实际行动并对其负责。[17]

领导任期可能是调整价值主张的另一个重要挑战。正如亨利·切斯布罗格所观察到的，很多大型公司让经理在两至三年内到公司不同部门轮岗，以发展他们的领导力和掌握整个公司情况。但是，让一个部门的价值主张或商业模式发生显著改变通常需要花费两年多的时间。这种短期的领导角色使得经理只是简单地继承和优化现有模式，而不是推动公司适应未来发展。[18]

分配人力和财力

公司寻求改变的另一个挑战在于，控制对现有业务领域人力、财力的分配，分配给未经证明的新领域。

拥有适当技能和权力的新经理往往是新战略方向的助推器。在《纽约时报》公司，公司调整针对读者和广告商的价值主张的同时，也需要在组织层面做出变革。该公司聘请了亚历山德拉·麦卡勒姆，《赫芬顿邮报》电子版的创始编辑，他关注社交媒体时代读者的动向。克里斯·威金斯被任命为首席数据科学家，并被委派指导一个迅速发展的工程部门。该部门的任务是利用数据和分析，帮助编辑和出版商双方确定《纽约时报》的内容、销售渠道、读者及新的广告产品。

通常情况下，公司调整价值主张需要员工改变现有的沟通方式。当脸书开始将其战略转型为向用户和广告商提供更好的手机体验时，它需要重新对公司设计部门的结构进行规划。在原有的组织内，桌面端团队牵头主导每种新功能的开发，其他独立的团队则负责处理适用于 iOS 和安卓的移动 App，他们是桌面团队的追随者。为了支持新战略，所有工程师都被分配在各个专注于单一脸书功能（相册、群组消息、即将举行的活动等）的团队中，所以他们在一开始就成功开发了桌面端和移动端的应用。[19]

财力资源也必须慎重分配，以支持新的价值主张的发展，这往往需要公司从现有业务单元撬动收入或资产以助推新业务单元。在威廉姆斯公司的战略转型中，该公司将资金从现有的弹球机业务中抽出，用于推出它的第一个赌场游戏。漫威漫画不得不利用其珍贵的版权，将它的漫画形象作为抵押，从而获得资金为其进军影视业铺路。这种转变是至关重要的。这个过程被描述为当公司从一个短暂的优势调整到另一个时，资产、人力和能力的"持续重构"。[20]

避免目光短浅

也许调整价值主张最大的组织挑战在于，它要求超越当前业务的传统思维。大胆的新机遇（像通过互联网销售数字音乐而不是以实物产品的形式销售音乐）往往招来这样的反应："这不是我们这里的做事方式！"套用企业家亚伦·莱维的话："企业是基于那些最终都会过时的假设来发展的。这是每个传统企业的弱点，也是每个新创公司的机会。"[21]

大量心理学实验已经表明了验证偏差的力量。当遇到新的信息时，我们有一个强大的选择倾向，去选择那些符合我们预设的，而过滤掉或有折扣地接受那些有冲突的。想想弹球机行业，当电脑游戏刚刚在市场上出现时，弹球机的销量实际上是短暂上升的，因为新游戏带来了更多的顾客。对威廉姆斯公司而言很容易得出的结论是电脑游戏不会对其传统业务构成威胁。事实上，这就是它的许多竞争对手得出的结论，最终几乎所有企业都没有做出改变，只有威廉姆斯公司将业务重心转移到赌博游戏上。

避免目光短浅需要公司从顾客而不是自己的角度看问题。这种以顾客为中心的思想是很难形成的，因为很多公司都会很自然地将精力和注意力集中在自身的流程、战略及直接的自我利益上。如果一家公司在百科全书领域做了 200 年，它会很容易专注于将所有的工作重点集中在做好百科全书上，并且期待顾客会为它的光盘版本埋单，而不是从另一个角度看——其实光盘真的不是提供给这些顾客的最佳解决方案。

从培养顾客的角度来看，公司需要将其对顾客的倾听行为制度化，尤其是对领先用户（如在第 4 章所讨论的）。这些热忱参与的顾客实际上对公司变革和创新起到驱动作用，因为他们往往比一般人群更早面对新需求。[22]

企业面临的挑战，其实往往不是要找到合适的顾客并听取他们的建议，而是保持开放的态度。我的朋友马克·赫斯特的工作是努力帮助企业通过直接观察顾客来了解他们。"一个糟糕的事实是，当出现问题时，顾客常常带来坏消息，"赫斯特说，"而一些高管根本不想听。"[23]

*   *   *   *   *

在技术和顾客需求快速变化的世界，对企业而言，传递在过去很成功的不变价值是没有什么用处的。快速的变化要求每个企业不断地调整——如何为顾客提供服务，解决什么问题，提供什么价值。通过采取真正以顾客为中心的态度，企业可以保持变化中的领先地位。如果能学会不断重新评估自己提供的价值，识别顾客需求的变化，准确利用出现的机会，企业可以继续成为对顾客来说最有价值的选择。

现在，我们已经研究了数字转型的五个领域。当今企业需要从顾客、竞争、数据、创新和价值主张这几个方面思考。通过在这五个不同领域采用新的工具和概念，任何组织都可以超越传统商业的假设。通过对这五个领域的重新思考来改变战略，任何企业都可以在数字时代调整和创造新的价值。

要想在数字时代取得成功，还需要企业为未知——那些可能冲击任何行业的最具挑战性的破裂和错位——做准备。这就要求企业在谈论商业颠覆时，清楚地表达它们的意思，这一概念常常被误解。真正的商业颠覆不会每天都发生，但是有时候，企业必须面对一个真正具有颠覆性的挑战——一个从根本上破坏其当前地位的非对称威胁，使其对顾客变得没有吸引力，甚至使其更早地失去对顾客的价值。这个时候，企业需要额外的工具：一个理解竞争和真正的颠覆之间差异的理论，一个用来评估任何潜在的颠覆性威胁的标准，一个用来判断何为适当反应的指导。

在互联网蓬勃发展的时代，有关颠覆的主流理论都建立在工业时代末期和信息时代早期的变革基础上。当今成功的领导力需要一个适应数字时代的新的颠覆理论，这是第 7 章的主题。

第 7 章

掌握颠覆性商业模式

几乎每一次关于数字转型的讨论背后都弥漫着一种恐惧。对大多数公司来说，对组织的反思和调整正是为了应对一个极端的、可怕的后果——颠覆。

这种担忧并非杞人忧天。即使你的公司吸收了有关数字时代最好的战略思想，并努力将之应用于原有的经营理念中，仍然没有办法确保万无一失。公司很可能会面临非对称竞争者带来的真正的颠覆性威胁，在某些情况下这种威胁甚至不可避免。因此，做好应对颠覆的准备至关重要。

在本章中，我们将了解商业颠覆的本质及它与数字转型五大领域之间的关系。最后我会提出两个战略工具：第一个工具是颠覆性商业模式图，帮助公司评估任何一个新出现的威胁，以确定它是否真正对你的公司构成了颠覆性挑战（多数情况下不是的）。如果你真的遇到了颠覆性挑战，第二个工具——颠覆性应对计划，将揭示威胁辐射的范围，并帮助公司从六种企业应对战略中进行选择。为此，公司首先需要重新审视关于颠覆的现有理论，并加以发展，以诠释变化的数字时代新动态。

前文所讲的数字转型的五个领域，即顾客、竞争、数据、创新、价值，有助于我们理解颠覆。在本章，我们将了解为什么颠覆不同于大多数情况下的创新；颠覆为何被解释为商业模式之间的不对称竞争；为什么价值主张是理解和掌握颠覆的关键视角；平台、数据资产、顾客网络如何成为数字时代颠覆性价值的关键驱动因素。

我们首先要搞清楚我们所谈论的商业颠覆究竟是指什么。

颠覆的含义

随着每个行业面临的不可预知的威胁日益增多，有关颠覆的观点也得以发展。与此同时，颠覆变成一个时髦的概念，被毫无限制地肆意使用。任何新业务或新产品都被说成是颠覆性的，以此增加可信性，比如"你必须投资我们的新公司，因为它将颠覆某行业"！不计其数的演讲都告诫人们，创业者就是颠覆者。有时颠覆和创新被混为一谈，其实创新不是简单地颠覆现有业务，而是为顾客创造新的价值。

企业需要深入地思考颠覆，以更深刻地明确自身的商业战略，所以对颠覆现象给出一个清晰的解释就变得至关重要。

首先，让我给颠覆下一个定义：

当现有行业面对一个能够为顾客提供远远超出现有行业能提供的价值的挑战者，而现有企业又无法与之直接竞争时，商业颠覆就出现了。

让我们把这个定义展开。

● **商业颠覆。**我们讨论的是商业领域内的颠覆。我之所以要阐明这一点，是因为颠覆的观点经常被应用于文化、社会、政治及其他领域中。例如，有人认为从对社会习俗、婚姻法和政治意识形态的影响来看，避孕药是一种颠覆性的创新。但是，它可能不会改变企业或行业。在这个例子中，一个创新对社会而言可能是颠覆性的，但不属于商业颠覆。

● **现有行业。**在语法上，颠覆是一个及物动词。一个事物具有颠覆性，意味着必然有另一个事物被颠覆。有时候，当我们看到具有突破性创新的新企业或新产品时，就即刻得出它也具有颠覆性的结论，却没有考虑其对现有行业有什么样的影响。想一想由塞巴斯蒂安·特伦和谷歌 X 实验室的其他专家们开发出来的无人驾驶汽车吧。一种能被主流人群接受且人们可以负担得起的无人驾驶汽车可能很快变得司空见惯，甚至在未来的一二十年里成为主导交通模式。如果真的如此，对驾驶员而言这显然是一项革命性的技术。但无人驾驶汽车会不会颠覆现有的汽车制造商还很难说。到目前为止，谷歌对进入汽车制造业并无兴趣，而是选择与主要的汽车制造商合作。

有些汽车制造商，如丰田公司，也涉足这一领域，同步进行自主开发。无人驾驶汽车很可能将突破性地改变驾驶体验和全球交通，而非改变现有的汽车制造行业。

● **为顾客提供巨大价值。**颠覆之所以发生，是因为突然出现了一个新的产品，它对顾客的吸引力远远超过现有行业的产品。如果数码相机只能为顾客提供略胜一筹的价值，柯达是不会破产的。然而当数码相机能够为普通拍照者提供无限次拍摄、照片即时显现以及图像随意复制和传输等远远好于胶卷相机的超大价值时，柯达只能走向破产。颠覆和传统竞争的首要差别在于巨大的价值差距，因为当价值差距达到一个临界点后，顾客一起向新的行业转移。

● **不能直接竞争。**这是颠覆和传统竞争的另一个重要差异。在传统竞争中，大致相似的企业通过为顾客提供更好的产品功能、更低的价格或更多个性化服务来一争高下。[1]当福特汽车公司推出一款更快、更时尚、更节能的汽车时，克莱斯勒公司会在相同的方向加倍努力。当梅西百货将交通因素纳入假日促销的考虑中时，JCPenny公司也会这么做。当英国航空公司利用数据分析为旅客提供更多个性化服务时，维珍航空公司会为它的顾客做同样的努力。但颠覆却与此不同。颠覆是由非对称的竞争性威胁造成的。一个具有颠覆性的挑战者不是销售同样的产品和服务的不同版本，而是通过提供现有行业没有也不能提供的产品、服务或商业模式来满足顾客需求。

　　在颠覆的定义中最重要的表述是：不是所有的创新都是颠覆性的。我之所以强调这一点，是因为很多时候颠覆被简单地理解为"极度创新"。事实上，很多新的商业构思确实通过否定所在行业的共同假设和权威人物而创造了新的顾客价值，但是这些创新绝大多数都不会颠覆市场原有的形态，其创新的结果是一个新的产品或品牌，而不是颠覆。

　　举一个有关袜子的例子。2004 年，乔纳·斯托和其他三个合伙人共同创立了 LittleMissMatched 公司，该公司销售的袜子以三只为一组，每组都故意不配对，但是俏皮的颜色和图案使得混搭的袜子看起来很时尚。作为一个关注生活方式的新品牌，该公司将目标顾客设定为 8～12 岁的小女孩，并且取得了巨大的成功。这个关于袜子的奇思妙想打破了常规，并为目标顾客增加了新的价值。但是，它并不是颠覆性的，这些袜子在生产、销售、分销、定价和使用方面与其他袜子是一样的。因此，现有的袜子制造企业要想与之直接竞争并无障碍。事实也确实如此，由于该公司的巨大成功，很多其他品牌也争相效仿它的产品构思。

　　创新的商业模式也不一定是颠覆性的——只要它创造的就业和收益完全只是对市场的一种填充。在《蓝海战略》一书中，W. 钱·金和勒妮·莫博涅描述了如何利用"价值创新"通过开拓无人竞争的新领域来创造新的价值和增长。他们用太阳马戏团作为例子，该马戏团发明了娱乐表演与戏剧相结合的混合形式。² 在这个例子和其他类似的例子中，创新者没有破坏现有的行业，而是简单地开拓了一个新的市场空间，即"蓝海"。

以上所述并不是为了否认蓝海、非常规思维、创新产品/服务/品牌的价值，仅仅是为了阐明创新并不总是颠覆性的。

数字时代的颠覆

我们已经对颠覆的含义有了了解，接下来的问题是：为什么颠覆在数字时代呈现上升趋势？

答案很简单。正如我们在前面所讲到的，数字技术改写了商业规则。这些新规则为不计其数的新挑战者提供了机会，使他们有可能取代那些长期盈利但缺乏适应性的企业。没有哪个行业可以幸免。如果说工业革命是机器改变了劳动力和价值创造的物理运作模式，那么我们正处在计算改变价值创造的逻辑运作模式的革命开端。

马克·安德森有句名言："软件正在吞噬世界。"他开发了第一个网络浏览器软件，使互联网成为大众可以参与其中的网络。在第6章，我们了解了唱片公司面临的生存挑战。而今，安德森认为各个行业的数字化会导致在位者①与软件驱动的颠覆者之间出现更多的

①　在位者指当前市场上的主导企业，是受到挑战者冲击的那些公司。——译者注

激战。[3]

这样的例子信手拈来。

想想 Craigslist 提供的网上分类广告服务以及它对报纸行业商业模式的影响。传统的报纸造价很高，某些版面，如国际新闻版，如果单独销售的话是不赚钱的。但是报纸总是捆绑销售，这样那些赚钱的版面可以用来支付成本费用。每份报纸中最赚钱的版面之一就是分类广告，人们可以花钱在这个版面发布小的广告信息来卖东西（如二手汽车、家具和电视）或提供服务（如搬家、修剪草坪）。克雷格·纽马克是在旧金山工作的一名软件程序员，他有一个很简单的想法，即利用网络使人们可以免费发布分类广告。Craigslist 原本是纽马克出于个人爱好而做的一个小项目的名字，它从一个电子邮件列表迅速发展为自助服务网站，成为一家分布于 70 个国家、使用 13 种语言、每月有 500 亿次浏览量的全球化公司。[4]Craigslist 的成功并非偶然。对顾客来说，它提供的服务比报纸好得多：免费发布广告（几乎所有类别的广告都可以），即时发布，还可以在很简单的界面上搜索信息。而报纸行业眼睁睁地看着自己最大的利润来源消失殆尽，除了妄想互联网从来没被发明以外，实在无计可施。当然，报纸也可以建立自己的免费分类列表，但这对挽回收入损失来说毫无用处。由于完全不同的成本结构，报纸行业根本无法与这个颠覆性的挑战者竞争。

我们之前谈到过爱彼迎，一个软件驱动型的传统酒店业的挑战者。爱彼迎并非斥资兴建酒店再把房间租给游客，而是提供了一个网上平台，人们可以把自己闲置的房屋通过该平台出租，租客可以在此找到租赁信息。这个新创企业每年有超过 1 000 万名用户，遍布192 个国家，它不拥有任何实体酒店，却超越洲际酒店集团和希尔顿酒店集团，成为"世界上最大的连锁酒店"。[5] 对很多顾客来说，不管在纽约还是巴黎，爱彼迎都比传统酒店好得多：更优惠的价格，更多社区选择，以及更多本地化和个性化的体验。由于在企业资产上的投资完全不同，连锁酒店也不愿效仿这种做法，它们将最大的希望寄托于当地政府对颠覆者的限制，因为很多当地政府在这些非传统的酒店服务中流失了税收来源。

另一个例子是送餐服务的数字化挑战者 GrubHub。对生活在芝加哥、纽约和伦敦等城市的人来说，GrubHub 提供了很棒的体验。只要使用 GrubHub 公司单独且精心设计的手机应用或登录其网站，顾客就可以浏览大量附近的餐馆，从菜单中选餐，然后用预先注册的信用卡支付账单。比起不停点击各种维护不善的网站，再给餐厅打电话，还经常碰上糟糕的电话服务，这样的体验要好得多。对城市里的个体餐馆来说，GrubHub 平台为它们带来了新的顾客，以及它们自身无法构建的在线订餐系统。但是，随着 GrubHub 手机应用的广泛流行和该公司的发展壮大，这些个体餐馆逐渐发现，它们除了加入这个新的数字化平台并与其分享已然微薄的利润外，没有其他选择。要想和 GrubHub 公司直接竞争是不可能的，即使精通技术，一家餐馆也难以提供像 GrubHub 这样多样化的汇总菜单。

在这些行业中，一个新的数字驱动型企业为顾客提供了超大价值，同时削弱或撼动了传统在位者的地位。尽管数字化挑战者不断吞食利润份额，传统在位者却无法通过提供相同的价值与之直接竞争。

数字化颠覆者的具体战略多种多样，可以像 Craigslist 那样免费提供新服务，也可以像 GrubHub 那样在传统企业和终端消费者之间寻求发展，还可以像爱彼迎那样为满足长期的顾客需求提供替代性解决方案，从而取代传统酒店。

然而，在每个颠覆的例子中，挑战者都来自那些为顾客提供新型价值的新企业。在位者可能手足无措地声称它们的挑战者具有不公平的优势，但无论颠覆者是不是一个赚得盆满钵满的新企业（爱彼迎的估值超过 100 亿美元，而 Craigslist 更像个非营利组织），每个颠覆者都为顾客创造了新价值。没有谁能在不创造一个引人注目的新价值主张的情况下创建一个颠覆性的企业。

但只有这些吗？我们只是简单地谈谈价值主张吗？还是应该有更多内容？究竟什么能够真正地界定颠覆？我们能够构建模型、理解甚至预测它吗？

与颠覆相关的理论

商业颠覆方面的第一个重要理论家是奥地利经济学家约瑟夫·熊彼特。他并没有使用"颠覆"这个词，但他着力阐述了一个被他称为"创造性破坏"的现象，即资本主义固有的在创新过程中破坏旧产业和旧经济体系的现象。在描述美国中西部的伊利诺伊中央铁路时，他写道："伊利诺伊中央铁路不仅能为该地区带来良好的商业前景，建设了新的城市、开发了新土地，还意味着对（旧有的）西部农业宣判死刑。"[6]

熊彼特将行业颠覆看作资本主义固有的范式。资本主义发明创造的循环往复在催生新产业的同时也摧毁了先前的产业。克莱顿·克里斯坦森是第一个提出颠覆理论并深入探究颠覆机制的人，他有关颠覆性技术（后来被称为颠覆性创新）的理论观点体现在 1995 年发表的文章及《创新者的窘境》（*The Innovator's Dilemma*）一书中。[7]

克里斯坦森的理论阐述了颠覆性挑战者如何撼动长期占统治地位的在位者的地位。颠覆者最初总是向新市场上的买家销售产品，这些买家处于在位者所服务的顾客市场之外。颠覆者向"新市场"提供的创新性产品往往在功能和特性上比较低端，但价格便宜，或者对那些无法使用在位者产品的顾客来说更容易获得。其遵循的范式是可以预测的：在位者忽视了挑战者提供的低端产品，因为其顾客对这类产品并不感兴趣，因此，在位者继续改进现有高价位产品的功能。然而，随着时间的推移，挑战者的创新性产品表现得越来越出色，同时仍然比在位者的现有产品更便宜或更易获得。在某个关键节点，包含新技术的创新性产品已经足够出色，可以替代在位者为现有顾客提供的产品，随后顾客迅速向更便宜或更易获得的替代品转移。而此时的在位者，由于一直以来都坚持它的主打产品和商业模式，已经很难与挑战者竞争了。随后，在位者的销售量迅速下滑。

这是一个强有力的理论，可以有效地应用于很多行业的案例中，如电脑硬盘驱动、机械式挖掘机、炼钢厂、证券公司、打印机等。

但是，正如技术分析师本·汤普森所说："克里斯坦森的理论都基于那些由企业而非消费者做出购买决策的案例。"[8] 在 20 世纪 90 年代中期（克里斯坦森写《创新者的窘境》的时代），技术几乎都是销售给企业的，而不是消费者。正因为如此，我们需要一个一以贯之的颠覆理论。顾客动机由一些明确的功能性因素驱动，即价格、可得性和功效。在位者尤其容易对新的顾客市场视而不见，由于它们的 B2B 销售流程（有专门的销售人员拜访企业客户），在位者很难从现有的顾客转移到颠覆者服务的新兴顾客群体。

克里斯坦森的理论解释了很多颠覆性案例，但也遗漏了其他一些案例，原因可能在于它发源于 B2B 行业。一个很著名的例子是，克里斯坦森在接受采访时曾预测苹果公司的 iPhone 不会颠覆诺基亚等现有企业。"与诺基亚相比，iPhone 是一个持续的技术。换句话说，苹果公司是在一条持续的曲线上跃进（通过提供更好的手机）。但是利用颠覆理论可以预测，苹果公司不会通过 iPhone 获得成功，因为它所推进的创新正是该行业中的现存企业迫切希望回击的。这不是（真正的）颠覆。历史会大声告诉我们，它成功的可能性非常有限。"[9]

在 iPhone 大获成功之后，克里斯坦森又指出，事实证明苹果公司是一个颠覆者，但它所颠覆的其实是个人电脑行业。[10] 这是一个有趣的观点，且仍然适用，因为全球的个人电脑销售都在放缓，并逐步被智能手机取代。但认为诺基亚不会被 iPhone 颠覆的观点还是毫无意义。在 iPhone 出现之前，诺基亚是移动电话行业的领头企业，但它完全没有能力与新的挑战者竞争，很快就变得无足轻重。六年后，诺基亚的手机业务卖给了微软公司。

尽管如此，我并不认为克里斯坦森的言论是草率或错误的。iPhone 与诺基亚的例子显然不符合他原先的理论模型。从一开始，iPhone 就销售给那些生活富足且乐于接受高科技的顾客，这类顾客也是诺基亚顾客群的主体。和诺基亚手机相比，iPhone 既不会更便宜，也不会更易获得。它并不是从较低的水平开始，再逐步反超在位者的。那么诺基亚怎么会这么彻底地被颠覆了呢？

　　我尝试用一个新的理论去回答这个问题，目的并不是要取代克里斯坦森的理论，而是将其理论进行拓展，从而解释目前市场中随处可见的颠覆新动态——由消费者购买行为驱动的颠覆，从现有企业核心顾客开始的颠覆（而不是从新的顾客市场开始），以及由价值而不是价格或可获得性驱动的颠覆。正如我们将看到的，克里斯坦森理论中的新市场颠覆事实上是我即将阐述的理论的一个具体情形。

关于颠覆的商业模式理论

　　我的理论始于一个前提假设，即审视颠覆的最佳视角是商业模式。很多当今最大的颠覆者都不是向市场推介一种新的基础技术（如一种新的硬盘驱动或新的机械式挖掘机）。相反，它们运用已有的技术来设计新的商业模式（Craigslist 既没发明邮件列表，也没发明网站；GrubHub 既没发明电子商务，也没发明手机应用）。商业颠覆本质上是不对等的商业模式相互冲突的结果。

　　和颠覆一样，商业模式作为一种日益普及的战略制定工具，也有各种各样的定义。我将采用一个常见的定义：商业模式描述了一个企业创造价值、向市场传递价值并获取价值回报的整体理念。[11]

　　一个具体的商业模式可以包含多个构成要素。亚历山大·奥斯特瓦德和伊夫·皮尼厄认为商业模式包括九块"基石"：顾客细分、价值主张、分销渠道、顾客关系、收入来源、关键资源、关键业务、重要伙伴及成本结构。[12]马克·约翰逊、克莱顿·克里斯坦森和孔翰宁则认为商业模式包括四个部分：顾客价值主张、利润公式（包括收入模式、成本结构、边际利润模型、资源周转率）、关键资源、关键流程。[13]

我的初衷是将商业模式作为预测商业颠覆的途径，为实现这个目标，框架可以更简化一些。

商业模式的两面

为了达到解释颠覆的目的，我们将商业模式一分为二。

商业模式的第一面是价值主张——企业提供给顾客的价值。由于价值创造的极端重要性及其在商业颠覆过程中的作用，在本框架中，我把它放在与商业模式的所有其他要素一样的地位来考察。在这一点上，我并非独树一帜。约翰逊、克里斯坦森和孔翰宁都认为价值主张"目前为止对正确行事来说最为重要"。[14]尽管价值主张在奥斯特瓦德和皮尼厄的第一本书中只是九块基石之一，但他们的第二本书就完全聚焦在价值主张上了。[15]

商业模式的第二面是价值网络——使企业能从价值主张中创造价值、传递价值并获利的人员、合作伙伴、资产及流程。具体包括渠道、定价、成本结构、资产、资源和企业非常关注的顾客细分。"价值网络"一词出现于20世纪90年代，与价值链相比，它提供了一个不太微观、不以制造为导向且不局限于企业内部的价值创造模型。[16]

　　举个简单的例子，在哥伦比亚大学商学院高管教育的国际高管短期项目中（通常与亚洲、欧洲或拉丁美洲的顶尖大学合作办学），我经常介绍这个框架。我要求高管们描述一个他们正在实施的项目的价值主张，比如在他们正在参加的短期培训项目中，我提出如下问题："作为顾客你从培训项目中获得了哪些收益？"他们通常会认定几件事：案例学习和最佳实践，了解行业发展新趋势，实用的框架和工具——还包括伙伴关系、结识老师、被认可的证书，以及让他们从繁忙的日常管理中抽身出来思考未来蓝图的机会。在任何一个错综复杂的企业中，价值主张都会包括很多像上述这样的要素。

　　之后我向参与者们提问有关价值网络的问题："什么使得商学院可以创造价值、传递价值并从中获利？"他们通常都会提及教师、校园（地处纽约有时很重要），以及该项目的职员——还有学校的品牌和声誉、与行业的关系、商学院合作网络，以及成为研究型大学的组成部分，这些因素从不同方面使价值主张成为可能。

　　了解了商业模式的两个方面——价值主张和价值网络，之后我们就准备将它们应用于考察颠覆如何发生的新理论中。

商业模式颠覆的两点差异

　　简单来说，商业模式颠覆理论是指，为了颠覆一个现有企业，挑战者必须在商业模式的两个方面都表现出显著的差异性。

● 显著超越在位者所提供价值的价值主张差异（至少对某些顾客来说是这样的）。

● 价值网络的差异，该价值网络能创造使在位者难以模仿的壁垒。

只有当上述两个条件同时满足时，商业颠覆才会发生。

如果没有第一个差异，就不会有颠覆，而只是传统的竞争。如果挑战者提供的价值仅仅是逐步改良（在价格、便利性、简洁性或特性等方面略胜一筹），那么可能会给在位者造成一些商业损失，但在位者需要做的只是简单地利用常规竞争战略进行回应，追赶挑战者，消除差距，或者将损失最小化。要做到颠覆，挑战者提供的价值必须表现得极为出色，至少对某些类型的顾客而言，这种出色的价值足以让他们毫不犹豫地转向挑战者。当地方性报纸的读者发现 Craigslist 时，即时免费地在网上发布他们的广告（相较于在报纸上发布广告的低速和高价）毫无疑问是更好的选择。并不是所有人都与选择爱彼迎的人一样，喜欢住在公寓里，但对那些喜欢通过爱彼迎找到公寓的人来说，爱彼迎提供的各种好处（价格、便利性、地点的选择、人际互动及本土风情）让传统的酒店根本无法与之竞争。

如果没有第二个差异，在位者可以简单地旁观具有创新性的挑战者如何成功，然后通过模仿挑战者生产复制品就可以获利。在位者最终被颠覆，是因为出于各种原因它无法模仿挑战者，但这些不同的原因都源于在位者构建企业时的价值网络。对面临 Craigslist 公司挑战的报社而言，高昂的运营成本意味着模仿一个反传统的小公司去提供免费服务并无益处，何况这个小公司坚持多年不盈利，也不打算建立大型盈利企业。对全球连锁酒店来说，如凯悦酒店，模仿爱彼迎提供房间共享服务会导致它自己的房产闲置，还会损坏品牌形象，激怒合作伙伴（很多酒店都归特许经营商所有），甚至还要比爱彼迎接受更多的地方政府税务审查。在这两个例子中，在位者现有的价值网络阻碍了它们模仿挑战者提供新的价值。

让我们更具体地了解这两种差异。

价值主张差异

每个颠覆者都需要在价值主张方面显著超越在位者提供的价值。这个差异有很多来源，我将之称为价值主张生成要素（我从凯文·凯利那里借鉴的词）。[17]

数字化颠覆者常见的关键价值主张生成要素包括以下几个。

● **价格。**数字化商业模式经常使企业能够以相当低的价格提供同样的产品或服务。

- **免费或"免费增值"**① **模式。**研究表明，免费提供比低价更能刺激顾客尝试新产品，即使价格低到只有一分钱。[18]很多新的商业模式通过免费增值模式增加顾客价值，即某些服务是可以免费获得的，但要想得到额外的好处就需要使用增值付费版本。

- **可得性。**数字化商业模式最常见的生成要素之一，就是使顾客无论何时何地都能远程获得产品或服务。

- **简洁性。**很多数字化商业模式都是通过消除销售流程中的摩擦，使顾客选择、购买和使用产品变得更简单便捷来实现颠覆的。

- **个性化。**顾客喜欢有更多的可选方案（只要有辅助工具帮助进行选择），并且选择的产品或服务能够满足他们特定的需求。有时这种个性化通过像奈飞这样的推荐引擎实现，有时通过为顾客提供定制产品来实现。

- **汇聚。**很多平台商业模式通过将许多卖家会集在一起供顾客选择来增加价值。

- **拆分。**许多数字化创新都涉及拆分传统的捆绑组合，即拆分顾客必须一起购买的一组产品、服务或功能。拆分后，顾客可以只购买他们需要的部分。企业还可以关注并改进捆绑组合中的核心部

---

① 免费增值是指以免费吸引使用者，通过广告或提供增值服务来盈利。——译者注

分，也可以增加价值。

● **整合（或重组）。**企业也可以通过将当前分离的服务捆绑起来生成新的顾客价值（想一想 iPhone 的第一批顾客，他们手里拿的这种设备说不清是电话、MP3 还是掌上电脑）。整合的真正价值在于，当各个不同部分组合在一起时可以表现得天衣无缝，这是各部分分开时无法实现的（想一想你的地址簿、地图、日历、电子邮件、电话和短信是如何在你的智能手机里同时运行并产生交互影响的）。

● **社交性。**能够与他人分享使用某种产品或服务的体验对很多顾客来说越来越有价值。

上述要素并没有涵盖全部的价值主张生成要素。还有一些要素与数字技术的关联性较小，包括目的性（如消费者每从瓦比帕克买一次东西就有一定比例的钱支持社会事业发展）、可靠性（如 Etsy 公司使购买者们可以与工匠互动并直接从工匠那里购买手工艺品）、所有权的解放（如 Rent The Runway 使顾客参加聚会时能够租到不同的设计师品牌服装而不需要购买它们）。

你可能会注意到，上述生成要素很多都来自本书已经谈到的战略概念——顾客网络、购买路径、个性化数据及平台的价值，所有这些都体现在新价值主张的应用与发明中，也就是第 6 章的主题。

价值网络差异

颠覆者还需要创造一个难以被在位者模仿的价值网络差异壁垒。回想一下在价值网络里使企业能从价值主张中创造价值、传递价值并获利的那些内容——人员、合作伙伴、资产和流程。价值网络差异可以从上述要素中获得，我称为"价值网络构件"。

分析一个挑战者的价值网络时，需要考虑的核心构件包括以下几个。

● **顾客。**对比在位者目前服务的顾客，挑战者可能追求不同的顾客细分或顾客类型。

● **渠道。**包括零售或线上分销、直接交付给顾客或通过中间商分销（挑战者是不是利用不同的渠道进入市场）。

● **合作伙伴。**包括销售、制造、供应链或其他对挑战者交付产品至关重要的合作伙伴。

● **网络。**如果挑战者采用平台商业模式，那么它建立的顾客网络或合作伙伴网络对产品分销来说就非常必要。

● **互补产品或服务。**挑战者可能已经提供给顾客其他产品或服务，这对新产品的价值创造很重要（想一想苹果的 iTunes 音乐服务，它先于 iPhone 出现，并增加了 iPhone 的价值）。

● **品牌。**声誉、品牌形象以及之前与顾客的关系，这些对挑战者提供顾客价值的能力来说必不可少。

- **收入模式。**包括定价、利润率及支付模式（顾客是根据产品类型付费、按次付费、包月、按收入份额付费还是其他标准）。

- **成本结构。**包括挑战者为了给顾客提供价值而产生的固定和变动成本。

- **技能和流程。**挑战者可能具有独一无二的或差异化的流程和组织能力，这对它提供的价值来说非常重要（从苹果公司在 iPhone 上体现出的设计能力，到 Zappos 高度发达的顾客服务能力）。

- **实物资产。**包括挑战者拥有的厂房、设备、店铺等。

- **知识产权资产。**重要的知识产权包括专利、权利、许可和独特的技术。

- **数据资产。**挑战者的价值主张可能依赖独特的数据资产与能力，如亚马逊和谷歌利用它们的顾客数据提供个性化服务。

克里斯坦森的新市场颠覆理论

如前所述，克里斯坦森关于商业颠覆的原始模型经常被称为新市场颠覆，它是我们这个更宽泛的商业模式颠覆理论的一个具体情形。

在我们这个新理论中，克里斯坦森的新市场颠覆是关于所有颠覆情形的一个简单描述，在克里斯坦森的描述中，价值主张差异体现在价格或可得性上，价值网络差异体现在顾客细分上（挑战者追求新的顾客细分）。

我对克里斯坦森的模型进行扩展，将价值主张和价值网络的其他差异包含进来，我们可以思考并分析很多其他的商业颠覆案例，尤其是那些涉及数字时代最大颠覆者的例子。

数字化颠覆者：苹果、奈飞、瓦比帕克

让我们一起来看看商业模式颠覆模型如何应用于近年来发生的三个商业颠覆的案例。这三个颠覆案例都属于 B2C 领域，而且都不是传统的新市场颠覆。

其中两个在位者已经被彻底颠覆了，离开了它们曾经占据领先地位的商业领域，还有一个颠覆是新发生的，目前仍在进行中（正如我们所见，一个颠覆性的挑战者并不总是给在位者带来灭顶之灾）。

苹果与诺基亚

为什么苹果的 iPhone 如此彻底地取代了诺基亚手机？

通过观察它们在价值主张上的差异，我们可以得知为什么顾客能很快发现 iPhone 不仅仅是好一点，而是好太多——诺基亚手机根本无法与之相提并论，如表 7-1 所示。

表 7-1　商业模式颠覆：iPhone（颠覆者）与诺基亚（在位者）

价值主张差异	价值网络差异
外观设计	设计能力
使用的便捷性	零售商补贴
整合（音乐、电话、掌上电脑、	无限数据使用
浏览器、电子邮件、地图）	操作系统设计经验
手机应用	iTunes 整合
	手机应用开发人员

当然，其中一个差别是手机外观设计——iPhone 的外形、重量、超大显示屏和触屏体验提供了完全不同的顾客体验。简洁性也是一个重要差别。在 2007 年，移动电话还很难操作，即使像管理语音信箱这样的通用功能都很不完善，而 iPhone 的操作系统提供了一个更加简单的用户界面。还有一个重要的差别是整合——顾客不需要随身携带手机（为了打电话）、掌上电脑（为了查看地址簿和日历）、MP3（为了听歌）和导航设备（为了查看地图），iPhone 把所有这些功能完美地整合在同一个设备中。最后，iPhone 还有手机应用程序——最初是网页浏览器和其他一些应用程序，随后苹果邀请外部人员开发程序，在推出 iPhone 的第二年，成千上万个 App 涌现出来。手机 App 使 iPhone 变成了一个真正的电脑设备。

为什么诺基亚不去竞争呢？显而易见，苹果公司只用了短短几年的时间就获得了令人羡慕的利润率，给手机市场带来了巨大冲击。但是，诺基亚尽管是全球移动电话领域的领先者（估价超过 1 000 亿美元），却不能通过仿照 iPhone 生产自己的智能手机去效法苹果公司的成功，原因在于这两家公司在价值网络上存在差异。

很多人关注苹果公司高超的设计能力，这毫无疑问对 iPhone 创造引人注目的外观设计和触屏体验是至关重要的。但是苹果公司的价值网络还具有其他多种差异，正是这些差异使它能够创造出 iPhone，提供给市场，并从中获利。其中一个差异就是苹果公司与它的零售伙伴美国电话电报公司建立的合作伙伴关系，美国电话电报公司给予它很大的补贴。它是通过替消费者承担很大一部分手机价格实现补贴的，并将这部分补贴均分到两年期合约的月度账单里，消费者以数据流量使用费的形式按月付费。如果没有这部分补贴，iPhone 会因为过于昂贵而仍旧是细分市场中的奢侈品。美国电话电报公司在 iPhone 推出的前几年还提供支付某一固定价格获得无限数据使用的服务，这引导消费者充分发掘新设备的应用程序和功能，从而强化了其对移动设备的新习惯和新期望。iPhone 的另一个价值网络要素体现在苹果公司自身：设计简洁的计算机操作系统的能力（具有多年台式计算机产品的设计经验）和 iTunes 音乐平台的所有权。由于 iPod，苹果已经拥有在美国消费者市场占主导地位的数字音乐平台，还有谁愿意重新从一个新的市场购买诺基亚或其他公司的音乐产品？最后，随着 App 商店的开放，用户量和销售量的爆炸式增长吸引了成千上万名开发人员为 iPhone 开发应用程序。诺基亚不可能为它的任何一款手机开发如此多的应用程序，在吸引外部开发人员的竞赛中也远远落后。总之，公司价值网络中的这些差异使诺基亚不可能模仿 iPhone 的战略。

奈飞与百事达

让我们来看看另一个近年发生的大规模颠覆的案例：奈飞公司DVD 租赁服务如何击败影片租赁连锁零售商百事达。

百事达在零售领域扎根已久并占据主导地位，因此奈飞通过为顾客提供极具差异化的价值主张来与之竞争，如表 7-2 所示。

表 7-2　商业模式颠覆：奈飞（颠覆者）与百事达（在位者）

价值主张差异	价值网络差异
没有滞纳金	订阅价格模式
容易获得（产品寄送到家）	电子商务网站
广泛的选择	数据资产和推荐引擎
个性化的推荐	仓库和邮件分销系统
	没有零售成本

第一个差别是取消了滞纳金。在零售模式中，顾客选取影碟并按租赁天数支付费用。如果他们超过了租赁期限才归还影碟，就会被收取很高的且必不可免的滞纳金。但是奈飞彻底取消了这个遭人痛恨的滞纳金，取而代之的是按月付费。顾客可以一次性带回家三张影碟，想提早或推后更换影碟都可以。奈飞的产品还具有更好的可得性。顾客只需要在奈飞的网站上简单地把影碟选出来，而不用跑到零售店里去。几天以后，选中的影碟会通过信件送达，并有一

个方便的回邮信封用来退还影碟。由于奈飞公司从集中的仓库发货，因此它能够为每个顾客提供 10 万部影片，比任何一家百事达零售店提供的选择都广泛得多。为了帮助消费者从如此庞大的影片库中做出选择，奈飞的网站还提供一个先进的影片推荐工具。这些价值主张差异的累积效应体现在：尝试过奈飞服务的顾客会喜欢上奈飞，不再放弃，并会推荐给他们的朋友。百事达很快就意识到它遇到了真正的威胁。

为什么百事达不开发一个奈飞的复制品——自己的邮件订阅服务？事实上，它确实这么做了。当奈飞带来的威胁变得越来越明朗，百事达零售商尝试开发自己的邮件订阅服务。但是，综观两家公司价值网络的差异，百事达面临的各种阻碍已在意料之中。其中一个差别是定价模式（订阅价格和按件计价的差别），其实这对百事达来说模仿起来很简单。第二个差别是奈飞的网站和影片推荐引擎。尽管百事达可以建立一个电子商务网站，但它缺乏大量数据资产以及先进的技术资产来提供像奈飞那样好的影片推荐系统。还有一个差别是奈飞先进的仓库和邮件分发系统。如果投入巨资，百事达也可以建立一个自己的系统，但关键的问题是，奈飞已经花费数年时间迭代并优化了其邮件系统的方方面面（包括邮寄信封和 DVD 护套的精确形状与尺寸），以便达到最大限度的自动化、最小的误差、最快的周转率及最低的成本。百事达有可能复制这样的递送服务，但不可能具有同样的价格和同样的利润率。最后一个巨大的差别是，奈飞没有运营 9 000 家零售店的间接成本。总之，即便百事达能够采用与奈飞大致相当的价值主张为顾客服务一时，它也很难在同样的顾客价格上有利可图。经过几年的利润快速下滑，百事达在 2014 年关闭了它最后 300 家门店。

瓦比帕克与陆逊梯卡

瓦比帕克是美国一个眼镜品牌，它试图颠覆向顾客销售验光眼镜和太阳镜的方式。这个行业的传统巨头是陆逊梯卡（Luxottica）集团，控制了 80％以上的大型眼镜品牌（包括雷朋、欧克利、派索以及特许设计师品牌，如阿玛尼和普拉达）。也许是由于市场的高度稳定，顾客购买眼镜的传统体验远远没有吸引力。每副眼镜的售价在 300 美元以上，而且为了购买眼镜顾客还要跑去零售店下订单，之后再回来取眼镜。瓦比帕克通过电子商务销售设计时尚的自有品牌眼镜，每副售价为 95 美元。为了克服顾客跑远路挑选眼镜的难题，公司允许顾客选择 5 副眼镜框并免费寄送到家试戴。当顾客挑选好眼镜框以后，公司安装上有验光度数的镜片，再把最终的眼镜寄出。

瓦比帕克对在位者来说是一个颠覆性的威胁吗？让我们通过观察两种差异来做判断，如表 7-3 所示。

表 7－3　　商业模式颠覆：瓦比帕克（颠覆者）与陆逊梯卡（在位者）

价值主张差异	价值网络差异
超低价格（95 美元）	在线渠道
可得性	很低的零售成本
社会公益事业	纵向一体化
	B Corp① 身份

　　瓦比帕克最大的价值主张差异是它的价格——还不到传统公司眼镜价格的 1/3。它在可得性差异上也很有潜力：对那些不愿多次往返店铺或所在地区没有很多零售店的顾客来说，在线服务具有很大的优势（为了吸引大城市的顾客，该公司开设了数量有限的零售店和展厅）。此外，公司通过一个名为"视觉之春"的非营利机构，开展每卖出一副眼镜就无偿捐赠一副眼镜的活动。这项活动和其他社会公益事业（瓦比帕克通过了 B Corp 认证，也是百分之百的低碳公司）对某些顾客来说意义重大。因此，至少对某些细分顾客而言（对价格敏感，想避免去零售店的麻烦，或者偏爱社会公益品牌），这家公司提供了一个极具吸引力的价值主张。

　　瓦比帕克的价值网络又如何呢？它在传递价值的过程中是否存在差异？第一个差异是它的在线销售渠道和极低的零售成本。能够保持低价还因为它的纵向一体化（它拥有自己的品牌，自己生产产品，并

---

　　①　B Corp 是 Benefit Corporation 的缩写，是美国的一种认证，指运用自己的力量致力于解决环境和社会问题的企业。——译者注

且拥有整个销售渠道）。相比之下，陆逊梯卡将其旗下许多品牌授权出去，虽然它拥有大型零售连锁店，但也通过其他零售商销售产品。陆逊梯卡当然可以为自己的品牌推出一个电子商务门户网站，但它的成本结构使之无法接近瓦比帕克的价格。作为一个标准的上市公司，陆逊梯卡也很难达到瓦比帕克支持社会公益事业的程度。

显然，瓦比帕克对陆逊梯卡构成了颠覆性威胁——它拥有在位者无法模仿的极佳的价值主张，但这个颠覆的范围有多广还不能确定。可能很多顾客愿意花高价买像普拉达这样的全球知名品牌眼镜，或者偏爱在附近的商店购物，或者并不在意碳排放量和捐赠。

这些问题决定了像瓦比帕克这样的颠覆性挑战者的规模和影响力。这样的变量对颠覆能否成功有着显著的影响。下面让我们来看看那些影响商业模式颠覆效果的关键变量。

商业模式颠覆理论中的三个变量

商业模式颠覆理论可以识别并解释不同行业中各种各样的挑战者引发颠覆的原因，但是一个挑战者构成了真正的颠覆性威胁并不意味着该行业中的其他企业就注定被颠覆。在位者可以有多种选择来回应，而且，从颠覆者的本质（它的价值主张和价值网络）就可以预测很多颠覆的结果。

完善商业模式颠覆理论的三个重要变量是顾客轨迹、颠覆范围和多重在位者。

顾客轨迹

在任何一个商业模式颠覆的案例中，要考虑的第一个变量就是顾客轨迹。哪些顾客会为挑战者进入市场提供最初的基础？他们已经是在位者的顾客了吗？

商业模式颠覆者可以通过以下两种轨迹进入市场。

● **由外向内。**颠覆者最开始将产品销售给那些在位者没有服务到的买方（这些买方处于在位者目标市场的"外部"）。随着时间的推移，当颠覆者开始从在位者的目标市场中直接瓜分顾客时，它就逐步进入了该市场。

● **由内向外。**颠覆者最开始将产品销售给在位者的某一类顾客群。这个最初的顾客群可能很小（有时候是最有经济实力的顾客或最渴望尝试新事物的顾客），随着颠覆者不断向外扩张，吸引在位者越来越多的顾客，这个顾客子群会不断壮大，颠覆者成功进入市场。

克里斯坦森的新市场颠覆理论只基于那些遵循"由外向内"顾客轨迹的案例。事实上，该理论的一个根本性关键点就是，颠覆者通过从在位者的顾客群之外进入，使在位者很难做出回应。

然而，当今很多商业颠覆的案例遵循的是另一条顾客轨迹：由内向外。上述三个案例都是由内向外的例子。iPhone 最初没有销售给那些不用移动电话的人，而是销售给这些人中一个很小的子群体，这些顾客很可能以前使用的就是诺基亚手机。最初，诺基亚公司可能认为苹果公司只是瓜分了非常小的市场份额和利润，从而可以成功守住那些不愿为了购买一部智能手机而每月支付昂贵费用的顾客主体。但是久而久之，iPhone 的顾客群向外扩张，吸引了越来越多的顾客。与之类似，奈飞公司最开始吸引的顾客也不是那些从来没有使用过百事达等视频租赁服务的人。相反，它专门吸引那些体验过视频租赁服务的顾客，从而突出交付滞纳金的挫败感并承诺更棒的顾客体验。对瓦比帕克来说，它只能服务于陆逊梯卡等眼镜公司正在服务的顾客而别无他选。因为如果你本来眼睛就很好，不需要验光眼镜，你也不可能在瓦比帕克的网站上注册。瓦比帕克公司最开始吸引的是现有顾客群体中那些对价格非常敏感的顾客（他们愿意在线下单和试戴主要是因为眼镜标价只有 95 美元），但是当它证明自己有能力提供真正时尚的品牌和卓越的顾客体验时，它就开始向外扩张了。

颠覆范围

在商业模式颠覆案例中，第二个重要的变量是颠覆范围。经常存在这样一种假设：一旦发生了颠覆，在位者的业务、产品或服务就会被颠覆性挑战者百分之百取代——旧的退出历史舞台，新的闪亮登场。在某些情况下确实如此。当亨利·福特规模化生产的汽车问世，仅仅过了几年时间，马和马车就不再作为交通工具出现了。（凯文·凯利称没有任何一种技术会彻底消失，不再为人们使用。[19] 是的，你仍然可以在纽约中央公园乘坐马车，作为一种昂贵的旅游体验来享受。）

但是，在很多商业颠覆的案例中，颠覆范围不是百分之百的。甚至经历了颠覆之后，在位者的产品或商业模式仍然存在，只是被局限在市场的一个很小的部分中，但仍然值得关注。

一个例了就是电子书的问世对纸质图书销售的影响。得益于亚马逊 Kindle 电子书和电子阅读器的发展，消费者发现他们有了新的阅读选择。电子书和网上书城具有很多引人注目的优势：电子书均价较低，选择范围广泛，可以即时购买和下载，能够在钱包或手袋里随身携带数百本电子书而只担负一本纸质书的重量。纸质图书销售商面临的威胁也显而易见：顾客没有必要走进书店去下载一本电子书。

在 Kindle 电子书推出后的最初几年，电子书一直保持市场份额的稳定增长。很多出版行业业内人士看到电子书的增长曲线，预计它会向外扩张，并不安地预言，只需几年时间，电子书将成为图书销售的主体，而出版商将再也不能负担得起生产印刷的费用。[20] 但是随后意想不到的事情发生了。经过井喷式的快速增长以后，电子书的销量开始趋于平稳。各类报道指出，平稳期的电子书约占图书销售收入的 30％，业内人士也向我证实了这一说法。[21] 这仍然足以引发大型的颠覆，并改变行业内各种势力的平衡（Borders 书店，美国最大的图书零售商之一，在 2011 年申请破产）。然而，虽然纸质图书的市场份额在缩小，但可以确定它不会因为过时而消失。

尽管让许多旁观者感到惊讶，但这并非偶然。事实上，我相信通过观察图书购买者的行为，可以轻松地预测这场颠覆的范围。

预测颠覆范围的一个重要视角是产品不同的使用场景（如第 6 章所讨论的）。读者在各种不同的场合买书，也在各种不同的环境下看书。在某些阅读场景中，电子书确实提供了卓越的价值主张——当你在旅途中想看很多不同的书却又不想携带一包书的时候。然而，在其他的阅读场景中，纸质图书可能更好一些——当你想在页边的空白处做笔记或在洒满阳光的海滩上看书时（在阳光下电子书软件和屏幕的体验滞后于纸质书的阅读体验）。我们再来看看图书购买的场景。当人们躺在床上搜索一本新书的时候，用几秒钟的时间就可以把试读章节下载到电子阅读器里（如果喜欢的话再购买这本书的余下章节），这样的优势是纸质书无法比的。但如果想送一份礼物呢？我询问过很多人，没有人认为在赠送礼物的时候电子书可以替代纸质书。这不是一个小问题：很大一部分的图书是在节日或其他需要赠送礼物的场合中销售出去的。如果只有少数几个使用场景有利于旧的价值主张，那么我们可以预料顾客将舍弃旧的价值主张而完全转移到新的价值主张中。但是在类似图书这样的例子中，顾客能够在旧产品和新产品之间轻松转换，可以预见，这样的例子将以分割市场而告终——有些顾客转移到颠覆者那里，另一些顾客仍然忠诚于在位者。

除了使用场景，新商业模式的颠覆范围还受到顾客细分的影响。有的时候，颠覆者的价值主张对某种类型的顾客来说非常可取，但对其他有不同需求的顾客来说却并非如此。在瓦比帕克的例子中，我们可以看到，某些眼镜佩戴者很可能转移到它的销售模式中，而其他人（那些购买奢侈品牌和特殊镜片的人，或者那些更愿意去零售店的人）则仍然忠实于像陆逊梯卡这样的在位者。

此外，网络效应对颠覆范围也有重要影响（对平台企业尤其如此）。如果一个颠覆者的产品或服务需要随着顾客的增多才能增加价值（想想爱彼迎这样的平台企业，它依赖于数量充足的房主和租户），那么这会成为新企业初期发展的障碍。但这也意味着，如果颠覆者能够成功使用户量达到某个临界值，它的后续成长几乎是确定无疑的，而且它很可能最终获得一个非常大的市场份额。

多重在位者

第三个需要考虑的变量是多重在位者。一种单一的颠覆性商业模式实际上可以颠覆不止一个在位者。谈到多重在位者，我指的不是同一个行业中那些类似的公司（如 iPhone 颠覆摩托罗拉和诺基亚手机），而是受同一种颠覆性商业模式挑战的完全不同的行业或不同层级的公司。iPhone 不仅对移动电话公司（如诺基亚）构成颠覆性威胁，也对电脑软件公司（如微软公司发现 Windows 不再是主导操作系统）和在线广告公司（如随着计算移至很小的手机屏幕，谷歌不得不相应地迅速采取行动）构成威胁。

另一个颠覆多重在位者的有趣案例是异军突起的在线通信 App，如 WhatsApp、微信等（这些 App 最初在全球不同市场成长起来）。它们具体的功能可能会有所不同，但核心部分是一致的，即每种应用都通过连接互联网提供免费发送信息的服务来吸引数以亿计的用户，而不是像移动电话服务商那样逐条信息收费。

显然，这种商业模式可以颠覆的一个在位行业是电信业，如沃达丰和墨西哥美洲电信公司。多年以来，短信是这些公司的重要收入来源。据估计，像 WhatsApp 这样的应用每年使电信公司的短信费收入减少 300 亿美元。[22]

但是，电信行业并不是受到免费在线通信 App 威胁的唯一在位行业。脸书公司用它 10% 的市值（以 220 亿美元的价格）收购了最大的通信应用 WhatsApp，并不是因为 WhatsApp 承诺会为社交网络公司带来巨大的收益，而是一个纯粹的防御战略，用于抵御那些正在吸引脸书公司 10 亿名用户的新应用。如果用户在类似 WhatsApp 的手机应用上花费的时间越多，他们在脸书公司主导的社交世界中花费的时间就越少。

还有一个意想不到的行业，一定程度上也是因为 WhatsApp 而被颠覆。考特尼·鲁宾曾在《纽约时报》上发表长文，详细介绍了移动社交网络（文本通信、Instagram、脸书和 Grindr）在美国多个大学城社交生活中的兴起。学生和校园酒吧业主说，鲁宾的报告揭示了一个普遍的转变！学生在酒吧花费的时间和金钱越来越少，他们更多地利用移动社交网络来组织活动，并在商店购买酒精饮料，然后在住所饮用。校园酒吧一直以来都是通过销售饮品赚钱，但是它们为顾客传递的价值主要在于提供偶遇和社交的机会。现在，学生们发现他们可以通过自己的手机获得这样的机会。他们有时会在酒吧打烊前去那里，只为了最后一杯饮料（这不足以维持一家酒吧的经营）。很多校园酒吧都在艰难挣扎，一些已经经营数十年的酒吧最终倒闭。这是因移动通信兴起而颠覆的又一个在位行业。[23]

现在我们已经了解了什么是商业模式颠覆理论、它如何拓展以往的理论以及在理论应用中有哪些关键变量。接下来，我们将思考该理论中的两个战略规划工具。这两个工具可以帮助企业评估它们面临的威胁是不是颠覆性的，如果是的话，预估其可能的过程，并从六种在位者应对战略中进行选择。

工具：颠覆性商业模式图

第一个工具是颠覆性商业模式图。这个战略图可以帮助企业评估一个新的挑战者是否对在位行业或企业构成颠覆性威胁。

　　如果你的企业是在位者，你可以将颠覆性商业模式图作为威胁评估器——判断一个挑战者是可以用传统策略应对的传统竞争威胁，还是真正的颠覆者。如果你的企业是创业公司，或者是一个企业内部的创新者，你同样可以利用颠覆性商业模式图，在这样的情况下，颠覆性商业模式图可以帮助你识别哪些行业可能因你的公司而受到颠覆性威胁，哪些行业只会受到很小的影响或更有能力回击你的挑战。

　　颠覆性商业模式如图 7 - 1 所示。它包含八个模块（也称八个步骤），每个模块都需要你填写对潜在的颠覆性威胁的评价。下面让我们逐个介绍这些模块和模块中需要回答的问题。

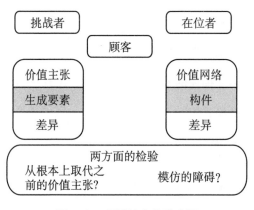

图 7 - 1　颠覆性商业模式图

第一步：挑战者

颠覆性商业模式图的第一步是要回答这样一个问题：谁是潜在的颠覆性企业？

挑战者可能是你的公司面对的一个新竞争对手；也可能是你建立的创业公司，正在试图颠覆一个现有的行业；还可能是你所在企业内部新投资的潜在公司或业务，你很想判断它的颠覆性潜能。

需要注意的是，我们并没有把挑战者贴上"颠覆者"的标签。颠覆性商业模式图旨在利用商业模式颠覆理论分析挑战者、在位者和顾客，从而判断是否存在真正的颠覆性威胁。依据我的经验，在我与许多管理者使用该方法时——既分析现存的威胁也检验新业务的未来市场，很多被认为具有颠覆性的挑战者最终都没有通过检验。

描述挑战者时，需要包含以下要素：它独特的产品或服务是什么？它为市场带来了哪些以前不存在的事物？例如，如果你的挑战者是奈飞，你需要描述的不仅是公司名称，还有它为影片租赁提供的包月订购服务模式。

第二步：在位者

商业模式颠覆图的第二个问题是：谁是在位者？

你可以选择一个相关的企业类别（如影片租赁零售连锁店），或者，为了更具体地比较挑战者和在位者的商业模式，你也可以选择这个类别中的领头企业（如百事达）。

另一个要点在于，一个挑战者可能对多个在位者构成颠覆性威胁。尤其当你是挑战者时，你应该尝试找出可能受到你的新商业模式威胁的多重在位者。如果你找出了多个可能的在位者，你就需要多次对商业模式颠覆图进行完善——每次加入一个在位者。你很可能发现，你的新商业模式对一个在位行业构成颠覆性威胁，另一个在位行业却能够适应你的成功，或者能够模仿你的商业模式。

第三步：顾客

商业模式颠覆图的第三个问题是：谁是目标顾客？

这是指挑战者服务的顾客。在一些情况下，它可能是在位者的直接顾客，也可能是另一类关键的商业群体（如挑战者可能通过挖走在位者的员工来颠覆在位者）。在考虑为目标顾客提供什么样的价值主张之前，非常重要的事是确定谁是挑战者的目标顾客。

另外，挑战者的目标可能是与在位者争夺多种类型的顾客。在这种情况下，你应该多次完善商业模式颠覆图——每次添加一种类型的顾客。

第四步：价值主张

商业模式颠覆图的第四个问题是：挑战者提供给目标顾客的价值是什么？

从顾客的角度回答这个问题非常重要：顾客将获得什么样的收益？

记住，该步骤的目标并不是描述挑战者提供的产品或服务（这应该在第一步完成），也不是描述挑战者如何让顾客掏钱付款（收入模式作为价值网络的一部分，将在第六步完成）。这里的重点专门针对顾客的收益：顾客能从挑战者那里得到什么价值？

你可以回顾本章前半部分列出的价值主张生成要素，思考一下数字化商业模式为顾客提供价值的多种方式。

第五步：价值主张差异

在描述完挑战者的价值主张之后，下一个问题是：挑战者的价值主张与在位者有什么不同？

这里的重点是识别挑战者价值主张中独特的、有差异的要素，即价值主张差异。

在位者和挑战者提供的价值可能有重合（如 Craigslist 和报纸提供给用户相同的核心利益，使他们能够面向有需求的当地大众为自己出售的物品打广告）。在这里你不需要包含那些共同之处。

对某些像 Craigslist 这样的挑战者来说，价值主张的差异可能都是积极的，也就是说，这些差异是挑战者提供给顾客的额外价值。在其他例子里，价值主张差异可能既包含益处也包含弊端，这些你都需要阐明。例如,电子书作为纸质书的挑战者,你需要阐明它"不宜在阳光直射处阅读"。

第六步: 价值网络

商业模式颠覆图中第六个问题是关于价值网络的:什么使挑战者能够为顾客创造价值、传递价值并从中获益?

你可以参考本章中关于价值网络构件的列表,在图中标明那些使挑战者提供的价值成为可能的价值网络。你的目标是识别出使挑战者能够提供价值主张的每个因素——人员、合作伙伴、资产和流程。

对于新的、未经证实的挑战者,这一步有助于明确它的商业模式中那些悬而未决的问题,以及是否真的如它所言能够把它的价值主张提供给市场。

第七步: 价值网络差异

在描述价值网络之后,下一个问题是:挑战者的价值网络和在位者的有什么不同?

挑战者和在位者的价值网络也会有重合之处。如果真是这样,你可以省略重合的部分。这里的重点是明确挑战者价值网络中独特的、有差异的要素。

挑战者提供的价值依靠的是在位者缺乏的独特数据或专业技能

吗？它是利用与在位者不同的渠道传递给市场的吗？挑战者具有不同于在位者的定价模型或成本结构吗（如较少的零售店铺或零售人员成本）？挑战者开展业务的重点是不同的细分市场吗？

所有这些挑战者与在位者的不同之处都属于价值网络差异。

第八步：两方面的检验

商业模式颠覆图的最后一个问题是：挑战者对在位者构成了颠覆性威胁吗？

如商业模式颠覆理论所言，这个问题需要通过一个由两部分组成的检验来回答。

首先，你需要评估价值的差异性对顾客来说有多显著。挑战者的价值主张是只比在位者略胜一筹，还是从根本上取代了在位者的价值？在一些例子中，挑战者提供了类似的产品或服务，但在某些方面具有更出色的表现（想一想 Craigslist 提供的免费发布广告的服务）；在另一些例子中，挑战者可能和在位者一样解决相同的顾客需求，但同时满足了其他一些顾客需求（想一想 iPhone，它既是一款很棒的手机，又具有很多其他功能）；还有一些例子，挑战者提供的价值可能只是简单地使在位者与顾客的关联减少（如移动社交网络 App 使校园酒吧与美国大学生的关联越来越少）。

因此，颠覆性检验的第一个问题是：挑战者的价值主张是否显著地取代了在位者的价值主张？如果答案是否定的，那么挑战者就没有对在位者构成颠覆性威胁。这个挑战者可能是一个出色的创新者，能为顾客提供极好的新价值主张。如果它迅速成长并威胁到在位者的经营，在位者可能通过复制挑战者提供的价值来满足顾客需求，或者通过保持密切的竞争关系来回应。如果答案是肯定的，那么你需要继续颠覆性的第二个检验。

在这里，你需要评估在位者与挑战者之间的价值网络差异带来的障碍。如果在位者愿意，它能够逾越这些障碍而为顾客提供与挑战者相同的价值吗？例如，在位者能够和挑战者一样与那些类似的渠道合作伙伴达成交易吗？在位者能够消除与挑战者的固定成本差异或想办法补偿成本差异吗？在位者是否有可能打破挑战者已经建立的网络效应？价值网络中的任何重大差异都可能成为阻碍在位者有效应对的障碍。

颠覆性检验的第二个问题是：价值网络的差异是否形成了阻碍在位者模仿挑战者的障碍？如果答案是否定的，那么挑战者并没有对在位者构成颠覆性威胁。挑战者可能是一个可怕的、非对等的竞争对手，但是在位者通过调整战略进行应对，并不存在根本性的障碍。在应对过程中，在位者可能不得不牺牲一部分现有利益，就像它与一个传统竞争对手进行价格战那样。但这样的挑战者并不是真正具有颠覆性的。如果答案是肯定的，那么挑战者已经通过了商业模式颠覆的两方面检验。它提供给顾客的价值将大大超过或破坏在位者提供的价值，而且在位者面临着阻碍其直接应对的内在结构性障碍。这与本章开篇给出的颠覆定义是完全契合的：当现有行业面对一个能够为顾客提供远远超出现有企业能提供的价值的挑战者，而现有企业又无法与之直接竞争时，商业颠覆就出现了。这样的挑战者就是一个颠覆性威胁。

*　*　*　*　*

但是，当面对一个真正的颠覆性威胁时，在位者一定会彻底并快速地灭亡吗（就像马车行业面对汽车行业）？还是存在一个让在位者应对的机会——至少让它保住一点原有的荣耀？第二个工具应运而生。

工具：颠覆性应对计划

如果你已经发现了一个威胁在位者经营的真正的颠覆性挑战者，那么你就可以应用这个工具了。

颠覆性应对计划旨在帮助你了解颠覆性挑战者可能如何行事，并明确应对的最佳选择。

该工具的前三步可以帮助你评估受到挑战者威胁的三个维度：顾客轨迹、颠覆范围及可能受影响的其他在位者。之后你可以将前三步的评估结果应用到最后一步，从六种在位者应对战略中进行选择，来应对颠覆性挑战者，如图 7 - 2 所示。

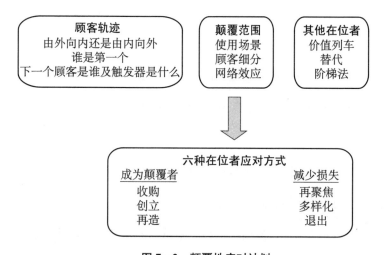

图 7 - 2　颠覆性应对计划

第一步：顾客轨迹

要想预测一个新的颠覆性商业模式可能带来的影响，第一步就是了解它的顾客轨迹：什么样的顾客可能最先接受颠覆者提供的价值？如果成功了，那么颠覆者的市场将如何扩张？

由外向内还是由内向外

如前所述，颠覆性商业模式的顾客轨迹有两种：由外向内和由内向外。判断颠覆者可能选择哪种方式进入市场至关重要。

由外向内的挑战者最初将产品销售给那些不是在位者顾客的人群，之后不断向内部发展，蚕食在位者拥有的顾客。正如克里斯坦森所描述的，由于产品功能上的欠缺，由外向内的颠覆者最开始并不会吸引在位者的顾客，但它们确实吸引了那些负担不起或难以获得在位者传统服务的顾客。随着颠覆者不断改进，它们开始吸引在位者的顾客。克里斯坦森的理论已经阐明，那些排斥了很多潜在顾客的行业——如高等教育、医疗保健、金融服务——如何为颠覆铺路搭桥。他和德里克·范·贝弗在书中写道："如果只有那些有技术的人或富有的人才能获得某种产品或服务，那么你可以合理地假设存在一个创造市场的机会。"[24]

由内向外的颠覆者遵循的是另一条不同的路径。它们最开始就将产品销售给在位者现有顾客中的某个细分市场，之后向外拓展，占领在位者更多的市场。我们已经看到很多这样的例子：iPhone 对抗诺基亚（iPhone 一开始就销售给现有的移动电话用户），奈飞对抗百事达（作为一个更好的替代者，明确地把影片销售给现有的影片租赁用户）。这些颠覆者从一开始就提供更好的价值，关注那些负担不起在位者产品或服务的顾客，为他们提供"足够好"而非次于在位者的产品或服务。这些商业模式的创新将迅速引发在位者强有力的回应，除非这些商业模式依赖的价值网络是在位者无法模仿的。

谁是第一个

当你知道颠覆是由外向内还是由内向外以后，你就会想确定哪些特定类型的顾客有可能首先购买颠覆者的产品或服务。

对于由内向外的颠覆，你可以问这些问题：在现有的顾客中，谁最容易被颠覆者提供的价值所吸引？这些顾客最先采用新价值的过程存在障碍吗（如可靠性还没有被证实）？是否有些现有顾客并不在意这些障碍（如他们很乐意尝试新产品，或者他们并不关心品牌）？

对于由外向内的颠覆，你可以问这些问题：谁最有积极性却负担不起或难以获得在位者的产品或服务？哪个障碍（价格或可得性）对顾客来说是更大的阻碍？哪个障碍是颠覆者能够帮助他们克服的？

下一个顾客是谁及触发器是什么

当你识别出可能最先采用颠覆者所提供价值的顾客之后，还需要识别下一个会被颠覆者的价值吸引的顾客是谁。对于由内向外的颠覆者，接下来可能是在位者顾客中的另一个子群体。例如，如果瓦比帕克最先吸引的是社会事业的支持者，那么它的下一个顾客会不会是戴眼镜的技术大咖呢？对于由外向内的颠覆者，关键问题是：颠覆者何时从在位者的顾客群体之外转向在位者的顾客，开始触及在位者的顾客？

你还需要考虑什么元素（触发器）将赢得第二波顾客的芳心。触发器经常是其他顾客的行为。例如，当观望型顾客看到别人使用某种产品时，他们可能就会对该产品产生兴趣，他们还可能被其他顾客说服。触发器也可能是颠覆者的进一步创新，如大幅降价，或者改进功能，或者二者兼具。触发器还可能仅仅是可见性，如新闻报道、营销活动和地区分销使颠覆者提供的产品或服务引起下一波新顾客的关注。

启示

了解顾客轨迹具有重要的启示意义。作为在位者，你需要知道首先应该留意哪些现有的顾客，关注他们是否会流失。你还必须知道颠覆者是否并不需要从你的顾客着手（由外向内的颠覆者）。在这种情况下，你应该制定战略争取相同的"外部"顾客，因为颠覆者很可能首先从这些"外部"顾客起步，然后转向你拥有的市场。

第二步：颠覆范围

评估颠覆性商业模式威胁的第二步是考虑它可能的范围，即一旦颠覆者地位得以建立，有多大的市场（多少顾客）可能转向颠覆者。我们可以通过三个要素预测颠覆范围：使用场景、顾客细分和网络效应。

使用场景

首先你需要识别顾客购买和使用你的产品或服务的各种不同场景。制作两个列表：在哪些情形下顾客购买你的产品？在哪些情形下顾客使用它？两个列表可能存在重合的地方，但也有一些不同之

处。之后，针对两个列表中的每一种使用场景，思考颠覆者的价值
主张：在哪些情形中颠覆者更易得到顾客的偏爱？在哪些情形中在
位者的产品具有优势？

正如我们在电子书与纸质书的例子里所看到的，一个颠覆者可
能在某些使用场景中具有明显优势（如可以携带多种多样的阅读资
料上飞机），但在另一些使用场景中具有劣势（如给朋友赠送礼物）。
你还需要考虑是否存在多宿主成本，即一个顾客为了某些使用场景
从你的企业购买，同时为了另一些使用场景从颠覆者那里购买，这
样的做法对他来说有多大难度？例如，对读者而言，为了赠送礼物
而买纸质书，同时为了旅行而携带电子书，这并非难事。

顾客细分

接下来你需要细分你和颠覆者争夺的顾客。尝试根据顾客的共
同需求将他们进行细分，而不是把他们看作一个单一群体：是什么
驱使他们使用这类产品？他们相关的需求是什么（有时可能与你的
产品的某些使用场景相对应）？之后，针对每个细分群体，思考颠覆
者与你的企业相比是否极具吸引力。

回想一下以"汽车共享"为经营理念的公司 Zipcar 的例子。这
个按需租车服务公司似乎对传统的汽车租赁公司构成了颠覆性的威
胁。Zipcar 会员支付少量的月租费就可以使用该公司任何一辆停靠

在他们所在城市的汽车。他们只需要查看手机应用，找到停在附近的一辆汽车，在车门上的键盘锁中输入开门密码即可。比起传统出租车的顾客服务体验，这种自助模式看起来方便得多。但对大多数顾客来说，Zipcar 从来没有取代传统出租车模式。事实证明，某些类型的顾客（如那些在人口密集的城市里生活、经常需要短期租车的顾客）非常适合会员模式。但其他顾客（如那些生活在农村地区或那些不经常租车的顾客）并不会从这种模式中受益。在扩张到四个国家、拥有近百万名会员之后，Zipcar 一直将其业务集中在大学校园和大城市。

网络效应

预测颠覆范围时，网络效应是另一个需要考虑的因素。很多企业，尤其是平台企业，会随着新顾客的不断加入而变得更有价值。随着越来越多的顾客购买 iPhone，苹果公司很容易地吸引了更多的开发人员为它的平台开发应用程序。随着越来越多的开发人员加入，iPhone 相比诺基亚等在位者的优势也在不断增强。再看看像比特币这样的虚拟货币，它当然很有可能颠覆各种在位者提供的传统金融服务（信用卡支付、储蓄账户、外汇）。但是对比特币这样的货币来说，最大的障碍是它们极其依赖网络效应。如果只有很少的商家接受比特币，且只有很少的顾客使用它，那为新用户带来收益不过是一纸空文。观望比特币的在位者也要认识到，足够强劲的用户使用势头能够快速引发雪球效应（就像用户蜂拥而至引发快速增长的社交网络，如 Instagram 或 Snapchat），将它从一个稀罕物迅速转化成重要的颠覆力量。

启示

考察了使用场景、顾客细分和网络效应之后，你应该可以对颠覆者可能的影响范围做出一个非正式的预测。总体上说，我们可以预测颠覆性商业模式的三种可能结果。一种是细分市场的情况，颠覆者只能吸引市场中非常特定的一部分顾客。另一些颠覆者可能拆分市场，颠覆者和在位者的商业模式都占据了很大的市场份额。而在滑坡情况中，颠覆者迅速占领整个市场，将在位者推至微不足道的位置。

第三步：其他在位者

前面我们了解了单一的新商业模式如何颠覆多个在位行业。当为你的企业评估一个颠覆者时，仅仅关注它对一个行业（你所在的行业）的影响是很容易的。但是为了掌握竞争动态，至关重要的是，扩展考察范围并考虑其他在位行业是如何被颠覆者影响及其是如何应对的。

价值列车

为了找到其他可能被颠覆的行业，应该从自身的价值列车开始。

首先要问一个问题：颠覆者最类似于哪些产品或服务？例如，与电子书最类似的产品应该是纸质书。你可以随后考察该产品或服务的价值列车，包含交付该产品或服务的每个人——从创作人（作者）到生产商（图书出版商），再到分销商（图书印刷厂、分销公司、零售店和网上书店），直到价值到达终端顾客。之后再问一个问题：如果新的商业模式成功了，价值列车上这些不同类型的公司中哪些有可能被颠覆？对电子书来说，答案可能是零售书店、印刷厂和分销商。作者和出版社最可能适应新的商业模式。

替代

识别其他在位者的另一个方法是，想一想顾客可以将颠覆者提供的价值替换成哪些产品或服务。问自己两个问题：如果顾客在颠覆者的产品或服务上花的钱越来越多，那么他们在哪里花的钱变少了？如果顾客在颠覆者那里花的时间越来越多，那么他们在哪里花的时间变少了？

想一想早期的 iPhone，你很容易发现，如果顾客把钱花费在iPhone 上，他们就不太可能再花钱从诺基亚等其他手机制造商那里购买手机（进一步挖掘，你会发现，如果顾客把更多的钱花在

iPhone 的手机应用上，他们在其他娱乐项目中的花费就会变少）。如果你问问热衷于 iPhone 的用户把时间都花在哪里了，你可能会意识到，他们在台式机网络搜索上（谷歌的主要盈利业务）花费的时间变少了，而在移动网络搜索上（很少有利可图）花费的时间变多。

关于替代，另一个值得思考的问题是：如果颠覆者现有的产品在功能和质量上不断提升，那么它有可能变成哪些产品或服务的替代品？看看早期的 iPhone，如果它的运行速度不断加快，功能持续增强，外观稍稍变大，可以料想，它的确会成为笔记本电脑、电视和其他电子产品的替代品，从而对它们构成威胁。

阶梯法

为了识别可能受到颠覆者影响的更多在位者，最后一种方法是同时考察顾客的当前需求和高阶需求。

可以先从问这些问题开始：颠覆者为顾客解决的问题或满足的需求是什么？还有谁在尝试解决这个问题？例如，像 WhatsApp 这样的通信应用程序，顾客利用它们满足自己与朋友便捷地进行文本沟通的需求（尤其是与身处不同国家的朋友）。顾客的这种需求以前是由电信运营商来满足的，由于通信应用程序的颠覆，电信运营商损失了数十亿美元的短信费收益。

接下来可以尝试通过阶梯法来挖掘高阶顾客需求。在这一市场调研技术中，你要向顾客提一系列"为什么"的问题，从而发现他们当前动机背后的原因。例如，如果你问大学生为什么使用 WhatsApp，他们可能会说"为了方便给朋友发信息"；如果你问为什么用它给朋友发信息，他们可能会说"为了做计划和交换照片"；如果你问为什么这很重要，他们可能会说"这样我们才能和朋友会面，无论在哪都能找到那些很酷的聚会"。这可能会使你意识到，移动通信App 满足了大学生社交互动的需求，而这一需求以前是通过光顾校园酒吧得以满足的。阶梯技术能够帮助企业发现哪些产品或服务由于颠覆者的出现对顾客来说变得没有必要了，即便颠覆者并没有作为直接竞争者出现。

启示

通过考察价值列车、不同手段的替代以及不同水平的顾客需求，你可能已经识别了多重在位者——受到同一颠覆者颠覆性挑战的各种类型的公司。作为在位者，了解威胁你的颠覆者还威胁了谁总是很有意义的。在规划自己的应对之策时，非常重要的是看看其他在位者是如何应对的，或者思考它们的应对策略与你的应对策略相比如何。你可能还会发现可以将"敌人的敌人"作为盟友来共同对抗颠覆性威胁。如前所述，谷歌认识到 iPhone 的快速崛起对它自己和对手机制造商的威胁一样大，这引导了谷歌应对颠覆性威胁的选择。

第四步：六种在位者应对方式

颠覆性应对计划的最后一步是规划你作为在位者的应对战略。为此，你需要根据你在顾客轨迹、颠覆范围及与你面对同一颠覆者的其他在位者这三方面的所学，选择最符合自身状况的应对战略。

作为在位者，面对颠覆性挑战者，有六种可能的应对战略。

成为颠覆者的三种战略

- 收购颠覆者。
- 创立独立的颠覆性业务。
- 再造颠覆者的商业模式。

减少颠覆损失的三种战略

- 聚焦可守护的顾客。
- 投资组合多样化。
- 快速退出计划。

这六种战略并不相互冲突，可以把它们组合起来（事实上，某些战略在一起使用时效果最好）。前三种应对战略试图以颠覆者的身份占领同一块领地，后三种应对战略试图减少颠覆对核心业务的影响。依据自身的状况，可能只有一种或几种在位者应对战略对你的企业是有效的，所以最好熟悉每种应对战略。

下面让我们逐一了解每种应对战略，以及在何处、如何应用它们。

收购颠覆者

面对颠覆性挑战，在位者最直接的应对战略就是收购挑战者。脸书公司就是这样处理 WhatsApp 的挑战的。当谷歌地图面对 Waze 这个潜在挑战者时，谷歌收购了该公司。当汽车租赁行业巨头 Avis 发现 Zipcar 公司开发了一种颠覆性的商业模式后，Avis 也收购了它的挑战者。如果你正在考虑收购颠覆者，你需要知道其他在位者是谁，这会帮助你预测谁可能与你竞争并抬高收购价格。

如果你已经收购了你的颠覆者，那么应该将它作为一个独立的部门继续运营。上述例子中的脸书、谷歌和 Avis 都是这么做的。这意味着你拥有的颠覆者还将继续从你的核心业务中偷走顾客（并且可能以更低的利润率）。但是如果你不想办法让已经被收购的颠覆者保持独立性，你将不可避免地使你的核心业务脱离服务顾客的目标，而这将为其他企业创造机会推出类似业务并偷走已经对你失望的顾客。

收购颠覆者并不总是可行的。获得充足的风险投资的创业公司很可能拒绝被收购。例如，脸书公司提出用 30 亿美元的价格收购通信应用 Snapchat 却没有成功，就属于这种情况。或者，颠覆者可能是比在位者更大的公司的一部分。例如，亚马逊的电子书对巴诺书店等零售书店构成明确的颠覆性威胁，但是图书零售商比亚马逊要弱小得多（电子书只是亚马逊经营业务的一部分）。

在颠覆的早期阶段，当收购还是可选项时，收购颠覆者的方式却常常被忽视或拒绝。2000 年，就在奈飞公司推出它的视频订阅模式之后不久，这家创业公司的 CEO 里德·哈斯廷斯飞往达拉斯拜访百事达的 CEO 约翰·安蒂奥科。哈斯廷斯提议视频租赁巨头与行业新人建立合作伙伴关系，奈飞负责线上分销，百事达负责零售渠道。走出办公室后，哈斯廷斯只得到了嘲笑。[25]百事达并没有第二次机会。收购并非百分之百必要（与奈飞合作对百事达来说本是天赐良机），但在位者确实需要收起傲慢的态度，在颠覆者羽翼丰满不再需要其帮助之前，早些发现颠覆者的优势。

创立独立的颠覆性业务

这种在位者应对战略是模仿颠覆者的商业模式创立自己的新业务。在位者利用它的规模和资源对抗颠覆者，尝试以其人之道还治其人之身，而不是从外部收购颠覆者。这种应对战略是克里斯坦森提出的："在尚且能够从高增长的新市场中收获巨大收益，为时还不算太晚之时，创立颠覆自己的业务吧。"[26]

然而，为了创立颠覆自己的业务，作为在位者，你必须心甘情愿地让自己的核心业务受损。毕竟，你是在尝试建立一个非同寻常的商业模式，它会颠覆性地冲击你原有的传统业务。当嘉信理财公司看到乔·里基茨的亚美利交易公司等在线券商的增长时，它实施的就是这种战略，即推出自己的在线服务，而这种在线服务会与它的主营业务竞争。

这种战略还要求保持新的颠覆业务在企业中的独立性，应该让它自负盈亏而无须承担解救或支持核心业务的责任。尽管这个独立的业务可以获得公司的一些主要资源，它还是应该保持小而精干的组织规模，只有这样它才能迅速地发展，击败那些灵活的颠覆者，而不是成为僵化版的颠覆者。

当你基于新趋势和新技术发现了一个可能的新商业模式时，甚至可以先发制人地创立一个独立的颠覆者。作为全球领先的建筑材料零售商，圣戈班公司审视了电子商务的趋势并意识到在该行业建立网上商城的机会。圣戈班公司没有等待其他创业公司捕获这个机会，而是自己创立了 Outiz 公司，一个在法国市场上只提供在线服务的零售商。Outiz 公司直接与母公司的实体零售品牌竞争。

创立独立的颠覆业务并不容易，但如果价值网络上的差异在于公司的组织文化、成本结构、收入模式和顾客细分的话，这个战略就是合理的。可以将自创的颠覆者与其余业务隔离开来，从而克服这些类型的障碍。

再造颠覆者的商业模式

如果在位者缺乏建立颠覆性业务所需的核心能力（知识产权、

品牌声誉、基本技能或合适的合作伙伴），那么该怎么办呢？在这种情况下，简单地将新业务与公司其余部门隔离开来是不够的，但在位者仍然可以通过与其他企业合作来再造颠覆者的商业模式。

如果你在之前的分析中发现了多重在位者，而且它们的价值网络与你的价值网络互补，那么合作对你来说就是一个很好的战略。谷歌采用的就是这种战略。为了应对苹果公司的 iPhone 对谷歌广告业务的威胁，谷歌推出了安卓操作系统。自从 2005 年收购安卓公司后，谷歌已经拥有核心的移动操作系统。它也拥有像 iPhone 这样的设备所需的关键软件资产：谷歌搜索、谷歌地图、YouTube 视频，以及 Chrome 浏览器。但谷歌深知自己缺少研发制造硬件的技能和资产来与苹果公司竞争，因此它将它的操作系统和移动软件授权给有能力研制智能手机硬件的多家公司——三星、索尼、HTC 等，通过与这些公司合作，来再造 iPhone 的商业模式，谷歌用可以与 iPhone 相媲美的价值主张将安卓手机推向市场。

要想再造颠覆者的商业模式，关键在于找到与你自己的价值网络互补的公司，并与之建立合作伙伴关系，从而跨越无法自创颠覆者的障碍。在理想情况下，这些合作伙伴也同样受到颠覆者的威胁，因此它们更有合作的动力。

聚集可守护的顾客

在位者不一定非要成为颠覆者，它们也可以采取防御行动来巩固自己的核心业务。这是下面两种在位者应对战略的焦点。这两种战略经常与之前的战略组合使用。[27]

第一种防御战略是将在位者的核心业务聚焦在最有可能挽留的顾客身上。只要你能识别出对颠覆者而言可能的细分市场，都应该使用这种战略。

重要的是，你不能只是一厢情愿并简单地继续投资你的传统业务，就好像传统业务的未来会一成不变一样。你需要重新关注的是那些最有可能被留下的顾客。记住，他们并不是因为忠实才留下。他们之所以留下，是因为你的商业模式仍然为他们提供了他们所需的价值。回头看看你的范围分析、顾客细分及有利于你的产品的使用场景，再看看你预测的顾客轨迹：谁最可能首先转向颠覆者，谁会紧随其后。然后做出规划，使核心业务聚焦到最可能留下的顾客身上，即便这一业务可能出现了萎缩。

当图书零售商巴诺书店发现它的业务正在被在线购书模式颠覆时，它专注于高利润产品，如儿童读物和咖啡桌图书，因为购买这些书的顾客仍然看重能在书店的环境中浏览图书的功能。[28]

在调整核心业务的聚集点时，应该把市场营销、信息传播和持续的产品创新的目标都放在那些你最能守住的顾客身上。如果你的战略还需要削减成本，那就减少在可能流失的顾客身上的投入，继续为可能留下来的顾客提供价值。

投资组合多样化

第二种能使在位者减少核心业务所遭受颠覆的方法，就是将产品、服务和业务的投资组合多样化。要想实现这一点，在位者可以把公司的独特技术和资产应用到新的领域，或者在它们想扩张的领域收购规模较小的公司。

当数码拍照成为主流并逐步颠覆胶卷拍照业务时，排在前两名的在位者分别是柯达和富士。柯达陷入长期的衰退，最终破产，而富士却成功地适应并生存下来。"富士和柯达都知道数码时代正朝我们走来。问题是，该拿它怎么办？"富士公司 CEO 古森重隆说，"富士通过多样化闯了过来。"在古森重隆的领导下，该公司花费数年时间将其专业技术应用于化学制品、电影制作及其他各种不同领域，如平板电子屏幕、药品运输和皮肤护理等，寻求发展。在柯达申请破产之时，富士的胶片业务收入只占其收入的 1％，而医疗保健和平板显示器的收入则分别达到 12％和 10％。[29]

多样化使公司可以将价值网络中的优势应用到新的领域，尽管这些领域最初可能不像核心业务一样有利可图，但它们能创造新的增长机会，并使公司不太容易被完全颠覆。

快速退出计划

在位者应对颠覆的第三个战略其实是最不可取的。当颠覆性的挑战者对在位者的整个市场构成了不可抗拒的威胁，而且在位者也没有可行的方式来创立自己的颠覆性业务时，那么在位者就需要计划快速退出。或者因为所有的顾客和所有的使用场景都不堪一击，或者因为强大的网络效应导致赢家通吃的局面，当颠覆范围呈现排山倒海的势头时，就出现了需要快速退出的情况。

在计划退出一个市场时，你需要评估公司所有的资产，尤其是那些可拍卖的无形资产（专利、商标等）。你也可以选择将业务中遭到严重冲击的部分剥离出来，保留可以靠自己活下来的业务，而不是让薄弱部分把整个公司拖垮。在大部分情况下，你可以从前面五种在位者应对战略中选择一种或几种的组合，但有时候，有序的资产清算也非常必要。

超越颠覆

颠覆不可避免。本书中这些针对传统企业的战略，实际上也是最大的颠覆性威胁的源头。同时，颠覆既是多种多样的，又是狭隘少见的。

颠覆要比主流理论所描述的更多种多样。颠覆性商业模式因其低价和方便获得性而吸引了大量新顾客，颠覆性商业模式为顾客提供了极佳的价值主张。颠覆并不都是遵循相似的从外到内的轨迹，也会从现有的市场内部开始向外扩张。

　　但有时颠覆又比我们想象的要更狭隘少见。首先，并非每项创新（无论多么令人惊叹）都必然是现有行业的颠覆者。其次，颠覆也很少是完全彻底的，大多数颠覆只是吸引了在位者市场的重要部分，但不会百分之百地占领市场。最后，颠覆也并非总是不可抗拒的。即使它对在位者的商业模式构成生存威胁，在位者还是可以采取各种战略，通过为顾客增加新价值使自己适应环境的改变，变得更加多样化，并得到持续发展。

　　更重要的是，为了应对颠覆，企业必须敢于质疑自己的假设，并专注于如何服务顾客这一独特使命。

结语

数字转型的本质并非关于技术，而是关于战略。虽然进行数字转型需要升级 IT 架构，但更重要的是提升战略思维。

传统的数字领导者，如首席数字官，其主要职责在于现有业务流程的自动化和改进，但是当前的形势要求数字领导者具有重塑业务的能力。你所在的行业是什么？你如何为顾客创造价值？在你的企业内部及外部合作关系中有什么样的流程、资产和价值？为了企业盈利、持续性发展和成长，如何平衡企业与顾客及其他企业的关系？

重构业务需要挑战现有核心假设，需要识别之前没有认识到的盲点，需要以不同的方式对待企业经营的每个方面——顾客、竞争、数据、创新及价值。这种重构虽然困难，但并非不可行。就像电气化时代前建立的工厂能够改变其运营生产方式一样，互联网时代前诞生的企业也能够自我转变以适应数字时代。

　　既然如此，为什么还有很多企业没有成功呢？事实是，有一家像不列颠百科全书公司这样成功转型的，就有一家如柯达那样失败的。是什么原因使如此多的企业努力调整并跟上了时代步伐呢？

　　一个核心原因就是组织的敏捷性。仅仅识别并克服企业战略盲点是不够的，还需要进一步看到如何将数字转型的基本规则应用到你的行业和企业中去。传统企业必须迅速做出改变。成功企业的规模变成了转型的障碍：当未来的决策被过去的成功绑架，它们令人羡慕的资源也就变成了牢笼。

　　为了培育真正的组织层面的敏捷性，企业需要关注以下三个方面。

　　● **分配资源**。企业如何确定投资的领域？企业能够从缺乏发展前景的计划或生产线上撤退吗？企业能够将旧业务资源用到新的尝试中吗？

　　● **更换评估指标**。高层决策者注重哪些指标？那些指标仅与当前业务有关，还是能够支持新的业务方向？向新的商业模式转变的不同阶段要衡量的指标有何变化？

　　● **一致的激励**。你的企业支持、奖励哪些行为？管理者对什么负责？管理者以什么样的方式升职？企业的薪酬制度及组织认可阻碍还是支持企业战略的必要变革？

对企业进行彻底检查，评估它是否为数字转型做好了准备，这是非常有帮助的。在本书的最后，你能够看到一个诊断工具——"为数字转型做准备"自检表。它包括衡量企业目前为数字转型所做的准备工作、战略思维上的转变以及为了实施新战略培养的组织敏捷性。

还可以通过掌控两种不同的管理方式来思考数字转型的挑战。第一，为了成功转型，企业必须开发全新的计划、流程、机遇和思维方式。第二，必须保证这些计划和流程能够在企业内部顺利开展。这是一个非同一般的任务，对大企业来说尤为困难。

英国航空"知我"项目的领导者向我解释了公司是如何面对转型的。该公司搭建了一个强大的数据库，开发了用于获知顾客见解的工具，并将此工具用在与顾客的互动上，启动试点项目以验证其对公司的影响，目前该公司面临着另一个挑战——下一阶段的任务是扩大该项目规模，将数据用于顾客服务的做法植入公司的基因中，将"知我"项目从一个创新计划变成公司日常运营的一部分。[1]

我的同事米克洛什·萨瓦里米在哥伦比亚大学商学院的数字化战略管理项目中任教，认为数字转型就是从"孵化"（生成及培育新战略）到"整合"（将最好的战略融入组织的基因中）的转变。

但是，在一个组织中，孵化和整合需要完全不同的技能。创业公司和风险投资公司具有最好的孵化能力，因为它们拥有以下具体技能：承受风险的能力、基于已有资源生出不同的构想、欢迎与组织文化不匹配的外来者、足够自由的创新创业空间、以探索和假设测试为基础的扎实的创新流程、坚持以顾客为中心的视角，以及允许新的风投项目使用现有业务的资源。

相反，在大企业中，整合和大规模复制成功模式的做法更普遍。大企业拥有的是另一套不同的能力：创建引人注目的商业项目实践、进行清晰的概念证明、向各种类型的内部顾客宣扬新计划、找到合适的高层支持、基于业务成果做合适的预算、多个利益相关者管理问责制、有能力进行规模化。

在数字时代脱颖而出的企业能够将战略思维与领导力相结合。这些企业明白数字时代新战略的基本原则，并且运用这些原则构建新的产品、服务、品牌及商业模式。无论企业规模大小，它们能够保持组织敏捷性以抓住新机会，它们能够将孵化和学习的艺术（创业公司所具有的）与规模化和整合的艺术（大企业所具有的）进行完美的平衡。

随着战略和商业模式的变化，企业始终坚持以持续的价值创造为核心。管理大师彼得·德鲁克认为企业的真正和最终目的是为顾客创造价值，德鲁克著作中提到"创造顾客"[2]，特德·莱维特认为要"获得和保留顾客"[3]。然而在当下，这一信条需要稍微改进一下，因为在不断变化的数字时代，一直向顾客传递同样的价值主张，企业将无法获得长久生存。价值创造的需求与不断再学习、再思考何为价值的需求交织在一起。也就是说，企业的目标在于持续为顾客创造新价值。

数字革命刚刚开始，逐渐发展强大的各种新技术及这些技术提供的各种可能性，让我们无法预测数字化的未来将给企业、行业带来怎样的影响。但是如果你保持开放，接纳新知识、新技术，你的企业将可以把每一轮变革转化为机会，为顾客创造新的价值。

加油！

附录 A　自我诊断：为数字转型做准备

在数字时代前建立的，即便是非常成功的公司，也需要努力地调整其战略思维以适应数字时代，寻求生存和发展。可以使用下面的自我诊断工具来评估你的企业或组织是否为数字转型做好了准备。

每对陈述都反映了企业的现状。数字 1～7 代表了企业实际状况与陈述的相符程度：1 表示完全符合左边的陈述，7 表示完全符合右边的陈述。

第一组问题与本书所讲的战略概念相关，旨在测量企业的战略思维与数字时代的契合度。第二组问题与组织敏捷性相关，旨在测量企业将新战略原则付诸实施的能力以及推动企业变革的能力。

完成自我诊断后，查看结果。与左侧描述相符（得分为 1～3）的那些领域是必须要进行变革的。可以使用这一诊断工具来聚焦企业的努力方向，以引领企业获得更好的发展。

战略思维

我们专注于通过传统渠道向顾客销售产品以及与顾客互动	1 2 3 4 5 6 7	我们专注于顾客不断变化的数字设备使用习惯及购买渠道
我们使用市场营销手段来锁定、影响及说服顾客	1 2 3 4 5 6 7	我们使用市场营销手段来吸引、激发顾客需求,并与顾客进行合作
我们向顾客传播我们的品牌和声誉	1 2 3 4 5 6 7	顾客的宣传对我们的品牌和声誉有极大的影响
我们唯一的竞争焦点就是打败对手	1 2 3 4 5 6 7	我们与对手合作,与合伙伙伴竞争
我们仅通过产品来创造价值	1 2 3 4 5 6 7	我们通过平台和外部网络创造价值
我们仅关注所在行业及直接竞争者	1 2 3 4 5 6 7	我们所面临的竞争不仅来自目前所在的行业
我们的数据战略关注如何创造、存储及管理我们的数据	1 2 3 4 5 6 7	我们的数据战略关注如何将数据转化为新价值
我们使用数据进行日常运营管理	1 2 3 4 5 6 7	我们将数据作为一项日积月累建立的战略资产进行管理
不同部门或业务单元产生的数据归不同部门或业务单元使用	1 2 3 4 5 6 7	对公司各部门数据进行组织管理以实现数据共享
我们通过分析、讨论及经验做决策	1 2 3 4 5 6 7	只要可能,我们通过实验和测试做决策
我们的创新项目经常超时并超出预算	1 2 3 4 5 6 7	我们使用原型快速学习以达到快速创新
我们不惜一切代价避免创新失败	1 2 3 4 5 6 7	我们接受创新失败,但是尽量降低成本并从中进行学习
我们的价值主张是由产品和行业定义的	1 2 3 4 5 6 7	我们的价值主张是由不断变化的顾客需求定义的

我们对新技术的评估基于它对现有业务的影响	1 2 3 4 5 6 7	我们对新技术的评估基于它将如何为顾客创造新价值
我们专注于实施和优化现有商业模式	1 2 3 4 5 6 7	我们尽早调整以走在变化前面

组织敏捷性

我们的 IT 投资被看作运营层面的事	1 2 3 4 5 6 7	我们的 IT 投资被看作战略层面的事
很难从当前业务线中调离资源	1 2 3 4 5 6 7	我们会投资新的业务，即使它会与当前业务形成竞争
我们关键的绩效指标仅关注维持现有业务	1 2 3 4 5 6 7	我们调整业务指标以适应战略变化和业务成熟度
管理者对过去目标的直接结果负责，并由此获得奖赏	1 2 3 4 5 6 7	管理者对长期目标和新战略负责，并由此获得奖赏
如果创新与我们的现有业务关系不大，我们很难开展	1 2 3 4 5 6 7	我们能够启动并开发新的构思，即使其与我们的业务关系不大
组织内最佳实践的分享既缓慢又不连贯	1 2 3 4 5 6 7	我们擅长在组织内部实施和整合成功的新计划
最大化股东回报是我们的第一要务	1 2 3 4 5 6 7	为顾客创造价值是我们的第一要务

附录 B　更多战略规划工具

请访问 http：//www. davidrogers. biz 上的"工具"（Tools）和"博客"（Blog）栏目，你能发现更多帮助你阅读和理解本书内容的资源，包括以下内容。

可打印出来的资源：

- 自我诊断：为数字转型做准备。

- 本书内容的一页概览。

- 九种战略规划工具示意图。

战略图工具的详细说明

- 画出并使用平台商业模式图。

- 画出并使用竞争性价值列车。

你还可以找到带领企业进行数字转型的附加案例及相关学习建议。

注　释

第1章　数字转型的五大领域：顾客、竞争、数据、创新、价值

1. Jorge Cauz, "How I Did It . . . Encyclopædia Britannica's President on Killing Off a 244-Year-Old Product," *Harvard Business Review* 91 (March 2013): 39–42.

2. I'm grateful to Rita McGrath for the analogy to factory electrification, whose strategic impact she describes in "How 3-D Printing Will Change Everything About Manufacturing," *Wall Street Journal*, June 4, 2015, http://blogs.wsj.com/experts/2015/06/04/how-3-d-printing-will-change-everything-about-manufacturing/. A fuller history, and the story of the Detroit Edison Company's evangelizing for electrical motors, can be found in Warren D. Devine Jr., "From Shafts to Wires: Historical Perspective on Electrification," *Journal of Economic History* 43, no. 2 (June 1983): 347–72.

第2章　利用顾客网络

1. Bobby Gruenewald, Twitter post, January 24, 2015, https://twitter.com/bobbygwald/status/559133099540234241.

2. Amy O'Leary, "In the Beginning Was the Word; Now the Word Is on an App," *New York Times*, July 26, 2013, http://www.nytimes.com/2013/07/27/technology/the-faithful-embrace-youversion-a-bible-app.html.

3. Ibid.

4. David L. Rogers, *The Network Is Your Customer: Five Strategies to Thrive in a Digital Age* (New Haven, Conn.: Yale University Press, 2012), 3–50.

5. Edelman, "Brandshare: How Brands and People Create a Value Exchange," *Edelman Insights*, 2014, http://www.edelman.com/insights/intellectual-property /brandshare-2014/about-brandshare-2014/global-results/.

6. For a summary of research into the hierarchy of effects, see Thomas Barry, "The Development of the Hierarchy of Effects: An Historical Perspective," *Current Issues and Research in Advertising* 10 (1987): 251–95.

7. Matthew Quint, David Rogers, and Rick Ferguson, *Showrooming and the Rise of the Mobile-Assisted Shopper*, Columbia Business School and Aimia, September 2013, http://www8.gsb.columbia.edu/rtfiles/global%20brands/Showrooming_Rise_Mobile _Assisted_Shopper_Columbia-Aimia_Sept2013.pdf.

8. Sunil Gupta and Donald R. Lehmann, *Managing Customers as Investments: The Strategic Value of Customers in the Long Run* (Upper Saddle River, N.J.: Pearson Education, 2005).

9. Quint, Rogers, and Ferguson, *Showrooming*.

10. Alexis C. Madrigal, "How Netflix Reverse Engineered Hollywood," *The Atlantic*, January 2, 2014, http://www.theatlantic.com/technology/archive/2014/01/how -netflix-reverse-engineered-hollywood/282679/.

11. Brian Stelter, "Strong Quarter for Netflix, but Investors Hit Pause," *New York Times*, July 22, 2013, http://www.nytimes.com/2013/07/23/business/media/netflix -revenue-tops-1-billion-for-the-quarter.html.

12. Tim Grimes, "What the Share a Coke Campaign Can Teach Other Brands," *Media Network Blog* (blog), *The Guardian*, July 24, 2013, http://www.theguardian.com /media-network/media-network-blog/2013/jul/24/share-coke-teach-brands.

13. Thomas H. Davenport, Leandro Dalle Mule, and John Lucker, "Know What Your Customer Wants Before They Do," *Harvard Business Review*, December 2011, https://hbr.org/2011/12/know-what-your-customers-want-before-they-do.

14. Suzanne Kepner, "Citi Won't Sleep on Customer Tweets," *Wall Street Journal*, October 4, 2012, http://www.wsj.com/articles/SB10000872396390443493304578035132643293660.

15. Zsolt Katona and Miklos Sarvary, "Maersk Line: B2B Social Media—'It's Communication, Not Marketing,'" *California Management Review* 56, no. 3 (2014): 142–56.

16. Joerg Niessing, "Social Media and the Marketing Mix Model," *INSEAD Blog* (blog), August 29, 2014, http://knowledge.insead.edu/blog/insead-blog/social-media -and-the-marketing-mix-model-3540.

17. Quotations in this section are from Joseph Tripodi, telephone interview with author, November 6, 2014.

18. Mukund Kaushik, "Client Perspective" (panel discussion at the IBM ThinkMarketing CMO Executive Leadership Forum, New York City, April 10, 2014).

19. Frank Eliason, e-mail interview with author, August 4, 2015.

第3章　打造平台而不是产品

1. Jessica Salter, "AirBnB: The Story Behind the $1.3bn Room-Letting Website," *The Telegraph*, September 7, 2012, http://www.telegraph.co.uk/technology/news/9525267/Airbnb-The-story-behind-the-1.3bn-room-letting-website.html.

2. Zainab Mudallal, "Airbnb Will Soon Be Booking More Rooms than the World's Largest Hotel Chains," Quartz, January 20, 2015, http://qz.com/329735/airbnb-will-soon-be-booking-more-rooms-than-the-worlds-largest-hotel-chains/.

3. Rafat Ali, "Airbnb's Revenues Will Cross Half Billion Mark in 2015, Analysts Estimate," Skift, March 25, 2015, http://skift.com/2015/03/25/airbnbs-revenues-will-cross-half-billion-mark-in-2015-analysts-estimate/.

4. Jason Clampet, "Airbnb's CEO Explains the Sharing Economy to Stephen Colbert," Skift, August 8, 2014, http://skift.com/2014/08/08/airbnbs-ceo-explains-the-sharing-economy-to-stephen-colbert/. (The interview aired August 7, 2014.)

5. Brad Stone, "AirBnB Is Now Available in Cuba," Bloomberg, April 2, 2015, http://www.bloomberg.com/news/articles/2015-04-02/airbnb-is-now-available-in-cuba.

6. Jean-Charles Rochet and Jean Tirole, "Platform Competition in Two-Sided Markets," *Journal of the European Economic Association* 1 (June 2003): 990–1029.

7. Thomas Eisenmann, Geoffrey Parker, and Marshall W. Van Alystyne, "Strategies for Two-Sided Markets," *Harvard Business Review*, October 2006, https://hbr.org/2006/10/strategies-for-two-sided-markets.

8. Andrei Hagiu and Julian Wright, "Multi-Sided Platforms" (working paper, Harvard Business School, Cambridge, Mass., March 16, 2015); also, Andrei Hagiu and Julian Wright, "Marketplace or Re-seller?" (working paper, Harvard Business School, Cambridge, Mass., January 31, 2014).

9. David Evans and Richard Schmalensee, "The Industrial Organization of Markets with Two-Sided Platforms," *CPI Journal* (2007, vol. 3).

10. Andrei Hagiu and Julian Wright, "Do You Really Want to Be an eBay?" *Harvard Business Review*, March 2013, https://hbr.org/2013/03/do-you-really-want-to-be-an-ebay.

11. Frederic Lardinois, "Evernote's Market for Physical Goods Now Accounts for 30% of Its Monthly Sales," TechCrunch, December 10, 2013, http://techcrunch.com/2013/12/10/evernotes-market-for-physical-goods-now-accounts-for-30-of-its-monthly-sales/.

12. Derek Thompson, "AirBnB CEO Brian Chesky on Building a Company and Starting a 'Sharing' Revolution," *The Atlantic*, August 13, 2013, http://www.theatlantic.com/business/archive/2013/08/airbnb-ceo-brian-chesky-on-building-a-company-and-starting-a-sharing-revolution/278635/.

13. Tom Goodwin, "The Battle Is for the Customer Interface," TechCrunch, March 3, 2015, http://techcrunch.com/2015/03/03/in-the-age-of-disintermediation-the-battle-is-all-for-the-customer-interface.

14. Gregory Ferenstein, "Uber and AirBnB's Incredible Growth in 4 Charts," Venturebeat, June 19, 2014, http://venturebeat.com/2014/06/19/uber-and-airbnbs-incredible-growth-in-4-charts/.

15. Ali, "Airbnb's Revenues Will Cross Half Billion Mark in 2015."

16. Companies were selected from the Forbes Global 2000 list but ranked on market value, not Forbes's weighted ranking formula. Market values were updated to market capitalization as of September 5, 2015. Companies from the Forbes list were excluded if they were founded before 1994 or if they were founded from a spin-off or merger of companies that were founded before 1994. The Forbes list was published in "The World's Largest Public Companies," *Forbes*, May 6, 2015, http://www.forbes.com/global2000.

17. Joan Magretta, *Understanding Michael Porter: The Essential Guide to Competition and Strategy* (Boston: Harvard Business Review Press, 2011), 21–33.

18. Adam M. Brandenburger and Barry J. Nalebuff, *Co-opetition* (New York: Currency Doubleday, 1997), 11–27.

19. Josh Dzieza, "Why Tesla's Battery for Homes Should Terrify Utilities," *The Verge*, February 13, 2015, http://www.theverge.com/2015/2/13/8033691/why-teslas-battery-for-your-home-should-terrify-utilities.

20. Nick Bilton, "For Some Teenagers, 16 Candles Mean It's Time to Join Uber," *New York Times*, April 8, 2015, http://www.nytimes.com/2015/04/09/style/for-some-teenagers-16-candles-mean-its-time-to-join-uber.html.

21. Rita Gunther McGrath, *The End of Competitive Advantage: How to Keep Your Strategy Moving as Fast as Your Business* (Boston: Harvard Business Review Press, 2013), 9–12.

22. Russell Dubner, telephone interview with author, July 29, 2015.

23. Danny Wong, "In Q4, Social Media Drove 31.24% of Overall Traffic to Sites," *Shareaholic* (blog), January 26, 2015, https://blog.shareaholic.com/social-media-traffic-trends-01-2015/.

24. You can find a great discussion of this competitive shift between Facebook and publishers in Ben Thompson, "Publishers and the Smiling Curve," *Stratechery* (blog), October 28, 2014, https://stratechery.com/2014/publishers-smiling-curve/.

25. Gregory Sterling, "German Publishers to Google: We Want Our Snippets Back," Search Engine Land, October 23, 2014, http://searchengineland.com/german-publishers-google-want-snippets-back-206520.

26. Jason Dedrick and Kenneth L. Kraemer, *Asia's Computer Challenge: Threat or Opportunity to the World?* (New York: Oxford University Press, 1998), 152–57.

27. Julia King, "Disintermediation/Reintermediation," *Computerworld*, December 13, 1999, 54.

28. Peter Thiel, *Zero to One: Notes on Start-ups, or How to Build the Future* (New York: Crown Business, 2014), 42.

第4章　将数据转化为资产

1. John A. Dutton, "Opportunities and Priorities in a New Era for Weather and Climate Services," *Bulletin of the American Meteorological Society* 83, no. 9 (2002): 1303–11.

2. Vikram Somaya, "The Invisible Impact of Weather on Brands" (speech given at the Advertising and Data Science Congress, New York, January 26, 2013).

3. Alexis Madrigal, "Keynote Speech" (speech given at the Advertising and Data Science Congress, New York, January 26, 2013).

4. Rita McGrath, "To Make Better Decisions, Combine Datasets," *Harvard Business Review*, September 4, 2014, https://hbr.org/2014/09/to-make-better-decisions-combine-datasets/.

5. Steve Lohr, "The Origins of 'Big Data': An Etymological Detective Story," *Bits* (blog), *New York Times*, February 1, 2013, http://bits.blogs.nytimes.com/2013/02/01/the-origins-of-big-data-an-etymological-detective-story/.

6. Miklos Sarvary, "In Mobile Marketing, the Value Is in the Journey, Not the Destination," *Columbia Business School Ideas at Work*, September 24, 2014, http://www8.gsb.columbia.edu/ideas-at-work/publication/1690/in-mobile-marketing-the-value-is-in-the-journey-not-the-destination.

7. McKinsey on Marketing & Sales, "CMO View: Making Data Easy to Use," YouTube video, 2:44, August 26, 2014, https://www.youtube.com/watch?v=GwB6LWwifLg.

8. Christopher Mims, "Most Data Isn't 'Big,' and Businesses Are Wasting Money Pretending It Is," Quartz, May 6, 2013, http://qz.com/81661/most-data-isnt-big-and-businesses-are-wasting-money-pretending-it-is/.

9. Matthew Quint and David Rogers, *What Is the Future of Data Sharing? Consumer Mindsets and the Power of Brands*, Columbia Business School and Aimia, October 2015, http://www8.gsb.columbia.edu/globalbrands/research/future-of-data-sharing.

10. Eric Von Hippel, "Lead Users: A Source of Novel Product Concepts," *Management Science* 32 (1986): 791–806. doi:10.1287/mnsc.32.7.791.

11. Alexandre Choueiri, telephone interview with author, June 10, 2014.

12. Anca Cristina Micu, Kim Dedeker, Ian Lewis, Robert Moran, Oded Netzer, Joseph Plummer, and Joel Rubinson, "Guest Editorial: The Shape of Marketing Research in 2021," *Journal of Advertising Research* 51, no. 1 (March 2011): 213–21.

13. Oded Netzer, Ronen Feldman, Moshe Fresko, and Jacob Goldenberg, "Mine Your Own Business: Market-Structure Surveillance Through Text Mining," *Marketing Science* 31, no. 3 (2012): 521–43.

14. Rachael King, "Sentiment Analysis Gives Companies Insight Into Consumer Opinion," *BusinessWeek*, March 1, 2011, http://www.bloomberg.com/bw/stories/2011-03-01/sentiment-analysis-gives-companies-insight-into-consumer-opinionbusiness week-business-news-stock-market-and-financial-advice.

15. Ki Mae Heussner, "Meet the Startup Helping Sites Like Fab and Etsy Court Their Customers," Gigaom, June 4, 2012, https://gigaom.com/2012/06/04/meet-the-startup-helping-sites-like-fab-and-etsy-court-their-customers/.

16. Steven Rosenbush and Michael Totty, "How Big Data Is Changing the Whole Equation for Business," *Wall Street Journal*, March 11, 2013, http://www.wsj.com/news/articles/SB20001424127887324178904578340071261396666.

17. Alice Lee, "How Health Care 'Hotspotting' Can Lower Costs, Improve Quality," *The Aspen Idea Blog* (blog), The Aspen Institute, October 2, 2014, http://www.aspeninstitute.org/about/blog/how-health-care-hotspotting-can-lower-costs-improve-quality.

18. Atul Gwande, "The Hot Spotters," *New Yorker*, January 24, 2011, http://www .newyorker.com/magazine/2011/01/24/the-hot-spotters.

19. Mukund Kaushik, "Client Perspective" (panel discussion at the IBM Think Marketing CMO Executive Leadership Forum, New York, April 10, 2014).

20. Jo Boswell, telephone interview with author, August 9, 2015.

21. David Williams, "Connected CRM: Delivering on a Data-Driven Business Strategy" (speech given at Columbia Business School's Annual "BRITE" Conference, New York, March 3, 2014).

22. Boswell, telephone interview.

23. Mike Weaver, "How Data and Insights Are Evolving Digital Consumer Engagement" (speech given at the IBM ThinkMarketing CMO Executive Leadership Forum, New York, April 10, 2014).

24. David Rogers and Don Sexton, "Marketing ROI in the Era of Big Data: The 2012 BRITE/NYAMA Marketing in Transition Study," Columbia Business School Center on Global Brand Leadership, March 2012, http://www8.gsb.columbia.edu/globalbrands /research/brite-nyama-study.

25. Jose van Dijk, "Client Perspective" (panel discussion at the IBM ThinkMarketing CMO Executive Leadership Forum, New York, April 10, 2014).

26. Anindita Mukherjee, "Social Spending: Measuring the ROI of Tweets, Posts, Pics, and 6-Second Vids" (speech given at *The Economist's* "The Big Rethink: The 360-Degree CMO" Conference, New York, March 13, 2014).

27. From a fascinating insiders' account of the Sony Pictures data hack, in an interview with CEO Michael Lynton, "They Burned the House Down," *Harvard Business Review*, July–August 2015, 113.

第5章　通过快速实验创新

1. Scott Anthony, "Innovation Is a Discipline, Not a Cliché," *Harvard Business Review*, May 30, 2012, https://hbr.org/2012/05/four-innovation-misconceptions.

2. Kaaren Hanson, "Creating a Culture of Rapid Experimentation" (speech given at Columbia Business School's Annual "BRITE" Conference, New York, March 4, 2013).

3. Ibid.

4. Ibid.

5. Ibid.

6. Nathan R. Furr and Jeffrey H. Dyer, *The Innovator's Method: Bringing the Lean Start-Up Into Your Organization* (Boston: Harvard Business Publishing, 2014), 13–14. Intuit was one of several companies singled out in research by Furr and Dyer as applying a lean and iterative approach to innovation; the authors measure the impact of this approach in terms of an "innovation premium"—the premium that investors will pay for a company's stock compared to the net present value of its existing business revenues.

7. Stefan Thomke and Jim Manzi, "The Discipline of Business Experimentation," *Harvard Business Review*, December 2014, https://hbr.org/2014/12/the-discipline-of -business-experimentation.

8. Eric T. Anderson and Duncan Simester, "A Step-by-Step Guide to Smart Business Experiments," *Harvard Business Review*, March 2011, https://hbr.org/2011/03/a-step-by-step-guide-to-smart-business-experiments. (*Note*: I have updated the market capitalization of Capital One from its figure to the amount on September 9, 2015.)

9. I recommend reading Thomke's book *Experimentation Matters*, Thomke and Manzi's article "The Discipline of Business Experimentation," and Anderson and Simester's article "A Step-by-Step Guide to Smart Business Experiments." (Bibliographic information for each can be found in the other endnotes for this chapter.)

10. I highly recommend Furr and Dyer's book *The Innovator's Method: Bringing the Lean Start-Up Into Your Organization* and their article "Leading Your Team Into the Unknown." (Bibliographic information for both can be found in the other endnotes for this chapter.) Readers at start-ups should enjoy Steve Blank and Bob Dorf's *The Startup Owner's Manual* (Pescadero, Calif.: K & S Ranch, 2012) and Eric Ries's *The Lean Startup* (New York: Crown, 2011).

11. Hanson, "Creating a Culture of Rapid Experimentation."

12. John Hayes, interview with author at American Express headquarters, New York, May 29, 2012.

13. Andre Millard, *Edison and the Business of Innovation* (Baltimore: John Hopkins University Press, 1990), 40.

14. John Mayo-Smith, e-mail interview with author, August 4, 2015.

15. Roc Cutri and Tim Conrow, "WISE Mission Operations System CDR," July 18–19, 2007, http://wise2.ipac.caltech.edu/staff/roc/docs/WISE_MOS_CDR_WSDC.pdf.

16. Millard, *Edison and the Business of Innovation*, 15–16.

17. Rae Ann Fera, "How Mondelez International Innovates on the Fly in 8 (Sort of) Easy Steps," *Fast Company*, February 7, 2013, http://www.fastcocreate.com/1682100/how-mondelez-international-innovates-on-the-fly-in-8-sort-of-easy-steps.

18. Hanson, "Creating a Culture of Rapid Experimentation."

19. Joe Ricketts, telephone interview with author, September 25, 2014.

20. Alistair Croll and Benjamin Yoskovitz, *Lean Analytics: Use Data to Build a Better Startup Faster* (Sebastopol, Calif.: O'Reilly Media, 2013), 55–63.

21. Thomke and Manzi, "The Discipline of Business Experimentation."

22. Thomas R. Eisenmann and Laura Winig, *Rent The Runway* (Cambridge: Harvard Business School, 2011).

23. Ibid.

24. Ibid.

25. Rita Gunther McGrath and Ian MacMillan, *Discovery-Driven Growth: A Breakthrough Process to Reduce Risk and Seize Opportunity* (Boston: Harvard Business Review Press, 2009).

26. Carmen Nobel, "Lean Startup Strategy Not Just for Startups," *Forbes*, February 25, 2013, http://www.forbes.com/sites/hbsworkingknowledge/2013/02/25/lean-startup-strategy-not-just-for-startups/.

27. Stefan H. Thomke, *Experimentation Matters: Unlocking the Potential of New Technologies for Innovation* (Boston: Harvard Business Review Press, 2003), 13.

28. Thomke and Manzi, "The Discipline of Business Experimentation."

29. Ibid.

30. Pete Koomen, "Beat the Back Button: How Obama, Disney, and Crate & Barrel Use A/B Testing to Win" (speech given at Columbia Business School's Annual "BRITE" Conference, New York, March 4, 2013).

31. Furr and Dyer, *The Innovator's Method*, 175.

32. Sarah E. Needleman, "For Intuit Co-Founder, the Numbers Add Up," *Wall Street Journal*, August 18, 2011, http://www.wsj.com/articles/SB10001424053111903596904576514364142860224.

33. Janet Choi, "The Science Behind Why Jeff Bezos's Two-Pizza Team Rule Works," *iDoneThis* (blog), September 24, 2014, http://blog.idonethis.com/two-pizza-team/.

34. Nobel, "Lean Startup Strategy Not Just for Startups."

35. Fera, "How Mondelez International Innovates on the Fly in 8 (Sort of) Easy Steps."

36. Scott Anthony, David Duncan, and Pontus M. A. Siren, "Build an Innovation Engine in 90 Days," *Harvard Business Review*, December 2014, https://hbr.org/2014/12/build-an-innovation-engine-in-90-days.

37. Yuval Noah Harari, *Sapiens: A Brief History of Humankind* (New York: Harper, 2015), 247–54.

38. Ron Kohavi, Alex Deng, Brian Frasca, Toby Walker, Ya Xu, and Nils Pohlmann, "Online Controlled Experiments at Large Scale," in *Proceedings of the Nineteenth ACM SIGKDD International Conference on Knowledge Discovery and Data Mining* (New York: ACM, 2013), 1168–76. doi:10.1145/2487575.2488217.

39. Madrigal, "Keynote Speech."

40. Greg Linden, "Early Amazon: Shopping Cart Recommendations," *Geeking with Greg* (blog), April 25, 2006, http://glinden.blogspot.com/2006/04/early-amazon-shopping-cart.html.

41. Henry Blodget, "TO BE CLEAR: JC Penney May Have Just Had the Worst Quarter in Retail History," *Business Insider*, February 28, 2013, http://www.businessinsider.com/jc-penney-worst-quarter-in-retail-history-2013-2.

42. Nathan Furr and Jeffrey H. Dyer, "Leading Your Team Into the Unknown," *Harvard Business Review*, December 2014, https://hbr.org/2014/12/leading-your-team-into-the-unknown.

43. Brad Smith, "Intuit's CEO on Building a Design-Driven Company," *Harvard Business Review*, January 2015, https://hbr.org/2015/01/intuits-ceo-on-building-a-design-driven-company.

44. Furr and Dyer, "Leading Your Team Into the Unknown."

45. Amy Radin, telephone interview with author, September 12, 2014.

46. Anderson and Simester, "A Step-by-Step Guide to Smart Business Experiments."

47. Thomke, *Experimentation Matters*, 121–22.

48. Scott Anthony, David Duncan, and Pontus M. A. Siren, "Zombie Projects: How to Find Them and Kill Them," *Harvard Business Review*, March 4, 2014, http://hbr.org/2015/03/zombie-projects-how-to-find-them-and-kill-them.

49. Joshua Brustein, "Finland's New Tech Power: Game Maker Supercell," *Bloomberg*, June 5, 2014, http://www.bloomberg.com/bw/articles/2014-06-05/clash-of-clans-maker-supercell-succeeds-nokia-as-finlands-tech-power.

50. "Tata Innovista 2013 Receives Record Participation," Tata Group press release, April 26, 2013, http://www.tata.com/article/inside/VWQXoUJo!$$$$!xI=/TLYVr3 YPkMU=.

第6章　调整价值主张

1. "Something to Sing About," *Economist*, March 2, 2013, http://www.economist .com/news/business/21572811-first-time-13-years-music-business-growing-again -something-sing-about. Figures for worldwide recorded music sales are from the International Federation of the Phonographic Industry and include "physical, digital, and performance rights and licensing."

2. Eric Pfanner, "Music Industry Sales Rise, and Digital Revenue Gets the Credit," *New York Times*, February 26, 2013, http://www.nytimes.com/2013/02/27/technology /music-industry-records-first-revenue-increase-since-1999.html.

3. Igor Ansoff, "Strategies for Diversification," *Harvard Business Review* 35, no. 5 (September–October 1957): 113–24.

4. Katherine Rosman, "U.S. Paper Industry Gets an Unexpected Boost," *Wall Street Journal*, March 7, 2014, http://www.wsj.com/articles/SB1000142405270230470380457938547079447647o.

5. Clark Gilbert, Matthew Eyring, and Richard N. Foster, "Two Routes to Resilience," *Harvard Business Review*, December 2012, https://hbr.org/2012/12/two -routes-to-resilience.

6. David Schmaltz, "Whip City," *Pure Schmaltz* (blog), January 13, 2006, http:// www.projectcommunity.com/PureSchmaltz/files/Vaporized1.html.

7. Jorge Cauz, "How I Did It . . . Encyclopædia Britannica's President on Killing Off a 244-Year-Old Product," *Harvard Business Review* 91 (March 2013): 39–42.

8. John McDuling, "The New York Times Is Finally Getting Its Swagger Back," *Quartz*, April 29, 2014, http://qz.com/203869/the-new-york-times-is-finally -getting-its-swagger-back/.

9. Sharon Waxman, "Marvel Wants to Flex Its Own Heroic Muscles as a Moviemaker," *New York Times*, June 18, 2007, http://www.nytimes.com/2007/06/18/business /media/18marvel.html.

10. Sree Sreenivasan, "Digital, Mobile, Social Lessons from a Year @MetMuseum: What Every Business Should Know" (speech given at Columbia Business School's Annual "BRITE" Conference, New York, March 2, 2015).

11. Theodore Levitt, "Marketing Myopia," *Harvard Business Review*, July–August 2004, https://hbr.org/2004/07/marketing-myopia.

12. Ivar Jacobson, *Object Oriented Software Engineering: A Use Case Driven Approach* (Reading, Pa.: Addison-Wesley Professional, 1992).

13. Clayton M. Christensen and Michael E. Raynor, *The Innovator's Solution: Creating and Sustaining Successful Growth* (Boston: Harvard Business School Press, 2003), 74–80, 96. Christensen and Raynor credit Richard Pedi with coining the phrase "jobs to be done," Anthony Ulwick with developing closely related concepts, and David Sundahl

with assisting in their own formulation. The job-to-be-done concept has been further explored in various articles by Christensen with other coauthors.

14. Michael J. Lanning and Edward G. Michaels, "A Business Is a Value Delivery System," McKinsey Staff Paper no. 41, June 1998, http://www.dpvgroup.com/wp-content/uploads/2009/11/1988-A-Business-is-a-VDS-McK-Staff-Ppr.pdf.

15. Office of Inspector General, United States Post Office, *Providing Non-Bank Financial Services for the Underserved*, January 7, 2014, https://www.uspsoig.gov/sites/default/files/document-library-files/2014/rarc-wp-14-007.pdf.

16. Felix Salmon, "Why the Post Office Needs to Compete with Banks," *Reuters* (blog), February 3, 2014, http://blogs.reuters.com/felix-salmon/2014/02/03/why-the-post-office-needs-to-compete-with-banks/.

17. Donna Leinwand Lager, "Postmaster General to Seek New Tech, New Fleet for USPS," *USA Today*, March 6, 2015, http://www.usatoday.com/story/news/2015/03/06/postmaster-general-brennan-seeks-innovation-technology-for-us-postal-service/24520575/.

18. Henry Chesbrough, "Why Bad Things Happen to Good Technology," *Wall Street Journal*, April 28, 2007, http://www.wsj.com/news/articles/SB117735510033679362.

19. Josh Constine, "How Facebook Went Mobile, in Before and After Org Charts," Techcrunch, December 4, 2013, http://techcrunch.com/2013/12/04/facebook-org-charts/.

20. Rita Gunther McGrath, *The End of Competitive Advantage: How to Keep Your Strategy Moving as Fast as Your Business* (Boston: Harvard Business Review Press, 2013), 27–51.

21. Aaron Levie, Twitter post, November 18, 2013, 12:16 A.M., http://twitter.com/levie/status/402304366234718208. In his original tweet, Levie spoke about "products," not "businesses." But I hope he would agree the point remains just as true.

22. Eric Von Hippel, "Lead Users: A Source of Novel Product Concepts," *Management Science* 32 (1986): 7. doi:10.1287/mnsc.32.7.791.

23. Mark Hurst, e-mail interview with author, August 28, 2015. In his book *Customers Included*, Hurst presents trenchant examples of the benefits of direct customer observation and the failures that result when businesses don't integrate it into their planning. *Customers Included: How to Transform Products, Companies, and the World—with a Single Step*, 2nd ed. (New York: Creative Good, 2015).

第7章　掌握颠覆性商业模式

1. Michael Treacy and Fred Wiersema wrote that businesses compete by providing superior customer value in one of three value disciplines: operational excellence, customer intimacy, or product leadership. "Customer Intimacy and Other Value Disciplines," *Harvard Business Review*, January–February 1993, https://hbr.org/1993/01/customer-intimacy-and-other-value-disciplines.

2. W. Chan Kim and Renée Mauborgne, *Blue Ocean Strategy: How to Create Uncontested Market Space and Make Competition Irrelevant* (Boston: Harvard Business Review Press, 2005), 12–18.

3. Marc Andreessen, "Why Software Is Eating the World," *Wall Street Journal,* August 20, 2011, http://www.wsj.com/articles/SB10001424053111903480904576512250915629460.

4. "Craigslist Fact Sheet," accessed November 16, 2014, http://www.craigslist.org/about/factsheet.

5. Robert Safian, "The World's Most Innovative Companies 2014," *Fast Company,* 2014, http://www.fastcompany.com/most-innovative-companies/2014/.

6. Joseph A. Schumpeter, *The Economics and Sociology of Capitalism* (Princeton, N.J.: Princeton University Press, 1991), 349.

7. Clayton M. Christensen, *The Innovator's Dilemma: The Revolutionary Book That Will Change the Way You Do Business* (New York: HarperBusiness, 2011).

8. Ben Thompson, "What Clayton Christensen Got Wrong," *Stratechery* (blog), September 22, 2013, http://stratechery.com/2013/clayton-christensen-got-wrong/.

9. Jena McGregor, "Clayton Christensen's Innovation Brain," *Businessweek,* June 15, 2007, http://www.bloomberg.com/bw/stories/2007-06-15/clayton-christensens-innovation-brainbusinessweek-business-news-stock-market-and-financial-advice.

10. Larissa MacFarquhar, "When Giants Fail," *New Yorker,* May 14, 2012, http://www.newyorker.com/magazine/2012/05/14/when-giants-fail.

11. A valuable survey of the varying definitions and applications of business models is provided by Christoph Zott, Raphael Amit, and Lorenzo Massa in "The Business Model: Recent Developments and Future Research" (working paper, IESE Business School, University of Navarra, Pamplona, Spain, 2010), http://www.iese.edu/research/pdfs/DI-0862-E.pdf.

12. Alexander Osterwalder and Yves Pigneur, *Business Model Generation: A Handbook for Visionaries, Game Changers, and Challengers* (Hoboken, N.J.: Wiley, 2010).

13. Mark W. Johnson, Clayton M. Christensen, and Henning Kagermann, "Reinventing Your Business Model," *Harvard Business Review,* December 2008, https://hbr.org/2008/12/reinventing-your-business-model.

14. Ibid.

15. Alexander Osterwalder, Yves Pigneur, Gregory Bernarda, Alan Smith, and Trish Papadakos, *Value Proposition Design: How to Create Products and Services Customers Want* (Hoboken, N.J.: Wiley, 2014).

16. In 2002, Verna Allee described *value networks* as "a complex set of social and technical resources that work together via relationships to create economic value" in the book *The Future of Knowledge* (London: Routledge, 2011). In 1999, Cinzia Parolloni had used a similar term, *value net*—defined as "a set of activities linked together to deliver a value proposition at the end consumer"—in the book *The Value Net: A Tool for Competitive Strategy* (New York: Wiley, 1999).

17. Kevin Kelly lays out a list of generatives specifically for information and media businesses looking to charge customers in a digital world where their core products are easily replicated for free. "Better than Free," *The Technium* (blog), January 31, 2008, http://kk.org/thetechnium/better-than-fre/.

18. Kristina Shampanier and Dan Ariely, "Zero as a Special Price: The True Value of Free Products," *Marketing Science* 26, no. 6 (2007): 742–57. doi:10.1287/mksc.1060.0254.

19. Kevin Kelly, "Immortal Technologies," *The Technium* (blog), February 9, 2006, http://kk.org/thetechnium/immortal-techno/.

20. Laura Hazard Owen cites a PwC study predicting that e-books would surpass print books in 2016 in "What Will the Global E-book Market Look Like by 2016?" Gigaom, June 12, 2012, http://gigaom.com/2012/06/11/what-will-the-global -e-book-market-look-like-by-2016/.

21. The 30 percent figure was cited in George Packer, "Cheap Words," *New Yorker*, February 17, 2014, http://www.newyorker.com/magazine/2014/02/17/cheap-words.

22. Olga Kharif, Amy Thompson, and Patricia Laya, "WhatsApp Shows How Phone Carriers Lost Out on $33 Billion," Bloomberg, February 21, 2014, http://www.bloomberg .com/news/articles/2014-02-21/whatsapp-shows-how-phone-carriers-lost-out-on -33-billion.

23. Courtney Rubin, "Last Call for College Bars," *New York Times*, September 26, 2012, http://www.nytimes.com/2012/09/27/fashion/for-college-students-social-media -tops-the-bar-scene.html.

24. Clayton M. Christensen and Derek van Bever, "The Capitalist's Dilemma," *Harvard Business Review*, June 1, 2014, https://hbr.org/product/the-capitalists-dilemma /R1406C-PDF-ENG.

25. Greg Sandoval, "Blockbuster Laughed at Netflix Partnership Offer," CNET, December 9, 2010, http://www.cnet.com/news/blockbuster-laughed-at-netflix -partnership-offer/.

26. Maxwell Wessel and Clayton M. Christensen, "Surviving Disruption," *Harvard Business Review*, December 2012, http://hbr.org/2012/12/surviving-disruption.

27. Clark Gilbert, Matthew Eyring, and Richard N. Foster have written about how to most effectively coordinate a two-pronged strategy of repositioning your core business while launching an independent disrupter of your own in "Two Routes to Resilience," *Harvard Business Review*, December 2012, http://hbr.org/2012/12/two -routes-to-resilience.

28. Ibid.

29. Kana Inagaki and Juro Osawa, "Fujifilm Thrived by Changing Focus," *Wall Street Journal*, January 20, 2012, http://www.wsj.com/articles/SB1000142405297020375 0404577170481473958516.

结　语

1. Jo Boswell, telephone interview with author, August 9, 2015.

2. Peter F. Drucker, *The Practice of Management* (Oxford, UK: Elsevier, 1955), 31–32.

3. Theodore Levitt, *The Marketing Imagination* (New York: Free Press, 1983), 48.

图书在版编目（CIP）数据

智慧转型：重新思考商业模式/（美）大卫·罗杰斯（David L. Rogers）著；胡望斌等译.—北京：中国人民大学出版社，2017.5
书名原文：The Digital Transformation Playbook：Rethink Your Business for the Digital Age
ISBN 978-7-300-23572-1

Ⅰ.①智… Ⅱ.①大… ②胡… Ⅲ.①网络营销-商业模式-研究 Ⅳ.①F713.36

中国版本图书馆 CIP 数据核字（2016）第 270344 号

智慧转型

重新思考商业模式

［美］大卫·罗杰斯　著

胡望斌　等译

张玉利　审

Zhihui Zhuanxing

出版发行	中国人民大学出版社	
社　址	北京中关村大街 31 号	**邮政编码**　100080
电　话	010 - 62511242（总编室）	010 - 62511770（质管部）
	010 - 82501766（邮购部）	010 - 62514148（门市部）
	010 - 62515195（发行公司）	010 - 62515275（盗版举报）
网　址	http://www.crup.com.cn	
	http://www.ttrnet.com（人大教研网）	
经　销	新华书店	
印　刷	北京联兴盛业印刷股份有限公司	
规　格	145 mm×210 mm　32 开本	**版　次**　2017 年 5 月第 1 版
印　张	12.125 插页 2	**印　次**　2022 年 1 月第 3 次印刷
字　数	215 000	**定　价**　49.00 元

版权所有　侵权必究　印装差错　负责调换